教育部人文社会科学重点研究基地苏州大学中国特色城镇化研究中心课题
江苏省新型城镇化与社会治理协同创新中心研究项目
江苏省高校哲学社会科学优秀创新团队建设项目"地方政府与社会治理"
国家社会科学基金重点项目"公民参与涉政网络事件的有序性研究"（批准号：14AZZ015）

适应城镇化发展的网络舆情管理创新研究

叶战备　王生坤　著

苏州大学出版社

图书在版编目(CIP)数据

适应城镇化发展的网络舆情管理创新研究 / 叶战备,王生坤著. —苏州:苏州大学出版社,2016.9
(东吴智库)
ISBN 978-7-5672-1716-4

Ⅰ.①适…　Ⅱ.①叶…②王…　Ⅲ.①互联网络-舆论-关系-城市化-发展-研究-中国　Ⅳ.①G219.2 ②F299.21

中国版本图书馆 CIP 数据核字(2016)第 118085 号

书　　名:	适应城镇化发展的网络舆情管理创新研究
作　　者:	叶战备　王生坤
策　　划:	周建国
责任编辑:	巫　洁
装帧设计:	吴　钰
出版发行:	苏州大学出版社(Soochow University Press)
社　　址:	苏州市十梓街1号　邮编:215006
印　　装:	宜兴市盛世文化印刷有限公司
网　　址:	www.sudapress.com
邮购热线:	0512-67480030
销售热线:	0512-65225020
开　　本:	700mm×1000mm　1/16　印张:15　字数:250千
版　　次:	2016年9月第1版
印　　次:	2016年9月第1次印刷
书　　号:	ISBN 978-7-5672-1716-4
定　　价:	38.00元

凡购本社图书发现印装错误,请与本社联系调换。服务热线:0512-65225020

目录
CONTENTS

第一部分　城镇化进程中的网络舆情管理与社会稳定

第一章　城镇化与网络舆情基本因素分析 / 3
　　第一节　城镇化分析 / 4
　　第二节　城镇化进程中的网络舆情分析 / 14
第二章　新型城镇化进程中网络舆情管理与社会稳定 / 33
　　第一节　网络舆情对城镇社会稳定影响的双重性 / 33
　　第二节　城镇化进程中的网络集体行为
　　　　　　——以指向性网络舆情事件为代表 / 58
　　第三节　适应新型城镇化战略的网络舆情管理 / 72

第二部分　适应城镇化发展决策的网络舆情支持

第三章　政策主体角度的阐释 / 83
　　第一节　网络舆情推进公民参与决策 / 83
　　第二节　意见领袖角度 / 90
　　第三节　政府角度 / 97
第四章　政策过程角度的审视 / 105
　　第一节　网络议程设置 / 105
　　第二节　公共政策议程 / 108
第五章　决策体系科学化、民主化角度的论证 / 119
　　第一节　网络舆情促进决策科学化 / 119
　　第二节　网络舆情与民主决策 / 124
第六章　中国新型城镇化推进角度的检视 / 132
　　第一节　网络舆情对城镇化过程中制度的影响 / 132

第二节　政府职能转变 / 144

第三部分　适应城镇化发展战略的网络舆情疏导

第七章　城镇化发展中的网络舆情 / 155
第一节　城镇化网络舆情的主要领域 / 155
第二节　城镇化网络舆情的主要特征 / 162
第三节　城镇化网络舆情频发的原因 / 164

第八章　新型城镇化进程中的网络舆情疏导 / 166
第一节　新型城镇化进程中加强网络舆情疏导的必要性及意义 / 166
第二节　近些年来中国网络舆情疏导工作中的成就、问题和不足 / 172
第三节　城镇化网络舆情的生命周期 / 182
第四节　国外网络舆情疏导的经验及对中国的启示 / 187
第五节　新型城镇化进程中做好网络舆情疏导的方略 / 195

第四部分　适应城镇化发展评估的网络舆情监督

第九章　网络舆情监督基本概念 / 203
第一节　网络舆情监督的基本内涵 / 204
第二节　网络舆情监督中的网民心理分析 / 212

第十章　网络舆情监督对新型城镇化建设的影响 / 216
第一节　网络舆情监督对新型城镇化的积极影响 / 216
第二节　网络舆情监督对新型城镇化的消极影响 / 222
第三节　网络舆情监督与我国新型城镇化的良性互动关系 / 224

第十一章　提高新型城镇化建设中的网络舆情监督作用 / 228
第一节　提高网络舆情监督参与者的素质 / 228
第二节　加强对网络舆论的有效控制 / 230
第三节　加快网络基础设施建设和网络技术的发展 / 232
第四节　充分发挥政府在网络舆情监督中的作用 / 234

第一部分

城镇化进程中的网络舆情管理与社会稳定

第一章　城镇化与网络舆情基本因素分析

　　21世纪是知识经济和信息革命的时代。人类在经历了农业社会、工业社会之后,开始朝着信息社会大踏步迈进。与此同时,网络作为一种数字化承载信息的方式,正以惊人的速度融入我们生活的方方面面,其鲜明特征和独特规律对新型城镇化建设也势必产生巨大影响。实际上,在中国,伴随知识经济和信息经济的高速发展,工业化、城镇化、农业现代化和信息化已越来越紧密地融合在了一起,并极大地推进着城镇化社会的发展。正如十八大报告所指的,"坚持走中国特色新型工业化、信息化、城镇化、农业现代化道路,推动信息化和工业化深度融合、工业化和城镇化良性互动、城镇化和农业现代化相互协调,促进工业化、信息化、城镇化、农业现代化同步发展"。

　　目前,中国城镇化建设正处于一个从传统城镇化向新型城镇化转型的关键阶段,传统矛盾与新型矛盾交叉爆发的阶段,这就要求我们深入理解城镇化对经济社会发展的重大意义,牢牢把握城镇化蕴含的巨大机遇,准确研判城镇化发展的新趋势、新特点,妥善应对城镇化面临的风险挑战。国际社会对中国的城镇化非常看好与看重。诺贝尔经济学奖得主、前世界银行副行长约瑟夫·斯蒂格利茨认为,中国城镇化将是深刻影响21世纪人类社会发展进程的两大事件之一。① 2008年麦肯锡全球研究院推出的《迎接中国十亿城市大军》报告称,到2025年,中国的城市人口将从2005年的5.72亿增加到2025年的9.26亿,新增3.5亿多城市居民相当于美国的全国人口。② 2012年美国的《外交政策》杂志依据麦肯锡公司当年的调研结果制作的封面报道《2025年最具活力的城市》指出,到2025年,中国将有10亿人生活在城市之中,百万人口以上的城

---

　　① 转引自:吴良镛,吴唯佳,武廷海.论世界与中国城市化的大趋势和江苏省城市化道路[J].科技导报,2003(9).
　　② 麦肯锡全球研究院.迎接中国十亿城市大军[R].上海:麦肯锡上海分公司,2008:10.

将有221个。现在全球城市TOP600的四分之一,会跌出榜单之外,将有99个发展中国家的城市上榜,其中,72个来自中国,而未来75个全球最具活力的城市中,有29个是中国的城市。也许这是对中国城市化、城镇化最乐观的研究,但不可否认,中国的城镇化取得了举世瞩目的成绩。

伫立于网络时代,我们不得不考虑互联网对城镇化的影响,尤其是城镇化进程中出现的网络舆情需要积极应对。网络时代公民权利的觉醒,使越来越多公民,尤其是网民们开始学会使用新的工具,利用新的沟通与传播渠道维护自己的合法利益,致使网络舆情危机的发生频率加大、影响程度加深、影响广度扩展。但当前部分地方政府还存在传统思维模式和行为方式,在应对和管理网络舆情的过程中,往往显得较为被动,特别是无法妥善、实时地处置社会突发事件以及由此产生的网络舆情危机,以致影响了城镇社会稳定和政府合法性及公信力。为此,正确把握网络舆情管理与城镇社会稳定的关系,进一步分析地方政府在进行网络舆情管理方面存在的缺陷和不足,进而探讨政府应对网络舆情的机制,具有重要的现实价值。

第一节 城镇化分析

1949年新中国成立以来,伴随着工业化进程和社会政策的变化,中国的城镇化经历了三个不同的阶段。起步阶段:1949—1960年,城镇化率从10.6%提升到19.75%,年均提高0.83个百分点,城镇人口年平均增速达到7.73%;波动阶段:1961—1978年,城镇化率从19.29%降低到17.92%,城镇人口年均增长率仅为1.55%;恢复与加速发展阶段:1978年改革开放以来,伴随着工业化进程加速,中国城镇化经历了一个起点低、速度快的发展过程。根据《国家新型城镇化规划》,1978—2013年,城镇常住人口从1.7亿人增加到7.3亿人,城镇化率从17.9%提升到53.7%,年均提高1.02个百分点;城市数量从193个增加到658个,建制镇数量从2173个增加到20113个。改革开放以来,中国的城镇化一方面取得了卓越的成绩,但另一方面也面临着越来越多的社会问题,既有传统遗留的社会问题,又有众多新的社会矛盾。政府全面把握城镇化的内在本质,顺应发展规律,实现新型城镇化规划,对构建和谐社会,实现中华民族伟大复兴,具有重大的现实意义和深远的历史意义。

一、城镇化的概念

城镇化与城市化同样翻译自英文单词 urbanization,在日本和中国的台湾地区也翻译成"都市化"。"城镇化"一词最初是由中国学者辜胜阻提出的。城镇化这个概念的提出过程,是一个汲取了各种不同意见的讨论和妥协的过程,体现了中国学术界在政策制定方面要实现自主创新与跨越的长期性和复杂性。中国共产党在十五届三中全会上提出"小城镇,大战略"后,学术界对城市化与城镇化的讨论就一直在持续着。目前无论是学术界在对城市化问题的分析研究过程中,还是政府有关部门在指导城镇建设的工作中,都经常用到"城市化"和"城镇化"这两个词语,但有时混用,有时用得不确切,之所以会混用或用得不确切,缘于对这两个词语在理解和认识上不尽一致。

一种认为 urbanization 一词应翻译成"城市化"。因为"城镇化"当中所包含和提倡的"乡镇化"实质是"离土不离乡,进厂不进城"的就地转移人口的农村化导向。乡镇化那部分人口虽然可以"离了土",但仍然"离不了乡",将仍然被现代文明集中的城市所边缘化,将仍然不能如城市化的那部分人口一样享受同等程度的现代文明。唯一的变化就是原来分散的农村居民现在变成集中的农村居民,原来的城乡二元结构变成现在的城镇二元结构,原来的城乡差别现在变成城镇差别。城镇化模型的基本结构是:城镇化=城市化+乡镇化。从规范分析和实证分析相结合的角度,就人口发展的效率和质量而论,农村化不如乡镇化,乡镇化不如小城镇化,小城镇化不如城镇化,城镇化不如城市化。① 另一种观点则认为 urbanization 应翻译为"城镇化",urbanization 一词,urban 型的聚集除了"城市"(city)外,还包括"乡镇"(town),城市又可进一步细分为"普通城市"(city)与"大都市"(metropolis)。"城市化"的侧重点主要是指农村人口向大中城市转移的"城化"过程,即以现有城市来吸纳农村人口,农村人口向现有大中城市的转移积聚、现有城市不断扩大的过程;而"城镇化"则主要是指农村人口向农村区域内的小城镇转移和积聚的"镇化"过程。中国作为世界人口最多的国家,很多镇的规模相当于甚至大于外国的小城市,中国城市化的进程不仅包括人口向城市(city)集中,而且还涵盖向大量的城镇(city and town)转移和聚集。所以,无论是"城市化"还是"都市化"都无法准确地概括中国城市和乡

---

① 俞宪忠.是"城市化"还是"城镇化"——一个新型城市化道路的战略发展框架[J].中国人口·资源与环境,2004(5).

镇的"转移、集中与聚集"的整个过程内容,用"城镇化"更能反映中国的实际状况。① 还有一种观点则认为城镇化与城市化本质上是一致的,至于将 urbanization 翻译成"城市化"还是"城镇化",要从实际需要出发,不宜强调二者必取其一或者孰优孰劣的问题。我们比较赞同最后一种观点,城镇化与城市化的运用需要时间和实践的检验,学术界和政府在不同的建设时期,需要对两者的内涵和边界进行实时性的界定。

应该说,目前对城镇化概念的界定,不同学者和不同学科因其各自关注点的差异,从不同的角度去理解和定义,赋予城镇化不同内涵,是学术史上的正常现象。总结国内外有关城镇化概念的界定,其中"一核心、三基本点"(核心是人口城镇化,基本点是土地城镇化、经济城镇化和社会城镇化)值得关注。

1. 人口城镇化

人口城镇化是城镇化最为普遍的含义,是城镇化的核心内容,也是城镇化最基本的内容,即人口不断由农村向城市集中的过程。没有人口城镇化这一基本要素,就不可能有其他含义的城镇化,也就不存在其他城镇化存在的价值。在国外研究者中,美国著名社会学家戴维·波普诺认为,城市化是人口由农村流向城市的运动,强调了城镇化进程是一个乡村人口向城市集中的过程。埃尔德里克认为:人口集中的过程就是城市化的全部含义。美国著名经济学家西蒙·史密斯·库兹涅茨的研究也表明城镇化是乡村与城市之间人口分布方式变化的过程。赫茨勒、威尔逊等著名学者也认为,城市化就是人口在城市的集中和城市居民比重上升的过程。② 国内学者姜爱林认为,城镇化是以农村人口不断向城镇迁移和集中为特征的一种历史过程。③ 陈锡文先生也指出城镇化的本质不是农村土地的水泥化,而是人口的城镇化。但人口城镇化不等于"生存空间的城镇化"。一味地跟随工业化,大规模"消灭"乡村,在短期内把农民赶进城市,是伪"城镇化"。"城镇化"是自然过程。如果让农民进城,却不能为之提供好的就业机会和后续保障,即人口城镇化发展超前于经济城镇化,则会使城市因缺乏创造性而贫困化和空心化,造成城市贫困,同时因掠夺农业而不能给农村创造任何发展机会,造成乡村贫困,为城镇协调增添障碍,最后有可能带来灾难性的后果。④

---

① 成德宁.城镇化与经济发展[D].武汉:武汉大学,2000.
② 转引自:陈春.健康城镇化发展研究[J].国土与自然资源研究,2008(4).
③ 姜爱林.关于信息化推动城镇化的战略选择[J].经济前沿,2001(6).
④ 杨春.城镇化之"虚":警惕乡村"空心化" 城市型社会的"一声叹息"[J].祖国,2012(21).

2. 土地城镇化

土地城镇化是其他类型用途的土地向城镇用地转变的过程,它体现了城镇形态的扩张和变化。在城镇化进程中,土地无论是作为私人活动的住宅基地和社会活动的公共场所,还是作为生产要素、固定资本、企业厂房机械设备物质载体,必然发生土地城镇化,即从农村的工业、农业、住宅用途土地转变为城镇经济社会用途土地的过程。土地城镇化主要集中在城乡地理连接区域。在城镇化过程中,其他生产要素、企业、产业和经济活动是空间地理位置转移,而土地作为其他生产要素和企业不可缺少的空间载体,其地理位置不可移动,只能是土地用途、产权主体、产权性质与结构等的改变。[1] 林坚利用城镇工矿用地占城乡建设用地的比重来衡量土地城镇化水平,认为这一指标与人口城镇化率统计方式相对应。[2] 林坚的这一衡量指标,有益于土地城镇化与人口城镇化的协调匹配关系研究,考量城镇化的健康程度,进而有助于完善土地城镇化内涵的界定和度量指标的设计,从而可以为城镇化的合理发展进行科学的引导。城市地理与区域规划学家约翰·弗里德曼认为,城镇化作为国家或区域空间系统中的一种复杂的社会过程,包括人口和非农业活动在规模不同的城镇环境中的地域集中过程,非城镇型景观逐渐转化为城镇景观的地域推进过程,城镇文化、城镇生活方式和价值观在农村的地域扩散过程。这一论断与社会城镇化的内涵是一致的。

3. 经济城镇化

经济城镇化是指在利润最大化动机下,经济活动具有一种空间集中的向心力,使不同的企业、行业向城市集聚,能够使企业和行业获得集聚效益,主要指经济总量的提高和经济结构的非农化。经济城镇化是城镇化的动力之一,实质是分工、专业化生产以及减少交易成本的结果,最直接的推动因素是工业化,第三产业则是城镇化向更高层次深入的表现。[3] 经济城镇化是一个工业化水平不断提升、产业结构不断升级的过程,是人口城镇化的动力与支撑。诚然,人口城镇化是城镇化的核心,但人口城镇化率并非越高越好,人口城镇化的速度要和经济发展的阶段程度及其吸纳人口就业的能力相适应。[4] 如果经济城镇化发展不好,人口城镇化就成了无米之炊、无水之源,脱离经济城镇化的人口城镇化最

---

[1] 鲁德银.土地城镇化的中国模式分析[J].商业时代,2010(33).
[2] 林坚.中国城乡建设用地增长研究[M].北京:商务印书馆,2009:4-9.
[3] 曹文莉,等.发达地区人口土地与经济城镇化协调发展度研究[J].中国人口资源与环境,2012(2).
[4] 程莉,周宗社.人口城镇化与经济城镇化的协调与互动关系研究[J].理论月刊,2014(1).

终将得不到有效实现。孔铎等国外新兴经济地理学派从交易费用、要素流动、空间经济、不完全竞争等角度分析了产业聚集与人口城镇化的形成和演变。①基于此,黄胜安认为经济城镇化应包含三个基本的部分。第一,经济产出的地域由农村区域向城镇区域转移。这是经济城镇化的最基本内容,也是最直接的表现形式。第二,随着经济的发展,第二产业和第三产业产值比重不断上升。由于第二产业和第三产业的生产主要是在城镇区域范围内完成的,因此第二产业和第三产业产值比重的不断上升,一般也意味着城镇区域产出比重的上升,或者说是经济产出的地域不断由农村区域向城镇区域转移。第三,人们的经济活动尤其是生产性活动向城镇集中和转移,主要表现为就业结构的变动和消费活动的转移。②

4. 社会城镇化

社会城镇化是城市生活方式、理念的传播和扩散的过程,即城市现代文明、城市生活方式、社会价值观念、日常行为方式、思维方式和精神生活向乡村地区渗透和扩散,传统乡村文明向现代城镇文明过渡,最终实现城乡社会一体化的过程。美国学者索罗金认为,城镇化就是变农村意识、行动方式和生活方式为城市意识、行动方式和生活方式的全部过程。③ 著名美国社会学家沃思认为,城市化意味着乡村生活方式向城市生活方式发生质变的全过程。④ 社会城镇化往往表现为城市文明与人口城镇化、经济城镇化和土地城镇化相协调的过程。例如,从农村转移出来的失地农民,作为城镇社会主体的"人",也必须要在这一城镇化过程中实现城镇化和现代化。游离于现代文明之外,只是实现空间位置移动的失地农民的城镇化,即使农民成为城镇的居住者,也不是真正意义上的"城镇居民"。⑤ 社会城镇化往往体现在人类精神层面,很难用相应的定量指标进行衡量,因而大多局限于定性研究。

二、新型城镇化的认知

"新型城镇化"一词最早是伴随党的十六大的"新型工业化"战略提出的。

---

① Kondo, Kiroki. Multiple growth and urbanization pattern in an endogenous growth model with spatial agglomeration[J]. Journal of Development Economies,2004(75).
② 黄胜安.基于"两型社会"的城镇化发展研究[D].福州:福建师范大学,2013.
③ 转引自:崔功豪.城市地理学[M].南京:江苏教育出版社,1992:68.
④ Louis Wirth. Urbanism as a way of life[J]. American Journal of Sociology,1989(49).
⑤ 郑涛.城镇化进程中失地农民利益诉求问题研究[D].上海:华东师范大学,2013.

新型城镇化的首次正式提出是在2012年中央经济工作会议上："要把有序推进农业转移人口市民化作为重要任务抓实抓好。要把生态文明理念和原则全面融入城镇化全过程,走集约、智能、绿色、低碳的新型城镇化道路。"党的十八届三中全会通过的《中共中央关于全面深化改革若干重大问题的决定》进一步指出,完善城镇化健康发展体制机制,坚持走中国特色新型城镇化道路。至此,新型城镇化的概念越来越清晰,并被赋予了新内涵,更被提升为中国社会经济发展的一大战略。正如李克强总理强调的那样,新型城镇化,是以人为核心的城镇化,是把改革红利、内需潜力、创新活力最大化叠加,形成社会发展新动力的城镇化。

1. 新型城镇化的内涵

新型城镇化是在传统城镇化基础上提出的,在保留城镇化的部分特征的同时,赋予了城镇化新的目标、内容和方式等。所谓新型城镇化是以科学发展观为指导,以新型工业化为动力,以全面提升城镇的文化、公共服务为核心,以实现城乡统筹、产城互动、生态宜居、制度改革和体制创新为重点内容的崭新的城镇化过程。新型城镇化的"新"在于改变过去片面注重追求城市规模扩展、空间扩张,重新确立以提升城镇的文化、现代公共服务等内涵为中心,真正实现我们的城镇具有较高品质的宜人宜居之性。

2. 新型城镇化的基本特征

(1) 新型城镇化是人的城镇化:以人为本。在城镇诸多构成要素中,人是城镇的主体。城市的基本功能,城镇化发展的最终目的,是要为城镇居民营造舒适的生产生活环境,全面提高居民的生活质量。因此城市的规则和设计、城市的建设和发展、城市的经营和管理等各个层面,一切推进城镇化的活动,都必须以人为出发点和归宿点,突出人的价值观、道德观和发展观,使城市真正体现人与人、人与政府、人与建筑、人与环境的和谐统一,使人民群众全身心投入城市建设,这样城市的发展才会充满生机和活力。政府必须推进城市经济尤其是第三产业发展,提高吸纳劳动力的能力,为农民工等弱势群体创造更多就业和提高收入的机会;要大幅提高农民工社保水平和覆盖面,减少其在城市落户生活的后顾之忧;要尽快实现居民平等享有基本公共服务,加速农民工融入城市的进程。在新型城镇化过程中要不断完善土地流转制度与土地管理制度,增强农民在土地经营过程中的话语权与发言权,切实保护农民的合法权益,而不是充满着野蛮与暴力、权钱交易与暗箱操作,新型城镇化更是人权的城镇化,是充满人文性的城镇化。

（2）大力坚持生态文明和集约发展原则。生态文明是全球范围的宣言，是人类开始意识到环境破坏给自身利益带来损害，并可能影响后代的繁衍与生存后的醒悟，而集约高效是中国特色社会主义道路发展下总结出的宝贵经验，也是应对国内人地关系紧张、区域供给与需求不均现状的最佳途径之一。改革开放以来，中国在经济方面取得了显著的成就，但这种成就是建立在粗放式发展的基础之上的。在21世纪，中国将面临来自人口、资源、环境等多方面的压力，粗放式的发展方式难以维系。所以，我们在推行新型城镇化的过程中，要坚持集约化发展的原则，提高资源优化配置的效率，实现新型城镇化以"质"取胜。

（3）实现城镇协调性发展。协调性发展主要包括城镇规模协调、城镇布局协调、城镇功能协调、城镇产业协调、城镇环境协调、城镇社会协调、区域发展协调7方面。一般来说，城镇规模的分布取决于产业结构的状况，就如传统产业与小城镇有着天然紧密的联系一般，制造业和运输业与中等城市联系紧密，而现代服务业和高技术制造业则与大城市密切相关。所以，产业构成的多样性和丰富性要求城镇也应该呈多层次的规模分布。① 在全球化、信息化、市场化和生态化的新历史背景下，城镇化功能又有了新的发展，新型城镇化的发展在突出城镇主导功能的同时，注重协调性功能的发展。传统城镇化的发展忽视自然生态环境系统，结果造成环境污染加剧，生态环境恶化，使得城镇化的可持续发展遭遇到前所未有的严峻挑战。新型城镇化的发展侧重于人与自然、城镇发展与自然资源的协调，发展城镇的过程中，全面考虑资源和环境的承载能力，高效合理地利用自然资源、地域资源和人力资源等，实现城镇化发展与生态保护相得益彰，走可持续的生态型城镇化道路。目前，中国正处在社会转型的关键时期和矛盾多发期，新型城镇化的发展在于最大限度地调动人民群众的积极性，为社会发展注入活力，完善社会和谐发展的动力机制和平衡机制，促进社会公平和正义，保持社会的稳定。崔凯、郭静利等提出的构建"主城区—新城区—示范县—中心镇—农村社区"多级城镇梯度体系，对于推动大中小城市和小城镇协调发展具有借鉴意义。② 推进城镇区域的协调发展，除了需要注重城镇本身、城镇与周边城镇的地域协调外，还应从大局出发，注重不同区域，如东、中、西部地区的协调发展。

---

① 于学花.中国城市化滞后问题探析[J].烟台师范学院学报（哲学社会科学版），2003(3).
② 崔凯，郭静利.新型城镇化的理论基础、现实选择与推动策略[J].现代经济探讨，2014(7).

三、新型城镇化战略下的路径选择——多维城镇化战略

1. 城镇化战略从以空间(地域)城镇化转向以人口城镇化、社会城镇化、生态城镇化、地域城镇化、经济城镇化等为导向的多维城镇化战略

空间城镇化战略往往会造成土地城镇化超前于人口城镇化,人口与资源、环境发生矛盾,社会经济结构失衡,城乡差距扩大,产业结构升级与就业压力增大等问题。世界银行发展研究组主任马丁·拉瓦雷分析表明,发展中国家在城市化过程中,贫困人口向城市集中的速度要快于城市化速度,结果造成了发展中国家的农村贫困人口快速地向城市转移。39个发展中国家的资料显示,贫困人口的城市化速度比整体人口的城市化速度平均快26%。[①]

在改革开放后,国家在相当长的一段时间里实施严控大城市规模、积极发展小城市的战略是正确的,中小城市发展速度明显落后于大城市的部分原因在于,等级治理结构致使大都市掌握的权力更大,坐拥的公共财政资源更多,吸引更多人才与资金的资本更足。不调整现有的体制,仅凭空间城镇化战略无法有效实现公共资源的优化配置,最终使城镇规模体系与结构布局的优化调整难以实现。要想改变城镇体系的空间布局,就要改变资源的分配机制,通过资源分配引导城市空间布局的调整。人口、社会、空间、生态、地域和经济等城镇化都是资源分配制度改革必不可缺的组成要素,因此,把这些关键要素纳入多维城镇化战略,并加以协调,会使城镇化政策达到预期效果,有益于新型城镇化战略的推行与实现。

2. 城镇化发展模式由集中型到集约型与分散均衡型相结合的道路

从发达国家城镇化的经验看,以集中型城镇化模式为代表的国家是亚洲的日本和韩国;以分散型城镇化发展模式为代表的是欧美大多数国家(欧美国家经历了先集中型发展后集约型发展的道路)。由于各国在地理环境与现有体制等因素方面存在千差万别,我们不能对集中型与分散型城镇化一概而论地评判。中国在国情方面与日本、韩国有较大的相似之处,因而中国的城镇化发展模式倾向于日本的集中型城镇化发展模式。初期的集中型城镇化道路能够迅速集中大量的人力、物力和财力,调动全社会的资源,在短时间内实现城镇化的发展目标,但随着城镇化的持续深入推进,资源紧张、布局僵硬、动力不足、城市

---

① 蔡昉.中国人口与劳动问题报告——转型中的城市贫困问题[M].北京:社会科学文献出版社,2003:66.

病等问题就突显出来。因此分散和均衡的城镇化发展也是中国城镇化战略的重要组成部分,而且中国城镇化还有选择的余地,一旦城镇化路径完成,那么城镇体系就难以重新布局,集中型城镇化发展模式转变为集约型发展模式也就成为必然。

集约型城镇化在强调城镇化速度的同时,更注重城镇化的质量,注重农民市民化和市民现代化,注重城镇资源的有效利用。以河南省为例,河南省舞钢市通过建设新型社区,在人口相对密集的地区,户均住宅由原来平均半亩以上,到现在户均0.23亩,节约了一半用地;永城市芒山镇雨亭中心社区原有6个村1.5万多人,占地6000亩,新社区规划占地1000亩,节约出土地5000亩;舞钢市枣庄社区,就在社区旁边招商引资,建起几家台资企业,就地安置,就近就业;濮阳市西辛庄村,原有村民600多人,现在工业企业安置就业8000多人,进一步集聚人口建设社区。① 发达国家与发展中国家的经验与教训表明:城镇化率达到50%以上是可选择的城镇化。2013年中国城镇化率达53.7%,已经突破50%,中国城镇化发展模式进入转型发展的时代。② 为保障农民工参政的权利,《国家新型城镇化规划(2014—2020年)》提出,完善农业转移人口社会参与机制,推进农民工融入企业、子女融入学校、家庭融入社区、群体融入社会,建设包容性城市。国内很多学者认为,在城镇化发展模式的选择上,中国应努力避免西方国家在城镇化发展中曾经出现的"先集中发展后又疏散,最后再全面实施城乡一体化"的路径。结合中国国情,统筹规划区域发展,实施城乡一体化,实施分散型和集中型结合发展的道路,合理定位大中小城镇的位置(发展基石、主要渠道、核心地位),构建布局合理、比例协调、多层次多功能的城镇化体系。

3. 走包容性与和谐式的城镇化发展道路

建设包容性、和谐式城镇意味着政治、经济、文化、社会等领域的均衡与协调,意味着公平与效率的内在一致,意味着社会主体拥有同质均等性的权利,利于"碎片化"社会问题的解决。张占斌认为包容性、和谐式城镇化有四层含义:一是城镇化的本质是为了实现人的全面发展,而不是为了城镇化而城镇化;二是建设包容性城镇,强调城镇主体利益与权利的均衡性;三是农转非有序化和公共服务协调发展,破解城乡二元对立体制;四是和谐式城镇的建立,更重视城

---

① 张占仓,等.河南省新型城镇化战略实施中需要破解的难题及对策[J].河南科学,2012(6).
② 刘爱梅.多维视角的新型城镇化战略研究[J].现代经济探讨,2013(9).

镇化的管理和服务的创新。① 例如,政府逐步取缔不利于包容性发展的排斥性制度体系,促进城镇外来人口的城市接纳与融合,使包括农民工在内的城市贫困阶层享有事实上的平等权利。研究表明:城市规模的扩大有益于提高劳动就业率,而不是人们通常认为的外来移民会挤占原居民的就业机会。②

四、新型城镇化的舆论视角——公平公正

新型城镇化舆论视角的重大转变体现在社会公平与公正。新型城镇化之所以更加注重公平公正,原因在于社会问题"集中并发期"的到来。新型城镇化转向关注公平公正的具体原因体现在社会阶层隔离问题、居住空间分异问题、社会弱势群体帮扶问题、保障房安居工程建设问题,以及受到各界关注的中国老龄化及人口红利问题等。广泛存在于发展中国家的"中等收入陷阱"尚没有完全被中国跨越,与东部相比,中西部地区发展中尚存在"陷阱威胁"的可能。

城镇化意味着什么?在城镇化初期,人们也许会认为城镇人口、城镇面积、高楼大厦和现代化生产是城镇化的全部。但对于身处城镇化深处的当代人来说,城镇化是村(乡)到"城"的转变,意味着"人"的城镇化,意味着新的文化和新的文明。在城镇化建设的过程中,政府也时刻强调建立公平正义的重要性,但在实际布局中是忽略的。把长期优先的追求整体经济的发展、社会公平保障体系看成是经济效率的配套措施,而非经济社会发展的本原目标之一,这导致中国社会公平保障体系滞后。当然,在过去几十年的城镇化热潮中,我们体会到了中国社会公平、公正、民主和自由的扩展,也看到了城乡二元等种种陈旧的不合理的制度下发生的激烈的碰撞和反抗。暴力拆迁、异地高考、二元化的户籍制度、社会保障制度的异地衔接等时下一些尖锐的社会问题,皆与此相关。

对于大多数城镇居民而言,社会领域的公平正义——人权,是他们判断公平正义的着力点,进一步细化即民生问题,公民的生存权和发展权的问题。不论是城镇居民还是农村居民,公平正义的最基本含义都是获得足够的食物、衣着、住房以维持同等生活水准的物质利益和精神利益的绝对值,而不是某种可能性。如果社会公平长期低于这个水平,一部分人就会过着非人的生活,社会的稳定就难以维持。按征用土地量和农民人均土地量的保守值估算,2009年全国有4000~5000万失地农民。失地农民获得部分补偿金,但由于失地农民

---

① 张占斌.新型城镇化的战略意义和改革难题[J].国家行政学院学报,2013(1).
② 陆铭,等.城市规模与包容性就业[M].北京:中国社会科学出版社,2012:47-65.

得到的现金补偿少,一旦补偿金用完而年龄又老化,他们将面临生活无保障的风险,也许这部分人的生存权就得不到保障,也就意味着无法享受到城镇化带来的社会公平正义,社会稳定也许就难以为继。新型城镇化所倡导的公平正义的社会,是一个毫不偏袒地为所有城镇居民提供同样机会的社会,是一个所有人的自主活动能力得到最大限度发挥的社会。新型城镇化战略所倡导的公平正义既不承认任何种族、性别、年龄的差别,也不承认那种由血统、门第、宗法关系所决定的封建等级差别和特权,而只承认个人自主活动能力和努力程度方面的差别。①

在新型城镇化的进程中,如果没有保障机制、规则公平的保障体系,如果社会公平正义的原则不能得到有效的贯彻,社会经济资源就会持续地向社会精英阶层流动,社会的中下层阶层的利益就会相对受损,社会结构固化的风险就会进一步增大,阶层对立就会进一步增强。所以说,如果没有新型城镇化,中国经济很难突破目前的增长困境。与此同时,如果没有一个有效的完善的社会公平保障体系保驾护航,城镇化的结果不仅在政治上是不可想象的,而且会危及长期的社会稳定和经济效益,从而不可持续。

在信息化社会中,网络的兴起为公众利益表达提供了一个便捷、直接、充分的平台。现实矛盾不再仅仅局限于某个地域、某个时间,它会与虚拟世界相连接,通过形式多样的渠道反映在网络上,引起社会大众共同关注与讨论,并逐渐形成共识,聚合成呼声强烈的利益表达。互联网已经成为体制外民众利益表达的主要渠道,部分通过互联网传达的民众利益表达,迅速形成网络舆论压力,对政府产生了极大的压力与动力。伴随着公民利益主体与权利主体意识的觉醒,传统的城镇化模式无法再运行,新型城镇化战略的提出成为必然,而实现公平公正也就成了新型城镇化的主要目标。"权利公平、机会公平、规则公平"理所当然地成为新型城镇化的题中应有之义。

第二节 城镇化进程中的网络舆情分析

互联网自20世纪90年代引入中国以来经历了近20年的迅猛发展,截至2014年12月,我国网民规模达6.49亿,较2013年年底增加3142万人。互联网普及率为47.9%,较2013年年底提升了7.1个百分点。截至2014年12月,

---

① 段小林.论机会公平[J].法制与社会,2007(8).

第一章 城镇化与网络舆情基本因素分析

我国手机网民规模达5.57亿,较2013年年底增加5672万人。网民中使用手机上网人群占比由2013年的81.0%提升至85.8%。我国网民中农村网民占比27.5%,规模达1.78亿,较2013年年底增加188万人。城镇网民增长幅度较大,相比2013年年底增长2929万人。① 网络的普及,使中国底层,甚至弱势群体可以把日常生活中存在和遭遇到的政治、经济、文化等各个方面的问题及新闻通过网络来反映与传播。网络资费下调、手机网络的发展和普及、网络传播形式的不断更新,使得城镇化进程中失利群体越来越关注和参与网络。普通民众拥有了传统媒体时代所难以想象的言论自由,通过网络虚拟空间,他们拥有了说话的平台和机会,在这个无须实名登记的网络平台中,匿名的网民可以嬉笑怒骂、畅所欲言。网络作为一个虚拟存在的空间,同时也是一个难以监管的地方,自然成为各类社会矛盾暴露、社会情绪发泄的集中点。腐败、欺诈、道德缺失等各种社会问题和矛盾令人愤恨却又长期得不到根本解决,民众慢慢学会利用网络揭露它们,使其曝光。网络作为公众重要的公共言论空间,日益成为网民自发爆料和汇集舆论的平台,与之相应的是互联网舆情的出现,并在媒体所承载的舆情体系中,日益居于主导地位。

一、网络舆情的概念

1. 舆情

"舆情"一词最早出现在《旧唐书》中,唐昭宗在乾宁四年(公元897年)的一封诏书中称:"朕采于群议,询彼舆情,有冀小康,遂登大用。"②"舆情"在《现代汉语词典》(第6版)中被解释为"群众的意见和态度"。据此可见,"舆情"的基本含义应是民众的情绪、意见、态度和意愿等的综合。国内的舆情研究学者王来华、张克生、刘毅、曾润喜等都从不同角度对"舆情"一词做出了各自的解释。

王来华是国内最早对舆情进行系统性定义的舆情研究者。王来华认为舆情是舆论情况的简称,是指在特定的社会空间内,围绕中介性社会事件的发生、发展和变化,作为主体的民众对作为客体的公共管理者及其政治取向产生和持有的社会政治态度;它是较多群众关于社会中各种现象问题所表达的信念、态

---

① 中国互联网络信息中心.第35次中国互联网络发展状况统计报告[R].北京:中国互联网信息中心,2015(1).

② 刘昫,等.旧唐书[M].北京:中华书局,1975:4585.

度、意见和情绪等表现的总和。①

张克生扩展了舆情概念外延。他把舆情定义为国家决策主体在决策活动中必须涉及的、关乎民众利益的民众生活(民情)、社会生产(民力)和民众中蕴含的知识和智力(民智)等社会客观情况,以及民众在认知、情感和意志基础上对社会客观情况和国家决策所产生的主观社会政治态度。② 与王来华的"狭义的舆情"相比,张克生的这一定义被认为是"广义的舆情"。但张克生对舆情的界定扩展了社会政治态度的外延,并没有突破国家管理者的限定。

刘毅在王来华对舆情界定的基础上对舆情的主体、客体和本体做了拓展或去除。他认为舆情是由个人以及各种社会群体构成的公众,在一定的历史阶段和社会空间内,对自己关心或与自身利益紧密相关的各种公共事务所持有的多种情绪、意愿、态度和意见交错的总和。③ 舆情的主体由民众拓展为个人与公众,舆情的客体则去除了管理者及其取向的限制,舆情的客体也由各种意念的简单相加扩张为意念的交融与交错。刘毅对舆情的界定虽然打破了舆情定义中对于社会管理者的限定,却把舆情客体等同于舆情产生的中介刺激源,并且混淆了舆情与舆论的区别。

曾润喜将舆情定义为由于各种事件的刺激而产生的通过某一载体传播的人们对于该事件的所有认知、态度、情感和行为倾向的集合。④ 其定义虽然在传播载体的界定上存在不足,但曾润喜关于舆情的主体、客体和本体的界定都是与社会实际生活相契合的。因此,我们以曾润喜的舆情定义为借鉴,将舆情界定为因不同领域内事件的刺激而引起的,通过相应传播载体传播,形成的民众对于此事件的所有认知、态度、情感和行为倾向的交融与集合。

2. 舆情与舆论

说到舆情就不得不提舆论,舆情与舆论从来都是紧密相连的。但如果想要准确把握网络舆情的内涵和边界,就必须准确地认识到舆情和舆论存在很大的差异。舆情不仅包括公众的意见,还有公众对社会事件的情绪、态度。而舆论则要求是大多数人共同的意见,这个意见往往是统一的意见。所以,从内涵看出,舆情的内涵比舆论要广泛,舆情是舆论形成的前个阶段,舆情形成一致意见之后,成为一种公众舆论。舆情表现形式包括多种,主体主要是公众。舆论主

---

① 王来华.舆情研究概论[M].天津:天津社会科学院出版社,2003:2-5.
② 张克生.国家决策——机制与舆情[M].天津:天津社会科学院出版社,2004:17.
③ 刘毅.网络舆情研究概论[M].天津:天津人民出版社,2007:5-10.
④ 曾润喜.网络舆情信息资源共享研究[J].情报杂志,2009(8).

体则包括政府和公众,政府的舆论是官方舆论,主要做舆论引导,公众舆论主要用于监督政府。王来华认为舆情和舆论的区别主要有三点:一是舆情是民众所想的,既包含公开的也包含非公开的,舆论则强调的是"公开意见";二是相较于舆情仅仅是民众的"心声",舆论则同时具备公众、国家或政府等各类"声音"的特点;三是从学理角度出发,舆情强调对群体心理活动的剖析,舆论研究更多的是关注意见的传播过程的构造和结果。① 当然舆情与舆论的密切性决定了舆情在一定条件下可以转化为舆论。

3. 网络舆情

网络舆情的核心在于限定语"网络",因此,有一些学者认为,网络舆情是社会舆情在互联网空间的映射,是社会舆情的直接体现。② 但实际上,网络舆情源于现实社会生活,同时也是互联网的产物,不单单是社会舆情在网络中的映射。互联网的独特性使网络舆情在指向、形态和功能等方面表现出不同于现实社会舆情的特点。互联网为民众表达舆情,参与政治、经济和社会生活,提供了一个方便、快捷的平台,使网络舆情如同社会"晴雨表"一样,每时每刻都能反映民情思想和情绪的微妙变化,受到党和政府的高度重视和肯定。准确把握网络舆情的内涵和特征对于及时了解民众的思想动态、预警舆情背后的危机、维护社会和谐和稳定具有重大意义。

姜胜洪认为网络舆情是舆情的一个组成部分,是指媒体或网民借助互联网,对某一焦点问题、社会公共事务等所表现出的有一定影响力、带倾向性的意见或言论。③ 方付建给网络舆情下的界定是,网络舆情为非官方的个人、群体或组织在网络空间中发布和传播的含有情绪、态度、意愿、观点或行为倾向的信息。④ 项平认为网络舆情是指在网络空间内,围绕舆情因变事项的发生、发展和变化,网络对执政者及其政治取向所持有的态度,是民众通过互联网表达出来的对公共政策及其制定者的意见。⑤ 基于上述对于舆情和舆论及相关网络舆情定义的分析,我们认为,网络舆情是社会舆情在互联网上的一种特殊反映,是非政治性个人、群体或组织因国家、社会的发展趋势和社会热点、难点问题产生的认知、意愿、情感和行为倾向,并在网络传播所生成的信息。

---

① 王来华. 论网络舆情与舆论的转换及其影响[J]. 天津社会科学,2008(4).
② 史波. 网络舆情群体极化的动力机制与调控策略研究[J]. 情报杂志,2010(7).
③ 姜胜洪. 网络舆情的内涵及主要特点[J]. 理论界,2010(3).
④ 方付建. 突发事件网络舆情演变研究[D]. 武汉:华中科技大学,2011.
⑤ 项平. 公共网络舆情事件研究[M]. 北京:人民出版社,2012:45.

二、基于城镇化视角的网络舆情构成要素

从上述对网络舆情概念的界定中,我们可以认识到网络舆情主要由4部分构成:主体要素、客体要素、本体要素时空要素。

(一)主体要素

1. 网民

在现实社会中,公众是舆情的最重要主体;在网络社会中,线上的网民被认为是互联网信息传播的最主要也是最重要的接受者和传播者,与此同时也被认为是网络舆情的主体之一。关于什么是网民,国内学者郑傲认为,网民主要是一个从网络使用者的行为效果来阐述的概念,并不是所有利用互联网的人都可以被称为"网民",而是必须在个体自我仪式上、对使用网络的态度上、网络活动的特征上以及网络活动的行为效果上等表现出一定特点的使用者才可以被称为"网民"。[①] 截至2014年12月,中国网民规模达6.49亿,持续居于世界第一。中国互联网信息中心(CNNIC)把网民定义为平均每周使用互联网至少1小时的中国公民。伴随着城镇化的深入,互联网发展重心从"广泛"转向"深入",网络应用对城镇居民生活的改变从点到面,网络对城镇居民或潜在城镇居民生活全方位渗透程度进一步增加。手机作为主要的移动上网终端设备,在即时通讯、实时传讯、信息获取、交通沟流等方面具有先天优势,所以用户规模逐年增长。如图1-1所示:

图1-1 中国手机网民规模及其占整体网民比例

资料来源于CNNIC《中国互联网络发展状况统计调查报告》

---

① 郑傲.网络互动中网民自我意识的研究[M].成都:电子科技大学出版社,2009:6.

依据计划行为理论,阿杰恩认为公众的行为信念、规范信念和控制信念产生行为意向,个体行为意向越强烈,采取行动的可能性就越大。[①]这一适用于现实社会的舆情,同样也适用于网络舆情。以2006年的"厦门反PX化工项目事件"为例,网民通过地方论坛、QQ群等即时通信工具,个人博客等新网络媒体号召民众关注事件、参与事件,并最终实现政府与公民互动,达成迁址意愿。从该事件开始,网民们(主要是附近居民)通过QQ群和社区网页等形式反映经常出现的PX项目引起的酸臭味、空气质量差等问题,并在线下进行反复讨论。厦门市民们通过各种网络方式进行传播、沟通和交流,展开一系列网络搜集PX项目信息的活动,互相告知项目带来的危害,继而转移到讨论如何通过线上行动阻止PX项目。经过一系列抗议活动的失败,厦门城市居民们开始利用网络组织"六一"抗议,百万手机短信号召"散步"游行,以此表达反对在厦门建设PX化工项目的心愿。理性的公民运动方式使得网民取得了最终的胜利。当公众利益受到侵犯时,他们不再被动地接受结果或单一地依赖复杂的体制内的渠道维护合法利益,制止已经或可能受到的侵害。网民通过网络可以随时随地了解社会信息,以自我权益保护为视角,积极主动地获取目标信息,形成自我对问题的认知以及对事件本身、相关企业主体、传媒、政府管理部门的态度,并选择性地开展自我权益的保护行动,以及不同程度地参与到与自身利益相关的网络传播当中,参与或主导意见发布、意见冲突等新的危机传播。[②]

2. 媒体

在网络舆情事件中,作为传统媒体的社会组织影响着网民对世界的感知,而互联网式的新媒体对事件的报道和评论能够在更短的时间内为更大范围的网民所关注。新媒体的报道有可能把社会问题全面呈现于网民的视野之内,激起网民的愤怒与不平的倾向,推动网络舆情迅速发展,形成网络舆情危机;但也有可能还原事实真相,平息网民的极端情绪。美国学者约翰·V. 帕夫利克在其著作中讨论了网络新闻与新媒体的相互关系以及新媒体的出现对新闻的改变,探讨了新媒体环境下全景化新闻等特殊的新闻形式。[③] 在新媒体的传播下,信息、观点被多个声音发布,相对自由的舆论场由此形成,政府的舆论引导能力和

---

① Ajzen I. The theory of planned behavior [J]. Organizational Behavior and Human Decision Process,1991(5).

② 林萍,黄卫东,洪小娟. 全媒体时代中国食品安全网络舆情构成要素研究[J]. 现代情报,2013(11).

③ 约翰·V. 帕夫利克. 新闻业与新媒介[M]. 张军芳,译. 北京:新华出版社,2005:5-10.

监控体系的作用相对弱化了。新媒体对2010年"我爸是李刚事件"、2011年"郭美美事件"、2012年"房叔事件"、2014年4月"茂名PX项目事件"、2014年7月"背官员事件"等热点事件的反复报道、深入挖掘,反映了新媒体在社会热点事件舆论引导上的超前性。当然,新媒体的价值需要通过与传统媒体、社会大众的互动实现,"宜黄9·10强拆自焚事件"就是媒体与社会大众合作的典型。

2010年9月11日,网络上出现了宜黄强拆事件中当事人被烧伤的照片并迅速传播开来,吸引了广泛的社会公众和媒体关注。9月12日,《南方都市报》发表了事件相关报道,在微博上引起了大量网民的关注、评论和转发,使得该事件迅速升级为一起全国关注的公共事件。9月16日上午,钟家女儿准备乘坐飞机前往北京接受采访,却被赶来的政府工作人员围堵,无奈之下只得躲进女厕所打电话向媒体求助。接到电话的记者开始在微博上直播此事,引起了巨大的反响,成为当天微博上关注最多的事情。40多分钟后,陆续有媒体记者赶来,两人才从躲避的厕所出来。9月17日,"厕所门"当事人之一钟九如开通了微博,发布家人自焚、被堵厕所事件之后的最新情况。众多民众在网络上质问当地政府,互联网上的强大民意在一定程度上也促成了更多的传统媒体的关注和报道,媒体与公众在该事件的参与中汇聚成了一股强大的力量。在强拆导致的自焚事件发生后,面对强大的舆论压力,江西省政府成立了调查组对该事件进行调查,惩处了事件中的责任人,对县委书记以及县长进行立案调查。至此,该事件本该慢慢平息,渐渐淡出人们的视线。然而在10月12日,宜黄县某一政府领导在网上发布了一篇文章,称"强拆带来了城市化,没有强拆就没有崭新的中国"①。此言一出就引来社会公众和媒体的强烈不满,再次让民众对宜黄县政府的信任骤降,政府形象尽失。

3. 政府

在城镇化进程中,地方政府作为公共管理的重要主体,有责任协调处理城镇化过程中不同利益主体间的矛盾及社会事务,如果处置不当,大多数矛盾就极有可能转化为民众与政府间的对立行为。互联网的不断普及和技术的不断进步,深刻地改变了中国乃至世界的舆论环境,进而也催生了政府在互联网语境下新的管理理念。政府在行使公权力、管理社会的同时,要比以往任何时候

---

① "没有强拆就没有新中国"的谬论是如何炼成的?[EB/OL].[2010-10-14]. http://star.news.sohu.com/20101014/n275663275.shtml.

都更关注网络民意。然而部分地方政府及部分领导干部,思想观念落后,对"大众麦克风"时代日益活跃的网络民意给政府社会管理带来的新挑战没有正确的认识,仍然采取传统的不听、不看、不说,坐等上级领导批示的做法,致使错失了应对网络舆情的黄金时段,导致网络舆情危机的出现和扩大化,进而使自身被推上网络舆情的风口浪尖。以"沈阳歇业事件"为例,2012年7月,在沈阳的商贩间刮起一阵歇业风,这源于有微博网友爆料称沈阳市政府要开展全市范围的打假行动。一时间全市大小商铺相继关门停业,沈阳东北日杂市场80%的商铺关门歇业,五爱街、南塔、十三韦路、小东批发、南二批发市场等,95%以上的商铺都关门。所涉行业广泛,甚至严重影响了居民的生活。众多网友通过微博表达了对此事件的不满,要求政府出面解释。① 其中,一名为"点子正"的微博网友通过微博对沈阳市政府应对网络舆情建言献策,并进行了理性批评,却一度被沈阳市官方微博"沈阳发布""拉黑"。

　　地方政府应对网络舆情的能力千差万别,人民网发布的对地方政府应对网络舆情能力推荐榜的评价较为具有客观性和权威性。地方应对舆情能力推荐榜入选事件由人民网舆情监测室从100多家境内外报刊的新闻报道和评论,8家门户网站的新闻跟帖,约30家论坛/BBS,400余名网络意见领袖博客,以及微博客、QQ群和播客网站中梳理出来。推荐榜按照"官方响应、信息透明度、地方公信力"3个常规指标,以及"动态反应、官员问责、网络技巧"3个特殊指标,对2012年第二季度10件"舆情热点事件"进行打分,对其发展过程中每个步骤的具体效果进行评估,并提出了建设性的应对意见和建议,力图更加贴近地方党政机关的工作实际,为其日常工作提供更有参考和借鉴价值的信息。如表1-1所示,我们可以看出湖南湘潭"90后"副局长公示引发的舆论风波因为公开透明和严肃处理得到有效化解而排行榜首,陕西大荔"天价烟"事件则因为透明度不足没有消除公众质疑而应对能力垫底。

---

① 徐冰.沈阳商贩关门歇业源于恐惧[N].中青报,2012-08-08(4).

表1-1　2012年第二季度地方政府应对网络舆情能力推荐榜①

事件	官方响应	信息透明	地方公信力	动态反应	官员问责	网络技巧	总分	应对能力
湖南湘潭"90后"副局长	5.7	6.5	3.0	1.0	2.5	1.5	20.2	蓝
广东深圳"5·26"飙车案	6.0	4.5	4.5	1.5	0	2.0	18.5	黄
湖北武汉大雾	5.0	6.5	4.5	0	0	2.5	18.5	黄
河南漯河副局长打记者	3.8	4.2	2.3	1.0	2.0	2.0	15.3	黄
广东中山沙溪事件	3.0	4.8	3.0	2.0	0	2.0	14.8	黄
山东青岛植树增绿事件	2.0	2.7	2.5	1.0	0	1.5	9.7	橙
山西镇平孕妇引产事件	2.5	2.3	0.3	1.0	2.0	0.5	8.6	橙
黑龙江太阳能国有之争	2.8	3.6	1.7	0	0	0	8.1	橙
云南巧家爆炸案	3.4	1.5	1.0	1.0	0	1.0	7.9	橙
陕西大荔"天价烟"事件	0.7	0.2	-2.8	0	0	0	-0.9	红

（二）客体要素

网络舆情的客体反映现实生活的社会矛盾，在互联网上通常表现为网民指向型话题，且极具公共性和争议性特征，如网民在网络上谈论的社会事件、社会矛盾等问题都可以成为网民甚至是整个社会关注的话题，即网络舆情客体。在信息化、网络化的社会背景下，人们的社会交往和联系不断扩展延伸，社会矛盾亦越来越复杂，当这些矛盾出现并激化到一定程度时，就有可能作为公共事件而刺激网络舆情的产生。中国传媒大学网络舆情研究所在2009—2010年的8个月中，对发生在网络上的近250个典型的网络舆情进行实时监测研究，发现热点网络舆情主要集中在政府机构、政府官员、企业高管、企业、社会群体、社会个人、教育机构、医疗器械、食品安全等领域。

以"微笑门事件"为例，2012年8月26日，在36人遇难的延安特大交通事故现场，陕西省安监局局长杨达才被爆"微笑"表情，引发网友强烈声讨和质疑，由此引发的一系列杨达才腐败层层剥开的事件，统称为"微笑门"。2012年9月5日，网友"晨曦微播"在微博上贴出照片，称杨达才的眼镜超10万。"网民发现表哥眼镜超10万，懂行的网民发现，杨达才的眼镜是罗特斯的，在'傅仪眼镜'里，这款镜架最低售价是13.8万元，镜片价格不好判断。与他的表一样，他

---

① 人民网舆情监测室.2012年第二季度地方政府应对网络舆情能力推荐榜[EB/OL].[2012-07-19]. http://yuqing.people.Com.cn/n/2012/0719/c210118-18548591.html.

的眼镜也很多……"同时在该微博后面还配上了杨达才戴4副不同眼镜的图。不仅如此,其系的皮带又被网友扒了出来呈于网民。网友"延庆老农"在其微博以"表哥全身都是宝"为题,用一组图片证明,"微笑局长"除了左手手表、右手手镯之外,还拥有各种名牌皮带。2012年9月21日,鉴于陕西省安监局党组书记、局长杨达才在"8·26"特别重大道路交通事故现场展露"笑脸"的不当行为和佩戴多块名表等问题,陕西省纪委高度关注,及时进行了认真调查。调查表明,杨达才存在严重违纪问题,依据有关纪律规定,经省纪委常委会研究并报经省委研究决定:撤销杨达才陕西省第十二届纪委委员,陕西省安监局党组书记、局长职务。

根据人民网对舆论关注度走势的分析(图1-2)和百度指数信息(图1-3),特大车祸的报道走势由新闻媒体率先发声,继而爆出"微笑门"和"名表门"事件,8月28日用户关注度快速上升,杨达才以工作繁忙为由,不予正面回应,但保证最迟29日上午回应;29日杨达才进行回应,媒体新闻报道量也在29日达到第一个顶峰。受杨达才"微笑门""名表门"事件影响,舆情继续发酵升温,未能释疑的网友要求杨达才公布财产,新闻更新量也在8月31日迅速攀升到第二个顶峰。这一事件在9月21日有关政府部门对杨达才做出了惩处之后,得以慢慢平息。新媒体——微博,作为"大众麦克风",在此次危机事件中,再次体现了它直接、快捷、传播范围广的特性,短短两天便达到了最高峰值,给网友以强大的影响,对舆情发酵起到了巨大的作用。"微笑局长"的"多重门",见证了网络在当今社会的强大影响力,也见证了"政府官员"是网络舆情多发的领域之一。

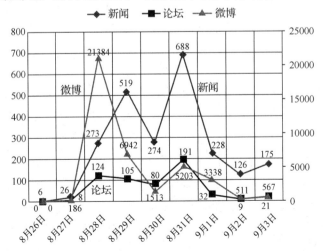

图1-2 陕西延安安塞交通事故"微笑局长"牵出"名表门"事件舆论关注度走势

资料来源于人民网舆情案例库

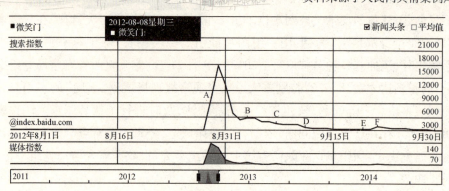

图1-3 "微笑门"事件网络用户和媒体关注趋势图

资料来源于百度指数

（三）本体要素

依据对舆情和网络舆情概念的认识,我们把网络舆情的本体等同于倾向或偏好,概括为网民的认知、意愿、情感和行为倾向等。本体要素的存在决定了网民、媒体、政府、企业等对于社会热点事件的看法和潜在的行动。以"杨佳上海袭警事件"为例:

2008年7月1日上午9时40分许,一名北京来沪无业人员突然持刀闯入上海闸北区综合办公楼内,连续捅伤多名公安民警和一名保安,随即被民警当场擒获。经初步侦查得知,犯罪嫌疑人杨佳,男,28岁,北京市人。当日上午,杨在办公大楼便门外纵火后,捅伤一名保安,突然闯入楼内办公场所,袭击正在办公的民警,其中6名民警送医院抢救无效牺牲,3名公安民警和1名保安人员受伤。据杨某交待,其对2007年10月因涉嫌偷盗自行车被闸北分局依法审查一事不满,为报复公安民警,实施行凶犯罪行为。

在袭警事件发生后,网民们也展开了激烈的讨论。公安机关中存在少数法制意识和人权意识薄弱的警察,其玩忽职守、滥用暴力、徇私舞弊、贪污索贿等执法不规范、滥用公权力的行为使公众对警察产生了误解,给公安机关的形象造成了不良影响。网民们由于存在固定的认知、意愿和情感倾向,即使意识到警务人员处于受害方,也很难产生同情、悲悯和哀悼。人民网针对"上海袭警事件"对网民的认知观点的调查就是最好的佐证。有41%的网民认为"政府掩盖了真相,发布的信息是虚假的";有38%的网民对死者表示同情,但更加侧重的是"警察应该提高自身的执法素养和水平",从中可以看出对于警务人员执法的不满;19%的网民认为"警局是重地,居然会那么容易通过,实在让人无语",其不是对警局的善意的提醒,而是戏谑;有3%的人认为是社会保障体系的不完善造成的悲剧,表达了对底层人民的同情,对警察的死亡却只字未提,未表达任何同情之心;3%的网民把这一悲剧归结为体制;有1%的网民提出"不管他们人好不好,10个人被1个人干掉,总显得有些无能吧",不仅对死者漠不关心,而且幸灾乐祸;仅有8%的人对死者表示同情。之所以产生不关心、戏谑、冷漠和幸灾乐祸的情绪,就是由于网民对于警察的认知、意愿、情感和行为倾向(即本体要素)已经固定。

"偏见",是指向组织、个人的那些负性态度。① 从历史的角度出发,人类心理活动是带有情绪色彩的,而且表现出来的状态也是五花八门,不尽相同,比如紧张、激动、阴郁等。② 假设受伤害的是弱势群体,是社会普通大众,而行凶的是警察,是政府人员,那么也许网民的看法就会是与之相反的一种观点了。因为网民们已经形成了他们的思维定式:强势群体永远是侵权方,弱势群体永远是受害方,这是一成不变的,即使存在变化,责任也必须归咎于强势群体。

(四) 时空要素

1. 时间要素

能吸引公众注意的事件出现之后,舆情可能被激发。舆情一旦形成,总要存在一段时间,并在个人以及社会环境因素的影响下不断变化和发展。涉及公众最切身利益的网络舆情,假如隐含的矛盾得到及时解决,或者很快失去了公众的关注,舆情难以持续较长的时间。反之,则会持续较长时间,给社会造成危害。我们可以从"陆良事件"看政府如何实现华丽"转身",如何减化、消弭事件的不良影响。

2010年8月26日中午,云南省曲靖市陆良县活水乡石槽河煤矿在施工过程中与当地村民群众发生冲突,8名村民、3名煤矿企业员工和7名现场维持秩序的民警在冲突中受伤住院,11辆警车被砸。事发后,云南省委常委、政法委书记孟苏铁,曲靖市委书记赵立雄,市委副书记、市长岳跃生等做出批示,要求陆良县及时妥善处置此事,全力救治伤员。陆良县委、县政府立即启动突发事件应急预案,党政主要负责同志迅速赶赴现场,成立了医疗救护、事故调查等工作组,及时开展工作,医院开辟绿色通道全力救治伤员。工作组连夜走访群众,逐

---

① 斯蒂芬·弗兰佐.社会心理学[M].3版.葛剑桥,等,译.上海:上海人民出版社,2010:145.
② 戴维·迈尔斯.社会心理学[M].8版.张智勇,等,译.北京:人民邮电出版社,2006:98.

一梳理村民反映的问题。群众提出的7个问题中,6个得到妥善解决。针对群众要求每人每月补偿600元生活补助和每株庄稼5元赔偿的诉求,工作组未回避矛盾,与群众面对面交流,并迅速形成书面答复意见,通过召开座谈会、情况说明会,向群众说明此条不符合相关政策。多数村民表示,此次党委政府对群众的要求解决得很公平、到位。云南省委宣传部及时发现了新闻报道中某些"刺眼"的用语,当即提请有关媒体予以纠正,并下发紧急通知要求新闻媒体在报道和评价突发公共事件时,必须客观、公正,不得带有敌视色彩。截至9月6日,已经有4个挑头闹事的人到当地公安机关"说明问题",写下保证书后就可以回家,公安机关没有采取任何强制拘捕措施。至此,云南省相关部门圆满化解了陆良"8·26"群体事件。这说明政府主动公布信息,占领话语权,可以在极短的时间内完美地消除事件已经和可能带来的不良后果。

2. 空间因素

网络舆情的产生、发展及演变离不开环境的支持,这个供网络舆情进行活动及演化的场所即网络舆情的空间。网络舆情空间被众多国内学者称为网络舆情环境,这说明网络舆情的产生以及发展必定是要在一定的时间和空间的环境中产生、发展、进行的。在现实生活中,国内、国外每天、每时、每刻、每秒都在发生各种各样的事情,可现实情况是,这些事情并不一定全都变成网络中网民所关心的议题。当某一个或某几个话题与网民的公众利益有密切的关系之后,才可能被激发成网民所关注的网络议题,否则没有机会成为网络议题,与此同时,这个网络议题也随着时间的推移而升级,并可能随着社会环境的变化而一直持续"升温"。关注的网民越来越多,讨论的激烈程度越来越高,那么这个网络议题就很可能变为网络上的热点议题。在这样的情境下,舆情空间被国内有些学者划分为"软空间"和"硬空间"两个部分。① 所谓的"硬空间"是被认为发生和传播在有形的现实生活中的场所,比如学习场所、休息场所等;所谓的"软空间"是指影响网络舆情发展和变化的无形因素,比如制度、法规、信仰、态度等。

与普通舆情不同,网络舆情的发展空间就是互联网——网络社区。根据项平对网络舆情事件的发生空间的概括,网络社区包括论坛、QQ群、贴吧、SNS网站、微博和微信等。微信定位为即时通信工具,是具有潜力的社交媒体,最突出的特征之一是依托强关系的互动性,这为弥补传统电视节目互动性不足提供了

---

① 王来华,张丽红.略论舆情交间[J].理论与现代化,2008(3).

一种解决思路。① 互联网"以朋友的朋友是朋友"作为网络交往的基础,迅速扩大交往的范围。微信社交除具有建立传统 SNS 弱关系的功能外,还具有基于 QQ 和手机通讯录的熟人社交的功能,弥补传统社交平台对强关系维系忽视的缺点,实现了真正意义上的全方位社交覆盖。短信内容的短小精练,手机的移动贴身、私密黏性,网络的互动高效、娱乐潮流等诸多优势,让微信成为一个极具魅力的社交平台。微信的人性化设计更契合建立在血缘、地缘基础上的传统人际交往,通讯录、好友、邮箱中基本涵盖了传统关系,能全方位地维系熟人关系,为更好地获得社会资源创造有利条件。② "自媒体时代,人人都可以成为记者",微信让这句话更加真实,于网络舆情而言,微信扩大了网络舆情的信息来源广度,提高了网络舆情传播的实效,丰富了潜在网络舆情的题材,降低了网络舆情交流和传播的成本,加强了网络舆情产生的私密性。

三、城镇化进程中网络舆情新特征

众所周知,随着互联网的发展和普及,网络已成为一种新型的主流传播媒体。而基于网络之上的网络舆情,作为一种崭新的、特殊的舆情形态,也具有自身的特性,尤其是在面临诸多矛盾和冲突的城镇化进程中。

(一) 网络舆情主体的多元化

传统媒体时代是精英的时代,是精英掌握话语权,掌握舆论制高点的时代;新媒体(网络媒体)时代是平民的时代,是网民掌握话语领地的时代。精英阶层不再是社会热点事件的唯一知情者,不再是舆论的唯一引导者。在传统媒体传播条件下,信息传播的主体往往是各个新闻机构。它们的组织性较强且传播主体相对单一,传播信息的来源渠道相对比较窄,信息传播方向也主要是由新闻机构流向社会公众,因此大众很大程度上是被动接收信息,没有充分的自由选择权。但在网络媒体条件下,信息传播主体相较传统媒体更为多元化。新媒体信息传播的主体可以是各大商业网站、传统媒体开办的网站以及普通的新媒体用户等。伴随网络技术的进步,信息的制作和发布者除了传统媒体及其组员之外,还包括如今的网站编辑、博客的作者、微博用户以及手机等新媒体载体的用户。图1-4 反映出政府人员、专业技术人员和企业高层对互联网不具独有特

---

① 蔡雯,翁之颢.微信公众平台:新闻传播变革的又一个机遇——以"央视新闻"微信公众账号为例[J].新闻记者,2013(7).
② 王欢,祝阳.人际沟通视阈下的微信传播解读[J].现代情报,2013(7).

权,普通网民,如个体户/自由职业者、学生、企业普通人员、无岗/下岗/失业人员等人群占据了互联网主导权。在新型城镇化过程中,在网络媒介条件下,城镇网民职业结构的多层次性,造就了城镇网络舆情话题的多样性,信息传播的主体已经越发多元化,网络舆情信息的来源渠道更为宽泛,更具有社会基础。从图1-5可以看出中低学历的人群构成了中国网民的主体,2014年网民中小学及以下学历人群的占比较2013年年底上升0.2个百分点,中国网民继续向低学历人群扩散。在新型城镇化进程中,低学历人群往往是合法利益的被侵权方,往往是社会矛盾爆发的原点,而互联网的普及给予了他们不同程度的保护,赋予了他们自我保护的利器,使其成为城镇化网络舆情最大潜在发生群体。

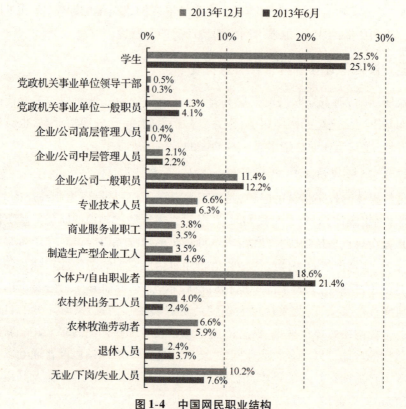

图1-4 中国网民职业结构

资料来源于CNNIC《中国互联网络发展状况统计调查报告》

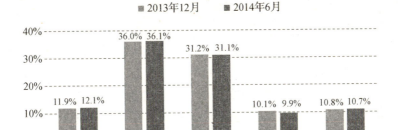

图1-5 中国网民学历结构

资料来源于CNNIC《中国互联网络发展状况统计调查报告》

(二)网络舆情"生存"的技术特性

1. 舆情传播周期更短

信息量大、信息传播速度快是网络传播的主要特征之一。在理论上,如果带宽能达到无限大,那么信息的传播速度便可以随之变得无限快。网民可以通过电脑、电话、无线电设备等多种形式,随时随地上网关注信息,这样一旦一些热点、焦点问题在网络上引起关注,网民只要轻轻一动手指,通过转发、分享等功能,瞬间便会把舆情变为街知巷闻、家喻户晓的事情,增强了网络舆情形成的迅速性和便捷性。每一个网民,无论其身份、职业、政治背景、信仰或党派团体如何,无论处于何时何地,都可以不受过多限制地发表意见、观点,自由表达利益诉求,这提高了网络舆情的影响度,扩大了网络舆情的知情度。

2. 网络舆情互动更强

传统媒介以"人对人""人对群体"的传播方式为主,通常为单一式的传播途径;但网络的出现,使传统的传播方式发生了根本性的变化。行为主体可以有选择性地在网络空间内选取自己感兴趣的信息进行阅读、浏览,甚至可以和自己素不相识的人进行观念和意见的沟通,把原本单一化的传播途径变得具有互动性,不再是单一的"我讲你听",而是相互平等、相互交流的关系。网络的出现,使得信息发布者不再局限于传统媒体,所有人都可能成为信息发布者,自媒体成为新的名词。对于网络的信息,接收者可以跟帖、评论、发表原创性观点,也可以转发,把信息继续传递。在双方或多方交流的过程中,个人很难对议题进行控制和掌握,这种网络载体的互动性无疑增添了政府网络管理的难度。在城镇化进程中,一部分城镇新居民会把自己遭遇到的、看到的可能与自己利益直接或间接相关的信息发布到网络中,如关于医疗纠纷、政府强拆等,以寻求

"志同道合"者,实现城镇居民多方交流,推进网络舆情的形成。

3. 网络舆情传播内容的多样性

网络具有自由和开放等特点,这使得舆情信息传播的内容也开始多样化,在互联网上,网民们的各种信息都能够得到充分有效的传递、共享和互动。然而,网民不仅是信息发布者,同时也是信息的传递者和接收者,但这样的多重身份也容易导致网上信息繁杂、真假难辨,进而导致舆论引导困难。

(三)网络舆情因变事项的社会特性

目前中国有 6 亿以上的网民,换句话说,中国互联网空间中有超过 6 亿人在表达自己的情感、情绪和认知,其中有关执政者及其政治取向的,遍及网络社区的各个角落,但一般情况下不会形成网络舆情。网络舆情的生成,需要借助特定社会事件的催化,才能由"星星之火"转化成"燎原之势"。这一特定事件就是网络舆情形成的因变事项,而因变事项之所以能催化网络舆情,原因在于其特定社会特性。舆情因变事项的最基本的表现形式是突发事件,含有社会矛盾、个人情绪、恶意煽动等特定社会特性。社会突发事件对矛盾、情绪、情感等有强烈的触动性,很容易在短时间内积聚众多网民的注意力和目光,对现实和虚拟社会造成巨大的舆情冲击。当然不是所有的突发事件都能演化为网络舆情,从网民的关注点来看,尽管公共事件很多,但往往只有与公众生活密切相关的公共话题,才会引起大家的共鸣,并对现实政治生活产生影响。诸如工资、房价、社会公平、反腐败等成为网络上经久不衰的讨论话题就集中体现了这一特性。显然,网民渴望公平、关注自身利益的愿望决定了网络舆情因变事项的指向。涉及面广的特定突发事件发生后,借助网络媒介,网民及时发布事件相关信息,直言不讳地发表观点,释放自身的情绪化意见;但同时个别网络媒体为了吸引受众,置正确的舆论导向于不顾,将道听途说的消息编发上网,转发或引用虚假新闻和有害信息;事件相关利益人,会因自我利益的驱使,发布事件相关的虚假"真相"。这样,"小道消息"无数,似乎使公共事件的几乎每一个细节都暴露无遗,但较低的信息可信度会导致网络舆情的失控,形成"雪崩效应"。突发事件网络舆情信息的混乱、错误,易在大众中引发各种猜疑、谣传甚至恐慌,形成新的、更大的网络舆情,给社会正常秩序造成冲击。

(四)网络舆情信息流露的集体特性与有限集体性

1. 集体特性

网络舆情的内容是契合网民的真实情绪、态度、意见的。网络的虚拟情境使得网民能够通过"匿名"的方式上网,在这种匿名环境下,网民的社会地位、贫富状况、职业差异、受教育程度等都是被隐匿的。网民可以抛开现实的束缚,勇敢地陈述自己的观点、态度和意见,释放个人的真实情绪,这就使得相关事件的网络舆情能比较客观地反映民意,比较真实地展示不同群体的情绪心态。这就是网络舆情的集体特性。如"微笑门事件"一经网络披露,就能迅速引起全国乃至世界舆论的关注,成为舆论焦点,原因在于社会对政府的不完全信任及对官员腐败的仇视这一集体特性。例如,在"重庆钉子户事件"中,不由分说支持户主"坚守阵地"的网络民意汹涌澎湃,一发而不可收,而理性、客观的声音十分微弱,使户主夫妇几乎没有妥协转圜的余地。吴苹夫妇的抗争,成了互联网上抨击社会不公的宣泄。"最牛钉子户"成为一种社会底层顽强地寻求生存与发展的精神寄托。

2. 有限集体性

网络舆情是通过声音、图形、文字和符号等体现的,但声音、图形、文章和符号所直观表示的是信息的海洋,而不是舆情的海洋。网络舆情是社会矛盾、冲突在网络上的反映,但社会矛盾、冲突在内容、形式和轨迹上都是有限的,因而在网络上的表现也是有限的,这就决定了网络舆情信息流露的有限集体性。中国城镇化进程中,各种深层次社会问题不断凸显,比如部分官员腐败,官二代、富二代掌握优势资源,贫富差距大,社会机会不公平,等等。不同群体的利益博弈造成部分公众心理失衡,从而对社会产生不满,同时互联网的自由性和开放性恰好为其提供了发泄不满、宣泄情绪的平台。在网络舆情的扩散过程中易出现非理性行为,产生群体极化现象。1961年,詹姆斯·斯通内尔提出群体极化(group polarization)。他认为:"在群体中进行决策时,人们往往会比个人决策时更倾向于冒险或保守,向某一个极端偏斜,从而背离最佳决策。"①美国心理学家帕特·华莱士通过研究得出"网络中的群体极化现象是现实中的两倍多"②的论断。网络舆情信息的可操作性决定了"集体欺骗性"存在的可能性。法国著名社会心理学家古斯塔夫·勒庞认为:"从成为群体的一员开始,博学之士便和白痴一起失去了观察能力。易冲动、易变和急躁,易受暗示和轻信,道德水平十

---

① Stoner, J. A. F. A comparison of individual and group decisions involving risk[M]. Cambridge: Massachusetts Institute of Technology,1961:5-26.
② 帕特·华莱士.互联网心理学[M].谢影,苟建新,译.北京:中国轻工业出版社,2001:88.

分低劣。"① 网络上容易出现庸俗、灰色的言论。加之此种情绪的相互感染性,个人情绪往往会发展为群体情绪,很容易得到众人响应。这样的信息就具有很大的欺骗性,不明就里的人会以为这是大家普遍认同的,出现盲目跟风现象。这种带有煽动性和破坏性特征的网络舆情,表面上看是社会群体的集体心声,但实际上是片面的甚至不真实的。而且中国网民的构成过于集中,相同的群体在现实社会中往往在生活环境、知识构成、经济收入、社会地位等方面都会有类似之处,有着相似的情感和生活体验,所以难免存在相似的局限性。因而网络舆情信息流露又具有有限集体特性。

网络舆情除上述特点之外,还具有突发性、不确定性、紧迫性等特点。

---

① 古斯塔夫·勒庞.乌合之众——大众心理研究[M].艾之凡,译.广州:中山大学出版社,2013:21 – 23.

第二章 新型城镇化进程中网络舆情管理与社会稳定

社会稳定是中国社会各个阶层普遍关注的一个重大理论和现实问题,是中国政府极力维护的社会目标,是全体国民努力追求的社会理想。亨廷顿认为:高度传统化的国家或已经实现现代化的国家,其社会运行是稳定而有序的,而正处于社会急剧变动、社会体制转轨的国家,即现代化进程中的国家,往往会发生各种社会矛盾冲突和动荡。① 中国就是属于亨廷顿表述中的处于"现代化进程中的国家",其中现代化进程的典型代表形式是城镇化。城镇化的过程即现代化的过程,也是调节矛盾与冲突的过程。城镇化是一个极其复杂的过程,存在众多的因素影响着城镇化的进程。城镇化背景下影响社会稳定的因素是多种多样的,比如经济因素、社会因素、文化因素、制度因素和环境因素等。其中人文因素,尤其是人的思想,是其他影响因素的集中映像,是影响社会稳定的最为关键的因素。舆情是大众对公共事务态度的综合,是人们思想、情绪、观点和看法等的集中表现。网络舆情作为舆情的一种显性形式,对城镇社会稳定的影响不可小视。

第一节 网络舆情对城镇社会稳定影响的双重性

社会稳定是社会发展的基础。不同领域的学者依据不同的研究需要、研究方向和研究角度对社会稳定进行了多样化的概括,如广义和狭义视角的社会稳定、规范视角的社会稳定、心理视角的社会稳定、控制视角的社会稳定、动态视角的社会稳定等。我们取广义社会稳定的理解:是政治稳定、经济稳定、社会生

---

① 塞缪尔·P. 亨廷顿. 变革社会中的政治秩序[M]. 王冠华,等,译. 上海:上海人民出版社,2014: 60 - 70.

活秩序稳定、文化价值观念或心理稳定的一种和谐有序的社会运行状态,即物质、制度和精神三大系统结构各自内部及其相互之间已经形成的特定的组合关系。网络舆情对城镇社会稳定的影响,不应单单从狭义的社会稳定视角出发,而应把影响范围扩展到广义的社会稳定领域。

一、网络舆情的正向功能——促进城镇社会稳定

(一)网络舆情益于民众情绪的"释放"——社会秩序与心理稳定安全阀

安全阀是一种为敌意和不满提供替代物的机制。德国社会学家格奥尔格·齐美尔最早提出了"安全阀"的学说,美国著名社会学家刘易斯·A.科塞吸收并进一步完善其观点,主张将安全阀机制制度化。科塞在其著作《社会冲突的功能》(The Functions of Social Conflict)中认为人们积累起来的敌意和进攻性情绪不仅可以向敌对的原初对象发泄,也可以指向替代目标发泄,而"社会安全阀"存在的价值在于让人们不再直指当前令人不满意的现状(原初对象),就可以使敌对的、被封闭的情绪以及不满心理得到部分释放,不至于破坏现有社会结构的稳定,达成恢复社会平衡机制的目标。①

城镇社会是由居民个体组成的,个人的心理和行为对城镇社会的运行具有相当的影响力,尤其是当居民个体的心理行为趋向与城镇社会倡导的主流价值取向发生冲突,甚至背道而驰时,就会形成一股强大的心理压力。它所导致的社会行为更多地基于压抑的情绪,往往产生负社会效益。当一个人具有良好的心理平衡机制时,这种情绪就不会变成危害社会的行为,当一个人无法摆脱压抑情绪的控制时,就需要外界为其创造一定的排解宣泄的环境和条件。在城镇化进程中,地方政府和社会在尽全力保障每一个社会成员的合法利益不受损害,但基于现代化面临问题的不可预测性和社会资源的有限性,仍给新老城镇居民带来了巨大的心理压力。在一次接受中国学者的访谈时,贝克曾明确指出:"当代中国社会因巨大的变迁正步入风险社会,甚至将可能进入高风险社会。"②确实,城镇化的加速,意味着越来越多居民的生活节奏和工作步伐加快,人们始终处于一种紧绷的心理状态,不良的心理情绪得不到及时的释放,给城镇社会秩序的稳定带来了风险。人们虽然学会了对社会转型的适度成长容忍,

---

① 刘易斯·A.科塞.社会冲突的功能[M].孙立平,译.北京:华夏出版社,1989:24-33.
② 薛晓源,刘国良.全球风险世界现在与未来——德国著名社会学家风险社会理论创始人乌尔里希·贝克教授访谈录[J].马克思主义与现实,2005(1).

但也急需一个常规的排气孔(即安全阀)帮助他们释放压力,以维持城镇社会稳定。城镇社会的稳定要求有一种调和的力量,把各种社会矛盾控制在社会可承受的限度之内,而这时作为现代科技文明产物的互联网的出现,尤其是实时性的网络舆情的发生,就成为人们的首选。城镇化过程中,社会上的不公平,工作中的重压,怀才不遇的感慨以及委屈、愤懑等情绪都可以通过网络舆情宣泄出来并得到回应,从而释放紧张情绪、缓解恐慌心理、消除现实的孤独、补偿难以实现的愿望,获得心理上的平衡和满足。网民在虚拟世界里发泄具有消极色彩的情绪,尽情地释放自我,还原真实的自我,抛弃现实世界的面具,发表自己内心真实的感受与看法,尽情地嬉笑、怒骂、嘲讽、贬低,但在一定程度上是与现实相隔离的。如,部分政府人员的权力腐败是城镇化进程中的一个突出的社会问题,引起了社会成员对权力阶层的极大不满,为社会的和谐埋下了巨大的隐患。网络舆情对现实社会中的腐败现象进行了多次的揭发、披露与讨论,网络舆情的出现一方面可以在某种程度上遏制腐败的发生,另一方面也可以成为人们敌对情绪的排气孔。人们对于腐败现象深恶痛绝、恨之入骨,心里充满了不满情绪,如果这些情绪不能够通过一个合理的渠道发泄出来,那就会在人们的心中不断地累积增加,当蓄积到了一定程度,又没有合理的发泄渠道的话,就会像没有安全阀设置的锅炉一样发生爆炸,导致整个社会系统崩溃。随着互联网的出现,实时性网络舆情的传播就起到了安全阀的作用,可以为人们宣泄心中的不满情绪提供一个合理的渠道,及时地发泄,可以防止最终恶性后果的发生。如果网络舆情对腐败现象长时间保持缄默,熟视无睹,不给予披露讨论,人们的不满情绪无法得到发泄,就会蓄积;相反,如果互联网对腐败现象进行曝光、批评,人们就会将敌对情绪发泄出来,就会感到很解气,心里也就平和了。通过合理渠道宣泄不满情绪,防止这些情绪不断累积,从而维护了矛盾双方的关系和城镇社会的稳定和谐。当然,民众宣泄情绪往往会导致舆情多元化与尖锐化并存的状况。如果政府对网络舆情引导不力,则会使得社会矛盾和冲突在网络世界里进一步扩大,增强了网民社会不平等的感觉,不仅起不到维持社会秩序和心理稳定的作用,反而会加剧社会公众对政府的对立情绪,增加城镇社会不稳定的概率。因而网民情绪宣泄的同时需要政府正确、及时的疏导。

在现实社会中,受个人身份的限制以及对强势阶层的恐惧、对专业人士的盲从等因素的影响,公众之间的对话和交流受到了阻隔,人们在交往中很难有信任感和被信任感、参与感和归属感,公众参与社会公共事务的积极性受到抑制。而网络舆情的交流中,新的技术手段使得网民间的交往呈现符号化、数字化、虚拟化的趋势,剥去强权和金钱的渗透,而且网络主体的匿名性特点更使个体可以抛却现实交往中的过多掩饰,提高了公众的心理安全感,有利于城镇社会心理稳定。

(二)网络舆情开辟民意表达新渠道——城镇社会政治稳定

媒体存在的价值就在于民意的表达。互联网作为一种新的媒体形式,在民意表达的渠道和空间上更具有选择性。中国目前已建立起的一整套较为完整的民意表达诉求机制,以人民代表大会制度为核心,包括政党制度、政协制度、信访制度及基层群众自治制度等,为人民群众的利益诉求表达提供了基本的制度环境。但是随着中国城镇现代化的推进,越来越多的农村人变为"新城镇人",他们与原有城镇居民一起由单位人转为社区人、社会人。一方面,中国城镇居民政治参与的自觉性、自主性与积极性显著提高,对于城镇化进程中的各种问题更加关注,对于城镇社会公平与正义的追求和探究也日益迫切。另一方面,城镇化的过程通常孕育着利益分配不均、价值理念多样化等矛盾,导致不同城镇人群的利益诉求表达出现了多样性和不平衡性。互联网的出现弥补了中国现有的民意表达机制无法承载如此多的民意诉求的不足。

1. 互联网之于传统民意渠道的两大优势

(1)互联网受限空间较少。相对于传统媒体和传统的民意表达渠道,互联网在民意表达功能方面有其特殊的必然性。以电视、广播、报纸、杂志等为代表的传统媒体,信息的交互性较弱,受众与媒体的地位是不平等的,往往是媒体发布什么,受众就接受什么,缺乏信息的反馈和交互过程。以传统的报纸为例,它们和受众之间的双向交流很不明显,最多只是设立读者热线供有关受众提供新闻线索或进行咨询、提供建议,电视媒体的交互性也只存在于一些互动节目中。新媒体传播除了表现为媒介与受众之间的信息传递,还表现为各信息受众之间的交互性传播。在传统媒体环境下,报刊通过文字和图片传播,电视通过图片和声音传播,而新媒体传播则采用文字、图片、声音、视频等多种形式,使信息能以更为生动、直观的形式展示给受众。传播中信息的来源渠道相对比较窄,信息传播方向也主要是由新闻机构流向社会公众,因此受众更多地是被动接收信息而没有太多的自由选择权。但在互联网时代,信息传播主体相较传统媒体更为多元化。新媒体信息传播的主体可以是各大商业网站、传统媒体开办的网站以及普通的网民用户等。地方传统主流媒体作为政府形象的宣传者,对舆情传播的首要选择在于社会稳定性,对于传播话语的使用也有较为严格的规定,无法满足民众对信息的需求。表2-1为互联网媒体与传统媒体受限空间对比。

表2-1 互联网媒体与传统媒体受限空间对比

比对项目	电视、报纸等传统媒体	以互联网为代表的新媒体
互动性	互动性弱,单方主导	互动性强,信息接受者可转化为发布者
传播形式	多为文字、图片、声音独立展示	文字、图片、声音、视频等多种形式综合
信息量	有限(受限于版面、频道容量等)	信息量大,但信息质量不一
时效性	时效性弱,固定时段发布	时效性强,传播速度快
可控性	可控性强(政府)	可控性弱
舆情形成模式	自上而下,政府主导舆情	自下而上,自发聚集舆情
接收者(受众)	社会各阶层,知识层次较高者主动传播,基层民众被动接受	遍布社会各个阶层,主动传播
传播内容	原创性、独家性	汇集到网络平台,检索方便

（2）互联网对话空间畅通。地方政府作为城镇化的主导者和方向掌控者,是地方舆情的主要负责人和针对者。这也就意味着政府人员需要及时地了解民意,传达民意和维护民众利益。现有政治体制格局下,地方政府多为信息的发布者,主动吸纳民意的渠道较少。地方政府与城镇居民交流渠道不畅,互动性差,无法实时性地实现下情上传,导致政府无法及时应对舆情,尤其是网络舆情容易酿成公共危机。互联网的出现为政府成为公众间良好沟通的桥梁提供了可能。这种双向互动的沟通模式,不仅能够促进城镇居民诉求的表达,也能够拓宽地方政府听取群众意见的渠道。网络舆情由此成为城镇居民诉求的重要表达途径,其中甚至包含社会上的各种错误思潮、不健康的价值观的反映。[①]如此一来,人们心中的想法就更容易地通过网络舆情表达出来,而这样的舆情更接近"原生态"。政府可以从网络舆情中更为可靠地判断出人们的真实情绪和态度,发现社会发展过程中隐藏着的各种问题,为科学地制定政策提供了基础。

以2009年内蒙古赤峰市的万人饮水危机事件为例,政府未充分、有效运用互联网,未及时关注网络舆情而造成了更为严重的情况。内蒙古自治区赤峰市

---

① 崔耀中.加强主流网站建设,形成舆论引导新格局[N].人民日报,2008-12-12(7).

2009年7月23日突降一场暴雨,在随后的几天里,该市新建城区数千居民在饮用自来水后出现腹泻、呕吐、头晕、发热等症状,一时间各医疗门诊腹泻患者激增。饮用自来水受污染事件发生后共有4307人因此而出现各种身体不适的症状,直到8月9日赤峰市自来水饮用才恢复正常。而在这次事件中,尽管其始作俑者是赤峰市九龙供水公司,但政府仍有不可推卸的责任。特别是在九龙公司26日向政府上报之前,赤峰市的部分居民已经出现了饮水后患病的情况,事件发生到公司上报这3天,网络上已经出现了很多的传言,居民也开始抢购矿泉水,但并没有引起当地政府重视。尽管政府在26日接到水污染报告之后召开了会议、发布了公告,但不得不说政府在对于居民饮用水的检测和监控上存在很大问题。当地政府一直到接到引起水污染的九龙公司的上报才了解实情,这在一定程度上也说明当地政府信息采集渠道过于单一,没有良好地运用网络等新媒体及时了解和发布相关信息,致使危机事件没有能够向利于解决的方向发展。

(3)民意表达的新技术路径。李永刚教授认为互联网时代的民意表达与传统媒体时代的民意表达相比,有四大新特征。第一种路径,民意的私下表达:人们以互联网即时通信工具(QQ、MSN、微信等)和电子邮件等为平台,相对自由、成本低廉和大范围地交换私人意见和看法。2008年的"抵制家乐福"的网络舆情的传播就是通过QQ和MSN传播并得到网民积极响应的。第二种路径,民意的公开传播:大量网民通过BBS论坛、网站新闻跟帖、集体聊天室等,讨论城镇化过程中感兴趣的话题,并在网络舆情出现时吸引庞大的人群参与讨论,充当临时记者、道德法官、舆情评论员和法律专家等角色。第三种路径,民间意见阵地:一些民间意见领袖通过个人网站和博客等发表自己对网络舆情的看法,引领部分网民对网络舆情的认知。第四种路径,新媒体与传统媒体交相呼应。① 陕西神木"房姐事件"就是两种媒体合作的典型。网友以上述几种路径为平台,对有相关切身利益的社会公共事件进行议论,不单是意见的表达,这种意见表达已经引起社会管理者的密切注视。各级政府领导人与网民的在线交流、各大网站网民热线的开通、两会期间网民参政议政通道的设置以及网民议政、网民参政、网络参会成为两会的最大亮点等,都激发起数以百万网民的参政热情。网络民意的权利表达之声弥漫在虚拟世界的各个角落,网民正以热切的心态加入对社会事务和社公共管理的讨论中。

---

① 李永刚. 我们的防火墙——网络时代的表达和监管[M]. 桂林:广西师范大学出版社,2009:48-54.

2. 网络舆情便于公共政策协商——新型城镇化社会平稳过渡

在中国,传统的、自上而下的公共政策体制限制了公众的利益诉求和表达。随着城镇现代化的加快和普及,公众越来越重视自身利益的表达和实现,公共政策协商机制就成为必然。公共政策协商作为一种由公众通过诉求表达、交流、协商而促成共识的机制,为保证社会良性运行起到了重要作用。互联网的出现恰恰为公共政策协商提供了便利的平台,而网络舆情成为公共政策制定的重要信息源。在虚拟世界中,网络论坛、博客、微信等以对话、交流形式参与社会描述、社会分析、社会建设和社会协商,形成一个全网民参与的虚拟公民社会结构。网民在交流、沟通的同时,建立起成员间基于思维理性与实践理性的协商机制与协调机制。网络舆情视角下的公共协商主要形式表现为:通过网络舆情向政府表达利益诉求;通过网络舆情表达政治情感;通过网络舆情参与重大事项的讨论;通过网络舆情监督政府;等等。网络舆情中的政治参与在近似地实践着协商性民主的理想,体现了民主的价值和精神。虽然网络舆情内容还有待于规范,但这种政治参与方式在推动公民政治参与的广度、促进社会秩序的稳定和政府决策的优化等方面,无疑都将起到积极的作用。网络舆情的传播事实上推动了协商民主的实现。

网络舆情推进地方政府决策科学化、民主化,提升政府公信力。互联网信息传播具有的普遍性、累积性和共鸣性,使网络舆情信息极大地丰富了政府决策的信息来源,也大大增加了地方政府决策信息源的范围,使得决策者可用以作为依据的信息更加充分。网络舆情内容的丰富性、多元性,使网络舆情表达的过滤性相对宽松,使得决策者能够收集到更丰富、更全面、范围更广的网络舆情信息,对决策者做出正确合理的决策有很大的帮助。网络中的信息环境是很开放的,在舆情信息传递过程中,如果能够使信息传递渠道多元化并使信息传递中间层级的功能为网络所取代,那么就可以消除信息源与决策层之间不必要的传递环节,减少信道中的干扰因素,防止信息失真的出现。网络舆情由于其网络主体的匿名性,不需要透露真实身份,使得发表言论者可以不用顾忌话语责任的约束,可以自由、坦率、尖锐、深入地表达自己的真实观点和意愿,这样便打破了以往传统媒体对社会舆论的相对垄断。在事关城镇建设的重大决策过程中,城镇居民可以自由地发表自己的观点,加上网络舆情的信息量又非常丰富,有利于决策者得到更多更全的第一手材料。其主体的实体性,使决策者能够比较容易地捕捉到舆情信息;其客体的公共指向性,使得它与公共决策密切相关。这样就有利于有效减少和避免在信息传递过程中出现的信息失真现象,这对地方政府决策的科学化、民主化都具有重大的意义。

在以往的城镇化过程中,地方政府通过自身建设、加强传播、塑造形象、科学行政、民主管理等手段提升地方政府形象,让广大人民群众认识到了政府的行政职能,为和谐社会的创造做出了巨大的贡献。网络舆情是地方政府对外展示的一个良好平台,也为城镇公共管理双方提供了便利的沟通渠道。对网民而言,通过网络可以了解政府出台相关政策的初衷,可以知晓公共管理具体行为的推进情况,甚至可以通过网络监督政府的行政管理行为。网络舆情是现实城镇居民心声的某种反映,政府可以通过网络舆情全方位了解人民疾苦,及时发现各种社会问题,同时能够尊重人民的主体地位,问计于民,问政于民,改进自身建设。如果地方政府能做到及时发现民生问题,及时解决、科学决策并落实到位,地方政府就能够在"虚拟社会"中争取到虚拟城镇居民的支持,而且这种支持一定程度上也能反映到现实社会中来,那么地方政府不仅拥有了政府形象的硬实力,更有了政府形象的软实力。地方政府改善自身形象的过程,意味着地方政府将实现城镇社会的公平正义作为行政目标,让城镇居民公平享受城镇社会发展的成果,并一以贯之地加以落实,会赢得居民们的信任和拥护,会大幅度减少城镇社会矛盾的爆发,会巩固城镇社会的和谐与稳定。

网络舆情让城镇社会边缘群体获得更多的社会话语权。当所有沟通都能够本着契约平等的精神来进行利益整合时,该社会的秩序往往就有保障、可持续;而当沟通主要本着强盗逻辑或丛林法则来进行利益整合时,社会中的秩序可能是暂时、相对的,很容易被打破。网络舆情所传播的信息是被数字化的信息,可以被无限地复制、长时间地存储,既保障了不同信息间的平等传播,又降低了信息的成本,从而使人们拥有了更为均等的获取信息的机会。加之在网络舆情表达空间中 IP 地址是确定个体身份的主要标识,而 IP 地址没有地位的不平等和身份的悬殊差异,因而在虚拟世界的人们要比现实社会中的人们具有更平等的地位。所以说,网络舆情表达的虚拟环境比现实生活的实际环境更能为每一个人营造平等参与的公共空间,使得公众的普遍话语权由现实中的"虚拟"变成虚拟空间中的"现实"。网络时代的沟通中,沟通者之间隐去了因身份、权力、地位不平等所带来的阶层障碍,这使得他们能够通过沟通和对话来进行平等的表达和博弈,从而最终创造出一种互利多赢的局面。① 网络舆情使得民众一定程度上掌握了对公共政策的话语权,公众通过互联网获取政府消息,参与

---

① 邵岗. 网络时代中国政治沟通研究[D]. 上海:复旦大学,2012.

公共事务和公共政策评价已成为一种政治参与方式。网络舆情产生于没有参政议政权利的广大民众,这种公民政治参与积极性的提升与落后的政治制度化之间的矛盾,使得公民成为政治参与的边缘群体。在城镇化进程中,利益受损的一批人,也是没有现实能力维护自己合法权益的人。当这个群体与富裕阶层或政府官员发生冲突又难以维权时,网络舆情便产生了,由于感同身受,这个群体中大量地位相当的人开始对遭受不公平待遇的人进行声援。在网络技术的支持下,边缘群体成为网络舆情的主要发起者和参与者,与政府进行博弈,用自己的话语表达权推进网络舆情到公共政策的升华。网络舆情相对于现实社会舆情的一个优势就是短时间内形成的浩大声势,会对地方政府产生强大的舆情压力,从而加重地方政府将公众议程转化为政策议程的压力。因此,大规模社会边缘群体参与网络舆情能够对地方政府产生强大的舆情压力,迫使地方政府加强与公众的沟通,从而使其对待公众议程的态度有所转变,进而加快公众议程进入政策议程的进程。

3. 网络舆情开创社会监督新形式——网络舆情监督

城镇化进入关键期,会出现各种各样的问题:可以预见的和不能预见的冲突。广大民众对党和政府新的政策、法规需要理解,充分利用网络舆情,发挥网络舆情的社会监督功能就显得异常重要。"一个国家民主政治的健康发展,必须有健全、完善的监督机制作保证。"①社会监督是指公民个人及社会组织对政府实施的监督。体制内的监督一般是自上而下的,监督机构是国家机器的一部分,自己监督自己,左手监督右手,往往使监督效果大打折扣。社会监督,尤其是网络舆情监督具有主体广泛性、空间广阔性、方式隐蔽性、通道多元化等优势,监督者与被监督者之间没有太多的利益纠葛,这就有效地避免了官官相护。网络舆情是一把悬挂在被监督者头顶的"达摩克利斯之剑",时刻警醒着他们。网络舆情自诞生之日起,就承担起了舆论监督的功能,其作为一种新的社会监督形式能够使社会监督改变现状,促使"监督者和被监督者都实现了'本位'回归"②,效力大大增强。首先,传统的社会监督总是依赖于一定的组织才能完成,在这个间接的过程中信息已经被过滤,已经被经过一定的筛选和加工,同时还可能会有一些非正常因素的干扰,再加上时间的拖延,使得其效力化为乌有。网络舆情的监督则可以在最短的时间之内将监督意愿直接送达被监督对象,进

---

① 刘毅.网络舆情研究概论[M].天津:天津人民出版社,2007:339.
② 任雪丽.试论网络舆论对公共权力的监督[J].长沙大学学报,2012(1).

而调动强大的网络舆论的谴责,可能进一步引起司法机关的介入。其次,网络舆情监督扩展了监督的对象和范围。网络将整个社会联系起来,同样公民和政府通过网络也被紧密地联系起来。网络舆情监督的视野可以扩展至政府工作的各个领域,触及每一位政务人员。最后,网络舆情监督使所有人都有平等的监督机会和权利。主体的匿名性使得公众可以放心大胆地去监督,2009年1月初,人民日报社与人民网联合进行了一项网上调查,结果显示:"参与调查的网民有87.9%非常关注网络监督,当遇到不良现象时,93.3%的网民选择网络曝光。"①

人民网舆情监测室对2013年100件影响力较大的社会热点事件的分析(图2-1)表明,首发曝光的媒介中,体制内媒体所占比例接近三成;市场化媒体首发曝光的约占1/4;而网民和网络认证用户通过互联网自媒体曝光的则接近半数,当然很多爆料也是因为市场化媒体或体制内媒体的介入而迅速升级扩散的。② 网络舆情开创的新的社会监督主要是通过网络新闻曝光的形式实现社会监督的。(表2-2)

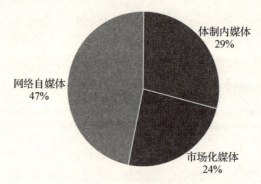

图2-1　100件热点舆情中首发曝光的媒介

资料来源于《2013年中国互联网舆情分析报告》

---

① 贺林平.网络问政的"广东样本"[N].人民日报,2010-04-21(12).
② 祝华新,等.2013年中国互联网舆情分析报告[EB/OL].[2013-12-21]. http://yuqing.people.com.cn/n/2014/0318/c364391-24662668.html.

表 2-2　2013 年网络自媒体首发的热点舆情

时间	地区	事件/话题	最先爆料者	主要载体
2013-05-12	北京	国家发改委副主任刘铁男案	罗昌平	微博、网站
2013-05-24	江苏	埃及千年神庙刻"到此一游"事件	空游无依	微博、博客
2013-01-16	全国	"光盘行动"	徐侠客	微博、图片网站
2013-01-10	辽宁	东港市80后女副市长履历事件	记者刘向南	微博
2013-05-06	北京	复旦大学投毒案"唤醒"朱令案	一毛不拔大师	微博、网站
2012-12-26	河南	郑州"房妹"事件	赵某	论坛、微博
2013-02-12	山东	山东潍坊地下水污染传闻	多啦A梦YU	微博
2013-03-08	上海	黄浦江水域发现大量死猪事件	少林寺的猪1986	微博
2013-04-03	海南	三亚"海天盛宴"事件	曹思阳	微博、图片网站
2013-05-07	湖南	网传湘潭27岁副县长事件	湘潭爆哥007	微博
2013-05-08	北京	京温商城安徽女孩坠亡事件	彭某	微博
2013-05-24	云南	昆明PX项目遭遇抵制事件	本人是临时工	微博
2013-05-31	陕西	延安城管双脚踩商户头部事件	狂奔di蚂蚁	视频网站
2013-06-07	福建	厦门公交车起火事故	不详、陈水总	视频网站、微博
2013-07-03	北京	北京"黑导游"刀逼购物事件	山中珍宝	视频网站
2013-07-12	湖南	长沙曾成杰案	曾成杰之女	微博
2013-08-04	上海	上海法官涉嫌集体嫖娼案	陈某	微博、视频网站
2013-08-10	山东	平度陈宝成抗拆事件	陈宝成	微博、论坛、博客
2013-09-17	甘肃	张家川初中生发微博刑拘事件	杨某	微博
2013-09-24	陕西	"房姐"龚爱爱案	不详	论坛、微博
2013-10-14	浙江	余姚干部因让人背着视察而免职	哈桑其	微博

资料来源于《2013年中国互联网舆情分析报告》

2010年12月29日，中国首次发布《中国的反腐败和廉政建设》白皮书。白皮书高度评价了网络监督的作用，指出，中国高度重视互联网在加强监督方面的积极作用，切实加强反腐倡廉舆情网络信息收集、研判和处置工作，网络监督是一种反应快、影响大、参与面广的新兴舆论监督方式。从2003年的孙志刚事件开始，网络舆情监督在中国舆情监督舞台上越来越走向前台最显著的位置。山西"黑砖窑事件"便是网络舆情监督继"孙志刚事件"之后规模最大的成功范例。一篇题为"孩子被卖进山西黑砖窑，400名父亲泣血呼救"的帖子于

2007年6月5日在论坛上发出之后,引起网民的强烈反响,后来该帖被转载到天涯杂谈,仅6天时间就获得了高达58万的点击量及3000多篇的回帖。接着这一事件得到党中央的重视,随后山西省成立专项行动组,解救出农民工358人,年龄最小者仅13岁。最终刑事立案达53件,刑事拘留、逮捕犯罪嫌疑人147人,党纪处分干部95名。

2013年的网络反腐监督中,位高权重的国家发改委副主任、国家能源局局长刘铁男被网络实名举报拉下马;被曝光多块名表的"表哥"、陕西省安监局局长杨达才获刑14年;上海法官集体嫖娼被曝光⋯⋯2013年4月以来,人民网、新华网等中央重点新闻网站及新浪、腾讯等商业网站均在显要位置推出"欢迎监督,如实举报"的网络举报监督专区。2013年9月2日,中央纪委监察部网站正式开通,日均收到网络举报800件。这都有利于引导网民利用正规渠道和平台进行合法举报,实现网络反腐与制度反腐的无缝对接。

由上可知,在城镇化过程中,网络舆情可以通过网络社区、论坛等途径对社会进行充分的公开披露,促使"政治过程透明化"。政治透明度的提高,使得城镇政府工作人员和政府官员以及其他一切掌握权力的人,被置于大众的眼皮底下,从而增强了腐败和滥用权力所面临的道德压力。网络舆情利用公众交流平台对公权力行使过程中的不当作为(如腐败、渎职、滥用权力等)的监督,还可以起到"社会减压阀"的作用,有助于我们社会的政治稳定。执政党通过舆论引导来加强公众对公共权力的监督,让权力的运行置于有效的制约和监督之下,真正做到权为民所用,保证把人民赋予的权力用来为人民谋利益。

(三) 网络舆情促进经济发展——社会经济稳定

城镇化进程中的社会稳定不仅是社会秩序的稳定,而且涉及经济、政治、思想文化、社会生活等各个方面,是全面的综合性的稳定。经济稳定是其他各方面社会稳定的经济基础。在网络时代背景下的城镇化,新旧城镇居民们比以往任何时候都更为强烈地希望改善自己的物质生活条件、提高经济和政治地位,更为迫切地希望参与到城镇社会资源生产、流通和分配的探讨和解决中。这使得社会和地方政府之间不断寻求互动的各种可能性,寻求利益的一致和共同点,直至在反复的矛盾、协商、磨合和妥协中形成公认的价值观,这种强烈而主动的对经济社会发展的追求往往有利于在经济发展上实现相应的正效应,而经过地方政府和城镇居民沟通协商、体现二者共同意志、符合社会绝大多数人利益的价值观和发展路线,往往比单纯在某一方意志和利益支配下的方法和政策更能促进经济的进步。随着网络的出现,网络舆情的大众化为城镇居民和地方政府的协商沟通提供了便利的途径,寻找到更多的、符合城镇居民利益的改革和发展路径,实现最大程度的共赢。

网络舆情除上述正向功能外,还能够为城镇化改革提供助力。网络媒体覆盖社会各个角落,数亿网民对社会问题进行判断,尽管众说纷纭,但总有相当数量的网民形成一致意见。这些一致意见就是民意的最大公约数,反映了广大人民群众的共同要求和愿望,体现了人民群众的共同利益和意志。依据网络舆情推进城镇化改革,制定的改革措施才会具有更强的科学性、统筹性,能够兼顾新旧城镇大多数人的利益,从而得到绝大多数人的拥护,顺利得以贯彻落实。①

二、网络舆情的负面效应——破坏社会稳定

中国正处于城镇化的关键期,城镇社会问题不断显现,地方政府既有的职权设置无法很好地解决城镇社会发展中出现的新问题,如利益机制缺失、社会保障体系覆盖面窄、农民工权益保障问题、农村留守儿童问题等,在互联网日益普及的情况下,这些问题以网络舆情形式在互联网上被广泛关注。因传统的体制、机制影响长期存在,这些敏感问题迟迟得不到根本性的解决,导致公众质疑地方政府治理能力和存在的合法性,地方政府的形象、地位和公信力不断降低,并产生网络舆情事件,乃至现实群体性事件。因此我们说网络舆情是一把"双刃剑",它既有保护社会边缘群体权利、推进民主化进程、缓解社会压力、提供改革机会、促进社会整合等正面功能,也有冲击社会秩序、激化社会矛盾、产生意识形态冲突、侵犯人权等方面的负面功能。

(一)网络舆情放大不实信息影响力——城镇社会秩序混乱

不实信息不仅包括谣言、伪造民意的虚假信息,还包括有意识的删减、同化和强调的半虚假信息。网络是一个信息的海洋,网民发布信息也是以网民个人意愿为基础,且基本上不受他人所控制;网络舆情是经过加工后传播生成的信息,是容易受到其他网民影响的信息。谣言等虚假信息对城镇社会稳定的影响是显而易见的。正如法国学者古斯塔夫·勒庞说的,"大众不善推理,却急于采取行动"②。

在网络空间中,缺乏责任感和道德自律的网民有可能不加证实地随意发布

---

① 项平.公共网络舆情事件研究[M].北京:人民出版社,2012:324.
② 古斯塔夫·勒庞.乌合之众[M].冯克利,译.桂林:广西师范大学出版社,2007:79-81.

信息,甚至有意发布假消息,制造舆论噪音,试图干扰或误导乃至操纵网络舆情的发展方向。美国著名学者克利福特·斯托尔认为:"网络是历史上存在的最接近真正的无政府主义状态的东西。"①美国学者埃瑟·戴森的表述更为直白:"数字化世界是一片崭新的疆土,可以释放出难以形容的生产量,但它也可能成为恐怖主义和江湖巨骗的工具,或是弥天大谎和恶意中伤的大本营。"②

目前,中国许多网络论坛、网络博客和某些网络"大V"们等为了吸引人气、增加点击率而疏于管理,存在管理缺位的现象,导致网络公共空间充斥着很多虚假言论、歪曲事实的谣言。以网络"大V"为例,有蓄意制造网络传播谣言、恶意侵害他人名誉、非法攫取经济利益的秦志晖(网名"秦火火")、杨秀宇(网名"立二拆四"),恶意编造谣言牟利的意见领袖董如彬(网名"边民"),等等。在虚假信息的传播者中,既有不负责任的无事生非者,也有怀有目的的故意制造者,更有不明真相的以讹传讹者。值得注意的是,虚假信息在网络空间出现后,往往能够先入为主,得到网民们的广泛关注,催生出一种恶性的网络舆论,影响着公众对正确资讯的选择和判断。美国社会学家G. W. 奥尔波特和L. 波斯特曼在《谣言心理学》中总结出了谣言基本规律的著名公式:$R = i \times a$。其中,R(Rumor)指谣言,i(important)指重要性,a(ambiguous)指暧昧性。那么,谣言流通量=问题的重要性×证据的暧昧性。意思是,谣言的流通量同问题对当事人的重要性以及有关命题的证据的暧昧性的积成比例。③ 互联网上的一些虚假信息,一旦被网民采信,在评论和传播过程中,就会被歪曲和放大,给社会造成极大危害。尤其是与人们切身利益相关的群体性事件、公共卫生事件、安全事件和自然灾害等方面的虚假信息和不良信息,很容易使民众产生恐慌和畏惧心理,引发社会动荡。在网上,一个谣言在极短的时间内得到几亿网民的跟帖、转载,即便是智者也难辨真伪。因此,网络上存在的虚假信息,不仅误导了网络舆情的发展,加大了网络民意形成的成本,还带来网络民意表达的无序性,以致带给人们这样的认知假象:网络总是带有欺骗性的,弥漫于网络空间的民意是非理性的,网络舆情表达的民意都是虚假的,等等。

网民在面对关系自身生存权益的现实问题时,抱着"宁信其有,不信其无"的态度,并在传播信息时有意无意地添加、删改,以致"鼠疫""禽流感""米荒"

---

① 转引自:杨光斌. 公民参与和当下中国的治道变革[J]. 社会科学研究,2009(1).
② 埃瑟·戴森. 2.0版数字化时代的生活设计[M]. 胡泳,范海燕,译. 海口:海南出版社,1998:57.
③ 郭庆光. 传播学教程[M]. 北京:中国人民大学出版社,1999:98.

"盐荒"的谣言满天飞。比如说 2011 年 3 月 11 日,日本 9 级大地震造成核电站爆炸,导致核能严重泄漏,这个突发自然灾害公共事件,就是诱发"抢盐风波"的"导火线"。

2011 年 3 月 14 日,抢盐始发地绍兴因生产加工"霉干菜",本来就需要买大量食盐,加之距日本核泄漏地区距离较近,也就 1000 多千米,当地人容易被"笼罩"在日本核泄漏阴影中,出现口口相传的误差,于是在当地购买盐加工"霉干菜"过程中,就多了一条"碘盐能防辐射"的相关信息,于是以讹传讹,变成了日本核泄漏,海盐受污染,吃碘盐防辐射的谣言,绍兴出现抢盐风头。

"据有价值信息,日本核电站爆炸对山东海域有影响,并不断地污染,请转告周边的家人朋友储备些盐、干海带,暂一年内不要吃海产品。"在杭州某电脑公司工作的陈某在网上聊天时看到了上述信息后,未加思索便用网名"渔翁"将该信息复制并转发。

3 月 16 日,抢盐消息通过网络迅速转化为热点网络舆情,并快速传播,浙江杭州、绍兴、宁波出现各种"闹剧",由于碘盐在一天之内被哄抢,有些顾客买不到碘盐转而抢购酱油,导致酱油也被抢购一空,盐价疯涨。

3 月 17 日,通过互联网等媒介的快速传播,缺碘盐的谣言被迅速传播到各地,上海、福建、浙江、河北、北京等地民众纷纷前往超市、便利店、农贸市场抢购食盐,导致这些地区当日食盐的销售量相较平时猛增了十几倍。随后,这股恐慌性的购盐潮从东部沿海开始向内陆和中西部地区蔓延,并席卷了中国大部分地区。一时间,人心惶惶。

3 月 18 日,全国抢购碘盐事件波及全国 30 个省(市、自治区)。"抢盐事件"引起的恐慌不仅体现在现货市场上,这股恐慌还直接体现在了股市上。17 日,受市场牵动,A 股市场中的云南盐化等相关盐业个股放量大涨。3 月 17 日,云南盐化开盘涨停,收盘报 15.10 元,且成交量较前日再度放大;以盐加工为主的兰太实业继 3 月 15 日涨停后再封涨停板;而作为生产盐的替代品,涪陵榨菜股价也在当日急升 7.41%,至 25.36 元。

3 月 17 日午间,国家发改委发出紧急通知强调,中国食用盐等日用消费品库存充裕,供应完全有保障,希望广大消费者理性消费,合理购买,不信谣、不传谣、不抢购,并协调各部门多方组织货源,保障食用盐等商品的市场供应。19 日,各地盐价逐渐恢复正常,谣言告破。3 月 20 日,中国盐业市场迅速恢复正常秩序。

参与"抢盐风波"的群众绝大多数是听信网络谣言"日本核辐射对海水和海

盐以及海产品造成污染",主观性地认为食用碘盐可以有效防止核辐射,自主加入抢盐行列。网络谣言通过网民的论坛、博客、QQ群快速传播,而且不到3天便突然从浙江绍兴波及全国范围,这种非理性偏差传播,也给社会的稳定和发展带来威胁。全国各地"抢盐风波"期间,食盐价格从1元/包,攀升到5~10元/包,深圳甚至出现40元/包的"天价",部分经销商哄抬物价,大发"盐财",扰乱正常市场经营的秩序。中国盐业总公司3月18日发布的消息称:3月17日全国碘盐的销量是平日正常情况下连续24天的销量总和,仅北京市当天销售就达2700吨,相当于正常情况下14天的销售量,这些数据表明正常供应秩序被扰乱。① "抢盐风波"期间,中国盐业总公司第一时间启动应急机制,实行24小时紧急配送,不得不征用大批运输车辆,盐业职工通宵达旦工作,他们的工作、生活秩序被全部打乱。

中国社科院中国舆情调查实验室2013年9月底在北京、上海、广州、沈阳、武汉5个城市所做的关于整治网络谣言舆情的专项调查显示,公众接触网络谣言的最主要渠道是网络论坛(70.2%)和微博(63%),其次是QQ聊天(45.2%)、微信(35.8%)、人人网等社交网络(33.8%)、手机短信(33.8%)、海外网络(13%)。此次调查显示,公众认为,危害最大的谣言依次是社会治安类(71.8%)、灾难类(66%)、食品类(55.8%)、民生类(52.6%)、金融财经类(50.6%)、政策法规类(44.4%)、政治外交类(35.6%)、娱乐类(17.2%)和历史文化类(16.8%)。这充分说明,目前网络谣言种类较多,而社会公共事件以及与民生紧密相关的领域容易滋生谣言。调查还显示,超过七成(71.4%)的公众接触过网络谣言,而未接触过的仅有一成多(13%),另外15.6%的公众表示"说不清"。高达八成的公众认为中国网络谣言传播情况比较严重(认为"严重"者占20%,"比较严重"者占60.4%),并认为多数网络谣言是有害的(认为"当然都是有害的"占26%,"多数是有害的"占54.4%)。这说明网络谣言的存在会影响城镇居民的日常生活,破坏城镇社会秩序的正常运作。

(二)网络舆情引发的虚拟暴力——扰乱社会生活和心理稳定

网络舆情的走向并不是以单一的线性方式清晰呈现出来的,通常都是各种意见汇聚,具有模糊性,各种多变因素混杂其中,使得整个网络舆论的走向不容

---

① 国务院国有资产监督管理委员会.中国盐业总公司以积极应对食盐抢购风潮的实际行动创先争优[EB/OL].[2011-04-13]. http://www.sasac.gov.cn/n1180/n6881559/n10281420/n10282125/n10282230/13409068.html.

易被清晰地判别。加上互联网又是一个开放的平台,"人人都有麦克风",任何机构、部门或意见领袖都无法完全控制网络舆论的走向。针对时下的热点网络舆情,网民发言可以不用考虑是否适当,也可以不用考虑发言后会带来什么影响,结果网民在网络的虚拟世界中变得大胆和个性张扬,很容易形成偏激的情绪和非理性的言论,这为网络暴力的发生提供了温床。网络暴力主要包括网络语言暴力和"人肉搜索"。

(1) 网络舆情传播的过程往往伴生网络语言暴力,而网络语言暴力是对人的基本权利的侵害,造成了民众心理和日常生活的普遍不安全感。网络舆情传播的过程中,网民经常以鼠标和键盘为武器,并且以道德的名义,谩骂、诽谤和攻击他人,奋不顾身地跳入网络空间去扮演法官和陪审团的双重角色。网络暴力主要采取"污名化"策略,把对方塑造成"道德矮人",从而在互联网上群起而攻之。"史上最毒后妈事件"是网络语言暴力典型案例。2007 年网上出现了一篇名为"史上最恶毒后妈把女儿打得狂吐鲜血,现场千人哭成一片"的帖子,帖子里详细描述了江西省鄱阳县 6 岁女孩丁香小慧遭继母毒打后的惨状,还附上了孩子遍体鳞伤、口吐鲜血的照片。这个帖子很快在各大网站成为热帖,无数网民群情激愤,怒斥丁香小慧的继母是历史上最恶毒的后妈。但仅过了两三天,事情却又拐了个 180 度的弯:历史上最毒的后妈忽然又成了历史上最冤的后妈。①最终真相是后妈为了给生病的丁香小慧治病而编造的一个谎言。而在这个谎言还未戳穿时,网上出现了各种讨伐和谩骂,文字语言不堪入耳。小慧的继母陈彩诗也许欺骗了众多的网民,也许触犯了法律并应受到惩处,但她的出发点是伟大的,不应当受到网络语言暴力。

(2) "人肉搜索"逐渐成为网络暴力的主要表现形式,它的强大威力使得任何公民的隐私权都有可能受到侵犯,"一旦有人将你当作'人肉搜索'的对象,那么你的一切将被迅速暴露在阳光下,随之而来的是来自网络和现实的双重的舆论压力"②。"铜须门"事件是典型案例。2006 年 4 月 12 日深夜 11 点,猫扑论坛新注册的用户"锋刃透骨寒"发帖"2 区麦维影歌守望者发生的丑闻:一个让你更珍惜爱人的理由",揭发自己的妻子与"铜须"有染。他描述了自己痛苦的感受:"那一瞬间,我知道了一种感觉:有如雷击。当时我看不见自己的脸色,我

---

① 李涛."史上最毒后妈"事件真相调查[EB/OL].[2007 – 08 – 01]. http://news. xinhuanet. com/video/2007 – 08/01/content_6461189. htm.

② 杨卓超. 论人肉搜索的合法界限[J]. 行政与法,2009 (7).

只知道,我的脸色或许已经惨白,惨白到心里。"但是"锋刃透骨寒"的矛头更多指向的不是自己的妻子,而是"铜须"。他说:"铜须,我给过我们彼此机会和信任了,我错了;我一直认为男人就该有海一样的胸襟,我错了;有些人不知道'人'这个字需要一撇一捺来书写。输了婚姻我有亲情,我有友情,我有自己努力的工作,你又赢得什么?"于是,网友同情的潮水涌向"锋刃透骨寒",唾弃的口水泼向"铜须"。帖子点击量在一天内达到十几万次。

事件导火索是"锋刃透骨寒"贴了一段幽月儿(风歌夜曲)与铜须(Zxxs)的QQ聊天记录,并且公布了铜须的QQ号。这些私密的聊天信息在网上急速流传,以此为题的帖子铺天盖地,从猫扑到天涯,再到门户网站。对奸夫淫妇的道德义愤成为网络舆论的主流,甚至有人自告奋勇要当武松,去上门追杀"铜须"。"锋刃透骨寒"在原帖中留下了足够的线索和关键词,比如"燕山大学""守望者公会会长",还加上了铜须的QQ号。很快就有网络"狗仔队"查出"铜须"的真实身份:"铜须"真名郑某,是秦皇岛燕山大学教育学院的学生,2006年毕业,本人家住廊坊,郑某的照片、国外的女友姓名、手机号和家里的电话号码被曝光。一举成名的守望者公会被卷进风暴的漩涡,公会高层的TS(一种聊天工具)语音聊天记录也被偷录剪辑,随即放到网上,引发了新一轮的骂战。与此同时,魔兽世界的虚拟审判也在浩浩荡荡地进行。2区麦维影歌服务器出现了大批1级的小号联盟,他们在短短的几个小时内,组建了由几百人组成的公会"守望慰问团",他们在虚拟世界中以"静坐""游行""谩骂""自杀"等形式集体声讨公会会长"铜须"。

当事人发出澄清视频。失去了"铜须"马甲的掩护,郑某的现实生活被彻底扰乱了。2006年4月18日下午,猫扑网站的编辑(网名"魔鬼天使")接到郑某代理人孙先生的电话,希望删除社区里的相关讨论。李翔(猫扑的负责人)说,猫扑仅能保证客观地把郑某的澄清言论发布出来。经过协商,孙先生终于将郑某的澄清视频发给了猫扑。郑某在视频里否认了偷情事件:"在这里我告诉大家,这件事根本就没有发生过,不知道是哪位朋友,也不知道他是怎么想的,来编这个故事诽谤我。""还有对于我的朋友吧,有影响。有一个0034的电话号码,是我的朋友UP的,那个照片也是UP的,我希望你们也不要再打扰他。我也希望媒体记者朋友也不要往我家里、朋友那里打电话啦,或者有其他想法的人,今天我们家里接了一个电话,是要钱的,是敲诈。"视频过后,郑某消失了。随后,事件真实性遭到怀疑。"魔鬼天使"告诉记者,孙先生曾留下郑某的一个临时手机号。但是两天后打时,这个号码不存在。记者按照网上流传的郑某手机号和家里电话号码打过去,无法接通。孙先生再也没有和"魔鬼天使"联系。"魔鬼天使"曾在站内给"锋刃透骨寒"发过消息,试图和他对话,没有回音。"锋刃透骨寒"发完后续的两个帖子"让生活继续"和"最后声明"后,也消失了。"最后声明"中他说:"我承认,关于'丑闻'一篇文章及 QQ 聊天内容等多为杜撰,游戏已经结束,各位爱 YY 的继续,本 ID 人间蒸发。"记者在燕山大学找到郑某的同学,他们证实视频上的确是郑某本人。有少数人开始怀疑此事的真假。万一这件事情子虚乌有,网友的道德审判无疑被釜底抽薪,多数"陪审员"仍然坚持以前的判断:偷情的可信度极高,"锋刃透骨寒"可能是不希望此事越闹越大,故而改变说法,平息风波。

事件影响之大,以至于国外媒体都做出报道,玩家这种自发行为更是被上升为文化现象,"网络暴民"一词由此产生。撇开所披露事件的真实性,我们可以看到,网络暴力尤其是"人肉搜索"对于事件当事人郑某的隐私权和名誉权等造成的侵害之大。网络暴力所产生的负面作用,对于"铜须"和他的家人、朋友的正常生活都造成了严重的影响。从"铜须门"事件的经过可以看出,网络暴力的主体不仅包括网民,还可能包括传统媒体和新媒体。近些年,网络暴力频频上演,如 2007 年的"网络暴力第一案"、2008 年的"很黄很暴力事件"、2009 年的"艾滋女事件"、2011 年"龅牙哥事件"等。网络暴力侵犯了当事人的名誉权、隐私权,泄漏了网民的个人信息,更增强了个人信息的安全风险,引发了民众的恐慌情绪,阻碍建设和谐社会的进程。

2012 年 4 月,《半月谈》对公民如何保护个人信息权进行了网络调查,其中对于个人信息是否泄漏的调查数据显示:30% 的人多次遭遇信息泄漏状况,40% 的人偶尔有信息泄漏的情况发生,仅 15% 的人极少遭遇此类情况,且 15% 的人对自己信息是否泄漏尚不清楚。由此可见,至少 70% 的人遭遇过不同程度的个人信息泄漏。个人信息安全关系到个体的切身利益,个人信息遭到侵犯,使得当事人缺乏安全感,容易引发不安情绪。网络空间和现实社会是有共通之处的,是人们生活的空间,是一个以虚拟为形式的"现实社会"。那么,在这样一个社会所受到的一切影响也必然会作用到现实社会。

网络时代的城镇化进程中,网络暴力形式的网络舆情呈现出愈演愈烈的趋势,并日益成为网民的常规性行为。这无疑会破坏城镇居民社会生活和社会心理的稳定,最终阻碍新型城镇化和谐社会的构建。

(三)网络舆情冲击公共权威——威胁社会政治稳定

政治稳定是政治发展的前提,也是政治发展的目标。对于发展中国家来说,在政治稳定的前提下推进政治现代化和民主化进程具有更为重要的意义。中国属于后发展国家,在现代化进程中使用赶超战略,将西方国家一二百年的现代化过程压缩到几十年甚至更短时间内来完成,自然会使得一些社会矛盾与危机来不及磨合就以一种比较激烈的方式表现出来,再加上西方发达国家现有制度模式的示范作用,更加剧了发展中国家政治发展的不稳定。处于网络时代,网民政治参与的信息表现形式——网络舆情的出现更加剧了社会政治不稳定的可能性。原因在于,虚拟世界的技术结构和运作模式引起了新的授权过程,使互联网成为一种新的赋权武器,它改变了传统的"权力决定信息分配"的关系,出现了"信息决定权力分配"的范式,从根本上冲击着基于现行权力结构的社会稳定观,也动摇了迄今相对平衡的利益分配关系。一个稳定的社会,必须有一个有能力制衡政治参与和政治制度化的公共权威,这个权威既可以是威权政府,又可以是民主宪政。网络的发展使民众掌握了信息权力和话语权,从而出现了权力由政府向社会转移,使公共权威受到较大的削弱。如果在民主制度的权威建立起来之前,就过多、过快地削弱现有的公共权威,则有可能危及政治稳定和政治安全。这已为很多发展中国家政治转型的失败教训所证实。这些国家在削弱传统权威的过程中没有建立新的权威,从而使政治秩序混乱,甚至发生政治动荡、战乱乃至国家分裂。在中国的城镇化进程中,网络舆情引发政治动荡的可能性不大,但仍存在概率性。这就决定了中国在城镇化过程中需要注意以网络舆情为主要表现形式的网络政治参与与社会政治制度化保持步调一致,如果政府在社会民主呼声和西方民主的压力下,让网络政治参与先行于政治制度化,结果就可能危及社会政治稳定。①

(四)网络舆情削减主流文化认同——冲击社会文化稳定

互联网空间下的网络舆情,包含了多元化的价值观,蕴含不同社会群体与个人的价值取向。网络舆情作为一种意识形态范畴,反映人们的思维方式和价值观念,其传播打破了国家和地域的界限,将不同的文化、不同的风俗传统及不同的价值观念展现在人面前。网络舆情一方面开阔了人的眼界,促进了文化传播,另一方面在一定程度上冲击了人们原有的价值观念和行为准则,造成人们心理上的障碍和行为上的矛盾,削减中国民众的文化认同,危及国家和社会原有的文化稳定与安全。

---

① 李斌.网络政治学导论[M].北京:中国社会科学出版社,2006:288.

1. 柔性网络舆情渗透

以美国为首的西方国家利用互联网进行意识形态和文化渗透,对中国的意识形态稳定和文化安全构成了严重威胁。西方敌对势力不断利用网络舆情来宣传其价值观,宣扬色情、淫秽和暴力等腐朽思想文化。中国在"数字鸿沟"中处于弱势地位,被迫接受西方发达国家的信息传播,时间长久,潜移默化,就可能逐渐认同西方国家的价值观念、思想文化和意识形态,动摇对本民族的价值观念、思想文化和意识形态的认同,最终有可能成为西方强势文化"信息殖民"的牺牲品。美国前国务卿奥尔布赖特曾说:"中国不会拒绝网络,拒绝网络就是拒绝现代化,中国人只要不拒绝,我们就有武器。"美国凭借其强大的软件制造业,不仅控制着网络英语信息,还通过将软件译成其他语言(包括汉语),广泛传播其政治理念、生活方式。在西方政治文化的冲击下,中国主流政治文化延续和维系其既有的行为模式和思维理念的机制被一再破坏,主流政治文化的继承也由此受到抑制。公民容易被互联网上蕴含意识形态色彩的各式各样的信息迷惑,产生思想观念和意识形态方面的动摇和混乱。应对网络舆情殖民化的冲击,防止主流文化被消解,这是网络时代中国保护国家文化安全、维护全人类文化的多样性所面临的一项重大课题。①

"谷歌门"事件显露出了欧美国家的险恶用心。谷歌公司是目前拥有资本、技术与数据力量强大的国际互联网头号霸主,在引导网民获取信息过程中拥有巨大影响力。其"权势"之大,连世界软件巨头微软都感到畏惧,谷歌甚至被德国媒体称为"谷歌共和国"。美国试图利用谷歌的这种巨大影响力,让其成为美国"改造"中国,进行意识形态渗透的战略棋子。中国是谷歌所拥有的最大用户国家之一。美国想利用谷歌,打着"言论自由"的幌子,进而输送美国人的价值观及西方的文化价值观和生活方式。"谷歌门"事件说明美国不甘心放弃任何一个西化中国的机会,试图打着自由民主的口号,对中国进行意识形态围堵。近年来,美国越来越热衷于借助网络舆论来发起意识形态领域的渗透活动。虽然在"谷歌门"事件中美国并没有得到其预期的结果,但美国等西方国家利用网络舆论进行信息围攻与意识形态渗透,在一定程度上造成人们信息与价值选择的多样性。② 这种多样性的信息与价值选择容易使民众的共产主义、集体主义观念淡化,诱导民众产生个人主义、拜金主义等错误观念,对中国主流意识形态

---

① 韩秉成.网络发展背景下国家安全屏障的构建[J].西安政治学院学报,2002(2).
② 桑丽.网络舆论研究[D].北京:中共中央党校,2011.

的影响力造成冲击。

2. 强制性网络舆情输出

欧美发达国家建立各种形式的网站、论坛,雇佣大批写手,采取网络发帖、电子邮件、手机短信等方式制造反华舆论,对中国进行网络舆情围攻。他们通过网络舆情重点输出所谓中国社会的"阴暗面",夸大各种负面信息和持不同政见者的活动与言论,并通过发表一些与事实不符的"石破天惊"的言论,利用社会中存在的一些矛盾与大众的非理性情绪,散布各种危害党和国家形象的"病毒信息",引发人们对马克思主义甚至是对社会主义制度的怀疑。互联网内"众声喧哗",如果信息聚合和价值判断失当,人们很容易失去理性。2009年境外反动势力"世维会"的精英骨干和激进分子,将一段极其可能产生非议的视频上传到网络,宣称维吾尔族女孩被汉人无辜殴打致死,并将视频传至境内网站、论坛、QQ群,散布谣言,把本不该带有的仇视情绪煽动起来,造成震惊全国的"7·5"事件发生。

3. 意见领袖与网络舆情

国内一些别有用心的势力,利用网络舆情观点的多元化和认识的不完全性,乘机充当意见领袖,通过隐瞒事实真相,试图造成热点网络舆情,推动网络群体性事件,激化社会矛盾,进而达到诋毁马克思主义思想的理论体系、降低公众对社会主流意识形态认同与践行的目的。同时,网络上错误思想与谣言的蔓延,遮蔽了本来有价值的公共信息,形成了大量的信息垃圾,损害了社会主义意识形态的舆论环境,使得社会主义意识形态安全面临着更为复杂的环境。

4. 网络舆情的自由化与缺失

互联网强调自由与自主的个体意识,而中国传统政治文化缺失自由与自主的个体意识,导致政治生活中个人完全被淹没在官僚的统治中,形成了整体的、被动的、消极的政治文化。① 而在网络沟通时代,个体的自由意志与权利观念得到提升和张扬,有了主宰自己命运的感觉,可谓"我的地盘我做主",这也容易产生政治沟通交往和政治信息交流小众化的风险,使不少网民长期游离于主流政治文化之外,久而久之,主流政治文化就会出现分裂。在对很多网络舆情事件的讨论中,我们就可以发现很多争执和辩论的亚群体特征,各方都坚持自己的一方观点和立场,造成了无谓的呐喊、撕裂。与此相适应,人们在具体的政治倾向如政治态度、情感和政策倾向等方面也容易出现各种分化。网上各种不同性

---

① 邵岗.网络时代中国政治沟通研究[D].上海:复旦大学,2012.

质的政治文化信息广泛并存,并且不断发生冲突和摩擦,众多亚政治文化的存在使主流政治文化面临着断裂的危险。①

5. 负面网络舆情的泛滥

网络虚拟世界的复杂性、舆情信息量的巨大超乎人们的想象。在网络方便了人们的生产生活,为人们提供了正面网络舆情的同时,也为品位低劣、具有危害性的、破坏性大的网络舆情信息开启了输送大门。负面网络舆情具有天生的吸纳力,能吸引大量的关注率与点击率,各大门户网站上源源不断和数量巨大的负面舆情似乎是网络媒介永恒的主题。负面网络舆情占据了各大网站的大部分内容。贪污腐化事件、食品安全问题、住房问题、教育问题、群体性事件、各类违法犯罪活动、环境污染事件等成为各大门户网站新闻类版面的重要组成部分。人们打开网站看到的新闻绝大多数都是负面的,都是反映城镇化进程中社会贫富分化、道德缺失、政府与公众的利益冲突的舆情,由此给网民形成的印象就是社会的黑暗面远大于光明。加之网络舆情环境的宽泛化,一些对现实境遇不满的网络参与者往往带着负面情绪来解读网络舆情,发表一些负面舆情信息,来表达自己对社会的不满。一旦负面舆情场形成,反而导致正向舆情、重要舆情和知识信息等社会公众真正需要的资源的匮乏。负面舆情的泛滥占据网络舆情场的范围变大,肯定性意见、正面舆情的活动空间就会被大幅度挤压,使社会主流意识形态所宣传的正面舆情更加式微。网络负面舆情所建构起来的不安全与不稳定的网络舆情环境,深刻影响着公众世界观、人生观、价值观的形成,降低了网民对社会主义意识形态的认同度,增加了主流意识形态在互联网时代建设的难度。

(五) 负面网络舆情——破坏城镇社会经济稳定

负面网络舆情作为一个可能产生危害的舆情方式,会破坏社会经济的稳定。正常的经济秩序能有效规范经济利益关系,保持经济秩序的质的稳定性,避免经济发展过程中激烈的变化和动荡,保证国家正常经济活动秩序,维护社会的稳定和团结。负面网络舆情发生的前提在于参与者的非理性不满情绪在不同群体间快速传播,并在较大范围内扩大,从而引发社会危机。比较典型的是"抵制日货"活动,对整个经济社会的发展都造成了一定的负面影响。

自 2012 年 8 月 15 日,中国香港一艘保钓船冲滩靠上钓鱼岛实现登岛以来,

---

① 张平. 论网络对政治认知的冲击及对策[EB/OL]. http://web.xixianet.net/nxcpr/theory/html/?20.html.

钓鱼岛形势不断恶化,进入9月份以来,日本种种"购岛"行为屡屡挑起事端,引发了时至今日愈演愈暴力的"抗日"浪潮。从"钓鱼岛"事件的事发到大规模爆发反日游行,民众在面对网络舆情的"接收"与"表达"中更加依赖社会化媒体,相对于传统媒体表达的单一而理性,社会化媒体中以微博为代表的新形式(图2-2)成了网民了解信息的重要窗口。

自8月中旬网络舆情出现爆发性增长以来,占据舆论主流声音的微博中充斥了大量关于钓鱼岛事件的"解读",其解读结果都充分指向了日方的"种种罪行",此种传媒环境中的网民陆续出现了极端化倾向,比如8月29日,日本驻华大使丹羽宇一郎所乘公务车在北京被拦截,日本国旗被抢。该事件在一定程度上促进了网络舆论从线上走向线下,并以此"肯定"了非理性的网络表达。

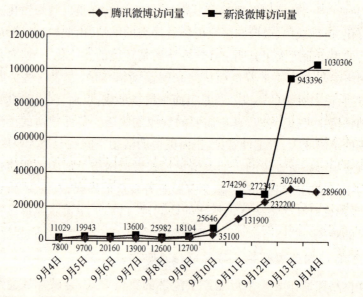

图2-2　9月4日—14日"抵制日货"话题微博关注度

资料来源于网络问政平台

西安网民"举牌哥"托着纸牌,站在路口提醒民众"前方砸车,日系车掉头"的行为,在微博上竟赢得了众多网民的敬意。网民感叹:"他在自己站立的地方,为这黑暗的一天留下了些许亮色,为西安人,留下了大写的尊严!"

国内民众的"抗日"集会活动在演变成"打砸日货"后,舆情走势从最开始的舆论回应变味为网络情绪宣泄。9月15日一天,全国52个城市爆发反日示威游行,充分说明了在网络媒体的煽动下民众的爱国热情出现了"自下而上""从线上到线下"的情绪发泄。

当"抵制日货"的口号在网络中被各种放大的时候,很多人因此做了盲目的举动。当一大批人看到抵制日货这则消息后,不再是理智思考抵制日货背后的深层内涵,而是简单粗暴地去打砸日本公司、企业等。甚至更多的是将目光瞄准日货,不管是不是自己的,不管是不是自己花钱买来的,盲目地将之烧毁、砸烂。是不是只有这样才算是真的抵制日货呢?没有人认真考虑这个问题。日货到底存在怎样的竞争力?是不是每个人都不买日货,我们的经济就能繁荣?这些陈述显然很缺乏逻辑。但民众在网络情绪的鼓动下还是随意地去处理了这些问题。这种抵制日货的行为,最终造成的还是本国经济的受损,因为将进口来的东西毁坏,和将自己拥有的东西毁坏一样,都是一种浪费。在看到类似言论的时候,希望民众能理智对待,因为经济的发展不是一句"抵制日货"能解决的,还需要科技的进步,依靠消费拉动。

当然,"冰火两重天"的网络舆情现象在舆论中呈现了较长时间的"对立",这其中既有正常爱国热情的宣泄,又有面对偏向的社会运动轨迹中媒体的自我修复。从舆情角度看此次钓鱼岛事件,它在深层次增强了网民的公民意识,推动了社会化媒体理性表达。但该事件也提醒人们,媒体在舆情的推动作用中应该始终起到理性而积极的作用,稳定价值观,做好社会舆情中的"压舱石",引导舆论理性化宣泄。

国家的发展需要经济的发展,新型城镇化的建设更需要经济的支持。负面网络舆情会导致城镇经济不稳定,因而需要多方共同努力,使负面网络舆情转变为正向网络舆情,推动城镇经济的持续发展。政府的科学疏导、媒体和意见领袖的正确引导、网民的理性表达都是负面网络舆情向正向网络舆情转变必不可少的要素。

第二节 城镇化进程中的网络集体行为

——以指向性网络舆情事件为代表

一、案例:陕西神木"房姐"网络舆情走势

1. 舆情事件起源

2013年1月16日,网络上开始出现关于陕西省神木县"房姐"龚爱爱的帖子和微博,神木县农村商业银行副行长、榆林市人大代表龚爱爱有双重身份、双户口,她以"龚仙霞"的身份在北京拥有20多套房产,折合人民币近10亿元。网帖还详细公布了"房姐"的两个身份证号码、住址及龚仙霞名下在京三套房产的地址。有关记者能查到的曝光该舆情事件最早的发帖媒体是中华网,时间是2013年1月16日上午10点20分,来源为中国产业经济信息网,但1月17日晚该网站已无法找到原帖。①

初始敏感点:限购等有关房产、房价的信息。

网民集结:以"房×"的命名方式,把近期发生的与房子有关的"房叔""房婶""房妹"等舆情事件相勾连,引起网民与媒体情绪;以与房子相关的巨额财产"×亿"为吸引网民眼球的另一关键词,实现网民与媒体的迅速集结。

2. 舆情事件的扩散

"房姐"事件被网络媒体曝光后,微博平台迅速跟进。16日,新浪微公益爱心团成员"才让多吉"发表微博着重指出龚爱爱在北京房产的总价值多达10亿后,这则微博被迅速转发、评论8000余次。16日,仅有为数不多的网络媒体对该舆情事件进行报道,陕西传媒网最早做出反应,发表报道《陕西神木县:再现行长"房姐"》。

17日,《环球时报》《经济观察报》《21世纪经济报道》等几家报纸的官方微博对此事进行了跟踪传播。同时,光明网、新华网对这则消息进行转发,主流媒体网站介入后,腾讯等互联网商业媒体紧随其后跟进转发,媒体关注度快速上升。

---

① 新华网陕西频道. 谁制造了神木"房姐"[EB/OL]. [2013-04-02]. http://www.sn.xinhuanet.com/201301mon/fj.htm.

18日、19日,新华网、中国新闻网等主流网络媒体开始参与事件的采访调查,并积极刊发当事人龚爱爱的回应。18日,龚爱爱接受新华社"中国网事"采访时说:"我过去是神木县农商行的长期合同工,只是本单位聘用的副行长,不是国家工作人员,更不是公务员。自己家族是个大家庭,有煤矿等产业,多年来一直与自家兄弟参与打理煤矿生意,收入较多。房子是多年前购买,目的是照顾在京读书的子女,后来则用于投资。买房的钱是合法所得,有部分房产是家族共同购买。且不少房子还有贷款,到现在每月都要还贷。"之后又表示,她因为要管理家族企业,已于2012年6月向单位递交了辞呈,此后就再没上班。18日,新浪微博与"房姐"有关的原创微博数量已达9242条,此热点网络舆情的关注达到一定峰值。出现此峰值是由于当事人龚爱爱在媒体上公开承认自己有两个身份证,《人民日报》《新京报》《南方日报》等媒体微博对神木县"房姐"事件进一步跟踪扩散,微博平台的关注度呈直线上升趋势。

部分官方回应:针对网上热传的"房姐"事件,陕西神木县农商行做出回应:龚爱爱资产与银行职务无关。1月18日,神木县农村商业银行董事长余清才介绍,龚爱爱原来是该行职工,曾任副行长。但她已于2012年递交了辞职申请,此后就与单位失去了联系。2013年1月2日,神木县农村商业银行董事会已批准龚爱爱离职申请,目前龚爱爱已不属于该行员工。神木农商行董事长表示,注意到"房姐"信息后已向陕西省信用联社及银监部门汇报,相关部门已介入调查。20日,神木县农村商业银行监事长吕岗在接受央视采访时说,截至目前,龚爱爱发放的贷款都正常,没有一笔不良资产。通过了解,也没有发现一笔贷款和她个人有关。所以说,龚爱爱的巨额资产与她的职务无关。但很明显,社会大众对此次的官方回应没有认可。陕西榆林市公安局回应:对龚爱爱"多户口"事件进行调查。1月20日,陕西省神木县公安局介绍称,龚爱爱另一个名为龚仙霞的身份证确实存在,2007年3月户口由山西省临县迁入陕西省神木县。神木县公安局出示了一份由临县公安局克虎派出所提供的情况说明,称龚仙霞与龚爱爱应为同一人,系克虎派出所民警在户口录入时工作疏忽造成。目前,龚仙霞的虚假户口已经被公安机关注销。

20日,《新闻直播间》栏目播发了消息《"房姐"身份、房产和户口问题待解》。新闻报道以"综合网帖爆料和相关媒体调查的情况"作为开头,提出有关"房姐"事件的三个待解问题:"房姐"身份是否属实,高额资产是否是其任内所得;20套房产是否属实,来源何在;双重户口是否存在,如何获得。新闻报道画面则是记者对"房姐"多房多户口的实地调查情况及政策解读。《共同关注》栏目将对这一舆情事件的报道放到特别关注环节,播发了报道《网曝神木"房姐"北京坐拥多套豪宅》。在节目的开场部分,主持人由最近网上曝出的"房叔""房婶""房妹"这些很刺激眼球的名词引出"房姐"事件,"这些'房多多'频繁被曝光,无疑就会引来全社会的广泛关注"。主持人介绍了"房姐"事件最初曝光由网帖开始,介绍了网帖的来源媒体,节目将帖子的内容以文本的形式放到电视画面上,对网帖爆料的有关"房姐"的身份背景,两个身份证号码,三套房产面积、房价、地址等信息如数说明。最后,节目引述了《京华时报》记者的最新调查结果,即其中三处房产目前已作为商业用房租给他人,且证实三处房产的房东就是"房姐"龚爱爱本人。

21 日,中央电视台《新闻 1+1》栏目对该事件进行更深入的探讨,使该事件由局部性事件升级为全国性事件。央视《新闻 1+1》的深度追踪报道引领了各方舆论,使陕西"房姐"事件的网络舆情从网民们多方观点质疑的无序状转变为以央视调查为领袖的有序状,不断推动着"房姐"事件热点网络舆情的形成。《广州日报》《长江日报》《钱江晚报》、新华网等传统媒体和主流网络媒体纷纷发表评论。21 日前,事件曝光 5 日内的新闻报道数量密集、主题集中,21 日后,各路媒体开始根据事态发展进入到零散的报道和评论阶段。

该舆情事件曝光的第 5 天,电视媒体才集中做出相应报道。对于这样由一则互联网引发的舆情事件过程,电视媒体的整体反应处于滞后状态,而央视的反应更是排在部分地方电视媒体之后。在央视网上搜索有关"房姐"事件报道的新闻视频,共产生了 373 条结果。通过对搜索结果的分析发现,在第 3 天,只有山西卫视、浙江卫视、安徽卫视对该事件进行了基本报道,央视新闻频道则在事件曝光的第 4 天开始出现相关新闻报道。

舆情发酵敏感点:财产、收入是否为在任期间合法性收入、"房姐"身份、房产是否属实与公权力的滥用问题(户籍管理问题)、身份象征"银行副行长和人大代表"。

3. 舆情事件的高峰与回落

随着舆情事件的不断推进,在 1 月 22 日,媒体曝出"房姐"的户口由原来的 2 个升至 4 个,其中一个户口定在北京市,而"房姐"不同户口下面的巨额房产更是令人瞠目结舌。此时,网民们开始质疑多方地方政府监管失职,对各级地方政府关于"房姐"事件的回应和处理十分不满,对"房姐"拥有不为人知的房产感到社会的不公,对各级地方政府机构对于公权力的使用失去信心,对于"房姐"问题揭露的官场腐败感到愤怒。再加上神木警方对于"房姐"拥有 4 个户口解释为"工作疏忽",招致了媒体和网民的不满,令地方政府陷入更深的舆论漩涡。

23日当天的相关网络新闻就高达3800余篇,当天的相关微博也超过了3万条(图2-3)。新浪微博关于"房姐"事件的热议在22日至23日达到最高峰,其中原创微博总数14799条,其中包含10545条二次发布的原创微博。23日至24日两天,传统媒体报道也高达1500余篇。可见新媒体和传统媒体对舆情的迅速跟进和深入报道(图2-4)满足了受众的信息饥渴,对舆情事件的及时处理和舆情引导疏导了民意。如《华商报》报道《派出所称为"房姐"办户口因公安局出具准迁证》、《南方都市报》报道《"房姐"被指靠煤矿发家,去年因压力大曾自杀》、《楚天都市报》报道《为房姐"迁户口",两人被关禁闭两人被停职》等推动了议题的发展,形成舆论影响力。

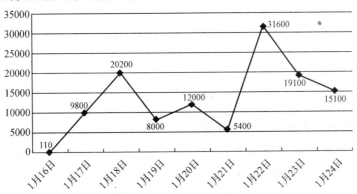

图2-3 "房姐"舆情事件微博关注走势

资料来源于人民网舆情监测室

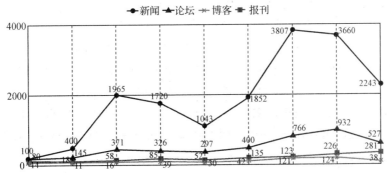

图2-4 "房姐"舆情事件各类媒体关注走势

资料来源于人民网舆情监测室

25日,媒体再次查出房姐在朝阳区北苑6号院天怡家园,拥有近1000平方米的房产,登记的名字依然是龚仙霞。此事件一经爆料,引发网友们各种质疑,此事件牵扯多方各级地方公职单位:陕西省神木县农村商业银行、陕西省神木县公安局、山西省临县公安局、北京市朝阳区奥运村派出所。因此,一时间,再次激起了网友们的愤怒以及对公权力信用的质疑。

24日之后,北京市公安局官方微博"平安北京"发布消息,称龚爱爱的北京户口系非法办理,已予以注销。对当事民警采取停止执行职务和禁闭措施,并查封了"房姐"在北京的房产等财物。而神木当地警方迟迟不立案,当地政府有关部门又像之前一样,对待网上一些被群众举报的社会热点问题,采取"一拖二慢三糊弄"的态度,追查、督办的力度不够,寄希望于舆情的慢慢冷却。在31日23时44分,财经女记者"部落"在其新浪微博爆料,称龚爱在北京的大部分房产来自于潘石屹的三里屯SOHO,并称从潘石屹下属手中拿到相关的房产资料。

2月4日,经榆林市、神木县人大常委会许可,按程序依法对龚爱爱刑事拘留,在榆林市境内异地看押。2013年9月24日和10月31日,法院对神木"房姐"龚爱爱一案做出一审、二审判决,内容均为:龚爱爱犯伪造、买卖国家机关证件罪,依法判处有期徒刑3年。至此,网络舆情事件得以平息,但该话题会随着类似舆情事件的发生再次被人们所讨论。

陕西神木县仅仅是一个县,但因为有丰富的煤炭资源,一部分人先富了起来,但也因此引发了神木县之乱象。龚爱爱起初被曝光为在京有21套房产,实际为41套房产。龚爱爱的同事陕西神木县农商行副行长杨利平竟是个同案犯,在北京有12套房产,也存在身份证和户口造假问题。他们巨额资产的来源到底是何处,真的让公众感到很多疑问。然而,更多疑问却是:身份证和户口造假不是个例怎么办?能不能来个全国性的身份证和户口真假识别行动,以期把更多腐败官员造假证的卑鄙和丑陋行为揭示出来,以期更有利于我们的反腐败工作?

随着舆情事件的展开,户籍制度、身份证管理制度、限购政策等裹挟着诸多网民的体验,参与到整个舆论场。"房姐"集银行副行长、人大代表等公职身份于一身的身份象征,极大地刺激了公众的社会焦虑情绪,加剧了公众对社会公平的拷问,加上在这一网络舆情事件中部分地方政府人员存在违规、违法行为致使公权形象受损,网民自然而然地就把矛头指向政府。

二、基于价值累加理论,分析类似"房姐"事件中网民观点指向政府的原因

1. 价值累加理论

随着互联网影响的日益扩大,社会运动理论的研究视野也逐渐延伸到虚拟世界,网络集体行为现象逐渐受到人们的广泛关注。夏学鉴认为网络集体行动是在某一时间内,网民自发或有组织地聚集在某一个网络公共场域,由多个网民发帖或回帖等进行网络表达的行为。[①] 李蔚等人认为,网络集体行为是利益要求相同或相近的人所组成的群体,因某项具体资源调配不当,或因长期的资源分配不均导致长久积压的相对剥夺感,在突遇偶然舆情事件时,所爆发的通过网络舆论对政府管理造成或大或小影响的机制性抗争,以求纠正和改进不当的资源调配、补偿利益损失和发泄情绪。[②] 为解释集体行为的产生和发展,社会学家提出了各种宏观理论,包括价值累加理论、感染理论和紧急规范理论等具有代表性的理论,其中,斯梅尔塞的价值累加理论不仅从宏观的社会背景和微观的方式表现等对集群行为进行了阐释,而且还对引发集群行为的各种影响因素进行了类别划分和作用分析。因此我们把价值累加理论作为"房姐"事件中网民观点指向性所产生的网络舆情行为的理论解释框架。

将网络舆情中潜伏的危机扼杀在萌芽状态是保持社会稳定性的前提,是消除大规模群体性事件或网络舆情事件的根本保障。美国心理学家尼尔·斯梅尔塞受经济学的启发,认识到产品生产过程中的各个阶段对最终结果都有不同的贡献,都是必需的,任何一个阶段的失败都会导致生产过程本身的终止,每一个阶段都在最终产品上增加了价值。因此他在《集体行为的理论》一书中提出了价值累加理论(Value – added Theory):集体行为实质上是人们在受到威胁、紧张等情况下,为改变自身的处境而进行的尝试。所有的集体行为、社会运动和革命都是由6个因素相互作用产生的,单个因素的出现也许不足以产生集体事件,但当多个因素按照一定的顺序出现时,价值就会被放大,群体行动出现的可能性就大大增加,这就是价值累加理论。6个因素分别为:有利于社会运动产生的结构性诱因(structural conduciveness),由社会结构衍生出来的怨恨剥夺感或压迫感(structural strain),一般化信念(generalized beliefs)的产生,触发社会运动的因素或事件(precipitation factors),有效的社会动员(mobilization for

---

① 夏学鉴.网络社会学建构[J].北京大学学报(哲学社会科学版),2004(1).
② 李蔚,等.群体性事件:信息传播政府应对[M].北京:中国书籍出版社,2010:45.

action),社会控制能力的下降(operation of social control),据此价值累加理论模型形成(图2-5)。

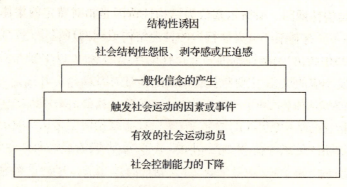

2-5 斯梅尔塞的价值累加理论模型

斯梅尔塞的理论实践源自于西方尤其是美国的社会运动,其探究的主要是现实集群行为发生的必要条件,因此,必须充分考虑价值累加理论作为分析虚拟世界中网络舆情行为理论框架及其对中国社会土壤的适用性和可行性。网络舆情的主体网民来源于现实社会角色,他们的行为受到来自于城乡二元体制、经济利益、社会地位等社会生态、结构体系方面的影响;网络舆情反映的社会问题是映射到互联网上的现实社会问题;以农民工、失地新城镇居民、房屋被拆迁居民和下岗工人等为代表的底层民众成为网民后,必然把现实世界中的委屈、愤懑放置于网络,并通过网络舆情使本体情绪、态度等放大和异化;网络舆情引发的热点事件的影响往往会波及现实世界,形成群体性事件;互联网作为言论自由的表达平台,给予了网络舆情传播的便捷的载体,但自由是相对的,是受现实社会力量规制的。所以说网络舆情有别于社会现实,但网络舆情来源于社会现实,网络舆情的演变和发展受社会各种因素的共同作用。此外也有如汤志伟等的研究者基于结构方程模型等途径验证价值累加理论作用于中国网络舆情集体行为的可行性和价值性。斯梅尔塞的价值累加理论对网络集体事件的发生有较全面的解释性,而深入研究价值累加理论的6个因素对我们有效应对和处理网络事件有较好的参考和借鉴意义。

2. 网民观点指向性分析

在有的网络舆情事件中,我们可以得出这样一个结论:在众多涉政网络舆情的发展过程中,网民往往超脱于对舆情事件本身的内容认知,把矛头直指与舆情事件存在千丝万缕关系的政府。原因何在?基于斯梅尔塞的价值累加理论的6要素(结构性诱因、社会结构性怨恨与剥夺感或压迫感、一般化信念、触发性因素或事件、有效的社会动员、社会控制能力),下文将结合"房姐"事件分析网络观点具有指向性的原因。

(1)结构性诱因。斯梅尔塞认为结构性诱因是指对特定的集体行为的一种许可,是一种有利于产生集群行为的社会结构或周围环境。① 戴维·波普诺在《社会学》中指出,结构性诱因是支持性的环境因素,可以增加人们对共同刺激进行自发反应的机会,主要包括物理因素和时间因素。

第一,现实结构性诱因——中国的社会转型。社会学家郑杭生认为中国社会转型包括社会结构转型和社会体制转型,社会结构转型是从农业的、乡村的、封闭或半封闭的传统型社会,向工业的、城镇的、开放的现代型社会的转型;社会体制转型是由缺乏效率的计划经济体制向高效率的自由的市场经济体制的转换。② 两种转型使结构冲突和体制摩擦交织在一起,形成了大量的社会问题。社会结构的变化还表现为社会格局的变化。在城镇化进程中,城乡二元结构使城乡经济发展失衡,使城市居民和农民形成了两个具有各种利益诉求的群体。社会福利的分配体制都是基于种种二元结构之上进行的,这种基于二元结构基础之上的社会转型导致了诸多问题。首要问题是社会结构中形成了一个庞大的底边阶层,且这个底边阶层包括国企改革的下岗职工、进城务工的农民工、失地农民、房屋被拆迁居民、库区移民等。③ 他们在改革中自身利益受损,社会声望和地位下降,成为改革代价的承受群体,心理上存在着分配不公感、机会不公感、起点不公感、参与不公感和话语权不公感等。当然受金钱至上、急功近利等西方错误价值观影响,社会心态上有"命苦怪政府,点背怪社会"以及"端起饭碗吃肉,放下饭碗骂娘"的心理的人也不在少数。所以说中国的社会转型为集体行为的发生提供了温室,造就了底层民众对于强势阶层的仇视心理,如仇官、仇富、仇警等。

在"房姐"事件中,网民们通过舆情信息了解到,龚爱爱的致富历程,是与城镇现代化相伴的,是与社会改革步调一致的,是与神木这座城市几年间财富的迅速扩张息息相关的。在神木县社会转型的过程中,以政府为代表的城市和以龚爱爱为代表的富人们是改革的受益者,大部分底层民众却没有获得相对应的

---

① 转引自:宛恬伊. 虚拟社会的集群行为:基于四个网络事件的分析[J]. 青年研究,2010(4).
② 郑杭生. 60 年,中国社会是怎样转型和发展过来的[EB/OL]. [2009 - 09 - 24]. http://www.sociologyol.org/yanjiubankuai/fenleisuoyin/fenzhishehuixue/fazhanshehuixue/2009 - 09 - 24/8787.html.
③ 董敬畏. 加值理论与群体性事件——对近年来中国社会群体性事件的反思[J]. 未来与发展,2012(7).

收益,不能成为利益共享阶层。地方承包煤矿或者煤矿入股,投入1个亿,第二年就能收获2个亿,致富速度惊人。据《中国民间资本投资调研报告》统计,神木县资产过亿元富豪人数达2000人之多。神木的房价飙升始于2007年,从当时的三四千元一直涨到了2万元,虽然之后有所下降,但仍达到一万五六。就算神木县底层民众的收入足以支撑如此之高的房价,但我们需要明白,这一网络舆情事件是面向全社会的,全国其他地区的底层民众的收入水平明显要远远低于房价水平。在这次舆情事件中,即使龚爱爱等人的致富经历是合法的,网民们仍能在心理上感觉到不公,会带入自我的主观意识,怀疑甚至否定他们,最后乃至怀疑政府。当然,案例中龚爱爱存在的诸多违法问题,提高了网民对舆情事件的关注。

第二,虚拟结构性诱因——网络媒介环境。网络技术的发展造就了全新的媒介地理环境,为信息传播结构注入了生机,也使传统媒介的时空结构发生了很大的变化,尤其是对电子技术形成的空间偏向性强于时间偏向性的失衡现象进行了有效弥补,即传播者与受众的空间距离和时间距离不再是我们需要考虑的问题。互联网改变了信息传播的场所、时间、方式,而网络舆情行为,作为一种通过互联网表达和传播各种不同情绪、态度和意见的集体行为,也随之发生改变。互联网拓展了舆情表达与覆盖的领域,如BBS论坛提供的话题交流平台,博客和个人空间为展示自我、建立网络圈子提供了窗口,微博客、微信等成为信息发布、新闻爆料的平台,等等。互联网新技术延伸的微博、微信等微信息发布平台将时间的非线性、碎片化优势发挥到极致,实现了点滴信息不断汇集成海量信息的目的。在网络创造的虚拟环境下,所有专业媒介机构面临的场景从全景变为了共景,传播主体与对象之间的关系变得透明公开,信息捂不住、拖不住、关不住。在这种网络媒介环境下,网民和新媒体成为网络集体行为的重要参与者和发起者。

在"房姐"舆情事件中,网络环境赋予网民和媒体表达自我观点、实时性发掘隐藏信息的能力,使网民能够和敢于表达自己对于政府的不满情绪。如网络环境的匿名性和"缺失社会情境暗示"的特点,一方面会降低人们的社会责任感和自我控制力,导致情绪失控、态度表达偏激或攻击性增强等现象;另一方面,匿名性也为人们提供了一个平等表达和实现自我的公共话语空间,这反而会增加人们的责任感和控制力。现实的结构性诱因则是网民对"房姐"事件如此痛恨的根源。

(2)社会结构性怨恨、剥夺感或压迫感。现实社会结构的转型会使部分相对失利群体产生相应的结构性紧张、怨恨、剥夺感或压迫感。西方社会学的崩溃理论认为,由于社会系统出现了结构性的变化,个体会感知到挫折感、被剥夺感等社会危机,社会结构的调整以及各种社会政策制度的变化在挫折感和被剥夺感的影响下使得不同的利益群体对社会产生各种不满,进而引发群体性的矛盾和冲突。网络环境下,现实的社会结构与状况仍是刺激中国民众通过舆情表达来解决问题的深层次根源。其一,社会存在决定社会意识,舆情的产生是人类物质生活和生存的需要和产物;其二,中国处在社会转型巨变中,不同地区、行业、阶层、群体之间的交往、交流、交锋频繁而激烈,前所未有、层出不穷的新现象、新问题、新矛盾等舆情客体也不断刺激着中国的网民表达意见、发表言论。社会转型带来最直接的变化之一就是社会各阶层的分化,这也与舆情的生成演变密切相关。由于城乡长期分隔,中国的总体社会结构,既不呈"橄榄形"也不呈"金字塔形",而呈现为一个"倒丁字形"(inverted T-shaped social structure)。在"倒丁字形"结构造成的"社会结构紧张"中,不同的社会阶层(主要包括新的社会阶层与传统社会阶层),各个现实利益群体以及二元对立群体之间有着相对独立的角色、利益,他们之间巨大的需求差异导致了各种冲突与纠纷的发生,而由此引发的不同群体的态度、情绪、情感等构成了舆情的显性内容。

在城镇化进程中,社会阶层不断分化,各种社会现象推陈出新,各种政策指令变化多端乃至朝令夕改,易让人缺乏安全感和信任感,尤其是那些新兴底层民众("蚁族"、农二代、城市打工者和小手工业者等),他们在现代化过程中处于被边缘化的状态,面对诸多不确定因素,特别是过高房价和通胀压力时,通常持否定一切官方政策的想法。从其对网络舆情的影响看,相较于父辈,新兴阶层的价值取向多元,期望值高,利益诉求表达强烈,运用网络的能力较强。因而当体制内民意表达与参与渠道不畅时,他们能够熟练地运用网络,低成本、低风险、短时间汇聚网民的情绪,将这种情绪(尤其是负面的)放大,使网络泄愤事件频繁发生,使网民产生否定一切、质疑一切的焦虑感和不信任感,不满情绪弥漫整个网络。

在城镇化进程中,新旧规范和新旧体制同时在起作用,贫富分化愈加明显,不同阶层的人(尤其是弱势群体)很容易在心理上产生自己权益被他人侵占、剥夺的感觉。这种心理如得不到及时疏导,则可能引发对社会的强烈不满,出现反社会行为,危害社会稳定。在"房姐"事件中,来源于底层民众的网民,他们所感受到的被剥夺感来源于:煤炭资源本应为全民所有,所获利益也应该广济于民,但在现实生活中得不到理想的期望值;越来越多的漂族们想在北京或其他大都市奋斗出自己的一个家,为了一个户籍、一间可定居的房屋,他们拼搏了几十年都不一定能成功,"房姐"可以轻而易举地拥有几十套房子,甚至连法律严格控制的户籍也有数个。这些不得不让底层的民众怀疑社会和国家是否存在公平,必然会产生相对剥夺感和压迫感,甚至绝对的剥夺感。

(3)一般化信念——网络共同的心理或情绪。"一般化信念"指人们对自己的处境形成的某种共同的集体信念,或人们对特定问题的原因及解决方式所形成的共识。网络舆情作为一种特殊的集体行为,所包含的网络心理或情绪不同于斯梅尔塞的有序的、可预见的"一般化信念",而是主要涉及网民在网络传播环境下所形成的心理特征。网民可以分为个体网民、群体一员的网民以及同一指向性网民群体三种类型。在"房姐"舆情事件中,网民虽然观点存在差异,但大部分观点的指向性很明确,即政府,因此我们从网民群体心理视角出发进行分析。

相比现实社会,网络空间中更易发生群体极化现象,"在网络和新的传播技术的领域里,志同道合的团体会彼此进行沟通讨论,到最后他们的想法和原先一样,只是形式上变得更极端了"①。针对龚爱爱拥有4个户口、几十套楼房,是银行副行长(已离职)、人大代表等敏感问题,网民们普遍会联想到官商勾结、政府腐败,进而把个别政府人员的不法行为扩大化,形成政府不可信、社会不公平的共同心理。榆林市地方政府在舆情初期采取"鸵鸟政策",处置不当、不及时处置,网民们认为事件背后隐藏着"猫腻",致使在对舆情事件进行立案调查后,网民们形成不相信当地政府可以公平公正地处置问题的心理。最后,榆林市中级人民法院依据法律条文和相关证据,对龚爱爱进行了公正判处,专案组介绍其资金主要来源于参与煤炭经营收入、房屋租金、工资收入和个人借款;未接到关于龚爱爱非法集资、非法吸收公众存款以及合同诈骗的举报,未发现其他犯罪线索。但有部分网民仍认为政府存在包庇,存在避重就轻的嫌疑。类似的事件还有2002年的"永隆大酒店女服务员坠楼"事件,群众产生了普遍的愤怒和对当地政府不信任的情绪。

(4)触发性事件——网络舆情导火索。触发社会运动的因素或事件是集体行为的导火索,当人们不满足现有讨论或其他目前存在的条件时,偶然事件或传言通过提供具体刺激的方式,使普遍的情绪向现实的行动转化。网络空间

---

① 凯斯·桑斯坦.网络共和国:网络社会中的民主问题[M].黄维明,译.上海:上海人民出版社,2000:50-51.

信息海量,加之网民注意力有限等因素,决定了只有背后有深层次的社会根源和价值逻辑的代表议题,才会由网络放大表达,引发不同强度、不同指向的网络舆情。

网络舆情源于现实社会,因而成为网络代表性议题的触发性事件主要存在于社会结构风险领域。学者刘能较全面地概括了触发性事件的常发领域(图2-6)。喻国明认为,社会公共安全等社会民生、官员违法乱纪等行为、政府行为不当和明星事件成为整个社会关注的主要核心领域和社会心理的"痛点"。人民网舆情监测室对2013年3月至2014年3月的全国舆情事件进行分析梳理,选取了100件热点舆情案例作为研究样本,其中,与反腐相关的舆情事件(20%)成为年度最受网民关注的事件类别,司法案件(10%)和灾害事故(10%)等类型的舆情也备受社会各界关注,其余还包括公共卫生、恐怖袭击、政策争议、网络谣言、社会道德、经济事件、媒体事件和领导人形象等,也就是说与政府直接相关的网络舆情事件占50%以上(图2-7)。"房姐"事件本身蕴含反腐,又涉及司法案件,还涉及政策争议、经济事件等内容,成为网民关注的触发性事件就成为必然。

触发性事件要获得网民的关注、诱发网络舆情的产生,必须具备一些刺激性特征和条件。冲突性:"房姐"事件的主体涉及同类带有负面色彩的典型主体,如官员(人大代表、榆林地方政府)、警察(造假户籍民警)、富人(41套房产,价值几十亿)等,形成了"逢官必闹""逢富必究"的网络舆情行为;超长性:龚爱爱为何能有如此之多的户籍和如此之多的财产,激起了网民探求真相的欲望和心理,而在追逐"房姐"事实真相的过程中,网络的多媒体呈现形态和交互性的讨论方式吸引越来越多的网民参与;戏剧性:具有戏剧性效果的网络舆情事件总是更容易引发网民的关注和热议,并且由于网络时代信息的爆炸式增长,那些具有戏剧性效果的事件往往会被贴上简短标签,如"门""史上""最牛""哥""姐"等,以适应网民的快餐化消费,而这也是戏剧性事件成功获得网民的关注、成为长期持续热点议题的重要原因。"房姐"事件不仅有戏剧性,而且和"房叔""房婶""房媳"等话题相连接,共同构建起网民的心理求知欲。

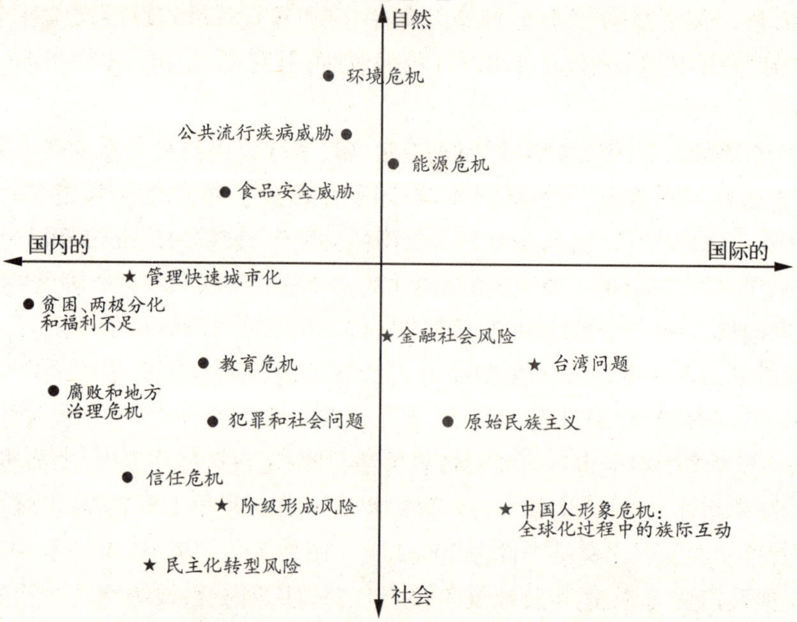

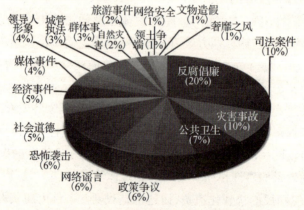

图 2-6 当代中国社会面临的结构性风险和挑战：一个预测性的总结①

图 2-7 百大社交媒体重大舆情事件类型分布

资料来源于人民网舆情监测室

（5）有效的社会动员——新旧媒体与意见领袖。网络集体行为需要有效的行动动员。动员者通过宣传、示范、渲染、暗示等方式，强化结构性紧张和普

---

① 刘能.当代中国群体性集体行动的几点理论思考——建立在经验案例之上的观察[J].开放时代，2008(3).

遍情绪阶段形成的认知与态度,使参与者对某事的态度转化为对某事的具体行为,并在互动的过程中形成临时的群体性的规范与规则,动员、组织、指导和规范参与者的目的和行为。①

第一,"房姐"事件中新旧媒体的互动。在"房姐"事件中传统媒体与网络媒体的互动较为明显,二者相辅相成,确保事态朝着有利于公众舆论的方向演化。16 日,"房姐"事件首先是在网络论坛上爆料,引发小范围关注。这时对"房姐"事件的认知处于个体事件的网络讨论扩散期,之后才出现网络媒体大范围的跟踪报道和转发。不仅如此,微博平台也处于发酵期,微博被转发评论 8000 余次,几家媒体微博也对此事进行了传播。17 日,光明网等主流网络媒体进入后,商业媒体纷纷跟进,使事件关注度快速升温。20—21 日,央视、地方卫视、《广州日报》《钱江晚报》《京华时报》等传统媒体纷纷发表评论,引起社会更广泛的关注,同时微博的关注量也不断上升。"房姐"事件中,社会的关注和媒体的不断跟进报道形成了聚涌效应,促成事件的顺利解决。22—23 日,北京警方开始调查,并成立调查组。至舆情开始平复之时,《京华时报》爆出其共有 4 个户口的信息,使得舆情再度发酵、升温。媒体爆出"房姐"有 4 个户口后,在微博上众多实名认证用户纷纷吐槽,加之媒体微博的传播,使得 22 日事件的关注度又呈现一个峰值。

第二,意见领袖的作用。"房姐"事件中,媒体微博引导微博平台的舆论,仅有少量的"大 V"参与。意见领袖和草根用户对"房姐"事件进行了原创性发言(57026 条),而 84% 的网民则是转发了意见领袖的原创观点(239738 条),起到了推波助澜的作用。在"房姐"事件中,意见领袖数量不多,发言次数不多,却主导网民意愿,引领舆情潮流。和一般舆情事件中意见领袖为个人所不同,"房姐"事件中网络意见领袖是主流传统媒体的微博平台。因此可以说,"房姐"事件是由传统媒体以及主流媒体对事件的跟进报道共同塑造了主流民意。

(6)社会控制能力。前网络时代,社会控制旨在对某些特定信息(如违背国家法律法规、危及社会公共安全、违背主流社会价值取向或者损害组织利益等)进行选择性过滤,确保普通民众与此类信息绝缘。一般来讲,控制了信息的源头即意味着控制了舆论的主导权。但在互联网时代,网民个体的交织性和网络信息走向的不可预测性决定了"把关人"无法对特定内容信息适时有效地把握和控制。因此,理论上讲,各类形形色色的信息、言论、思想均可以绕过政府、

---

① 赵鼎新. 社会与政治运动讲义[M]. 北京:社会科学文献出版社,2006:65.

媒介机构的把关,得以在网上直接呈现,网络把关人的作用有一定程度的削弱。然而当舆情信息内容涉及国家安全、稳定大局等时,信息的传播渠道还是会被技术手段所过滤、隔断。在"房姐"事件中,由于事件本身不属于特殊类事件,因而社会控制力量相对较弱,网络媒体、传统媒体和网民都能畅所欲言地发表自己的观点、看法。

三、处置网络集体行为要从源头抓起

网络集体行为是政府在网络社会经常会遇到的危机,尤其是近年来中国进入了网络集体行为的高发阶段,网络集体行为虽然没有产生现实性群体事件,但多发趋势严重影响了中国社会的稳定。如果网络集体行为处置不当,将引发一系列的社会问题,尤其是政府不当行为引发社会大众对政府的不满而产生的网络舆情事件。合理有效处理网络集体行为,要从源头抓起,充分了解网络集体行为的诱发因素,这样做有助于我们预防该类事件的发生,在网络集体事件发生初期将其扼杀,维护社会稳定。在城镇现代化的大背景下,"房姐"事件引起舆情极大关注的原因在于社会利益的分配失衡、政府相关人员的违法违规和政府某些政策与社会现实的脱节。

第三节 适应新型城镇化战略的网络舆情管理

一、网络舆情管理的必要性——基于新型城镇化战略

马克思的唯物辩证法认为万事万物都存在两面性。同样,网络舆情从一开始就表现出矛盾的双重性。一方面,网络舆情信息传播速度快、互动性强等特点较之于传统舆情传播优势非常明显。特别是对一些重大事件和突发性事件的传播,优势更突出。网民发表自己的意见,甚至影响事件的发展趋势。但另一方面,网络舆情的弊端也不容忽视,网络谣言、网络恶搞和网络强暴等行为同样给人们带来了很大的困扰。网络舆情的"议程设置""把关人"等程序不如传统舆情严格,这就给一些信息造假者和谣言传播者提供了天然的舞台。一些网民在网上披露隐私、散布谣言、进行偏激和非理性的谩骂与人身攻击等,还有一些低级庸俗、淫秽色情、虚假欺诈等有害信息在网上不断出现。特别是当突发事件发生时,一些流言、谣言和虚假信息危害网络信息安全,扰乱社会秩序,严

重影响了社会的稳定。这就需要以政府为代表的网络舆情管理主体在深入了解、管理网络舆情的同时,加大对不法网络舆情的打击力度。

在新型城镇化进程中,政府注重网络舆情管理的原因,除去网络舆情本身对于城镇社会的双重性影响外,还在于科学化的网络舆情管理符合新型城镇化战略核心——人的城镇化,在于网络舆情管理是责任政府的体现,在于网络舆情管理有利于新型城镇化发展。

(一) 网络舆情管理与人的城镇化的关联性

在城镇诸要素中,人是城镇的主体。基于城镇的基本功能,城镇化发展的最终目的是为城镇居民营造舒适的生产生活环境,全面提高居民的生活质量,满足居民不断增长的物质和文化需要。新型城镇化战略以人的城镇化为核心,改变传统城镇化战略"重物轻人""见物不见人"的现象,实现产业结构、就业方式、人居环境、社会保障等一系列由"乡"到"城"的转变。在城镇化进程中,要切实贯彻新型城镇化战略就必须合理引导人口流动,有序推进农业转移人口市民化,稳步推进城镇基本公共服务常住人口全覆盖,不断提高人口素质,促进人的全面发展和社会公平正义,使全体居民共享现代化建设成果。

1. 要实现上述新型城镇化的战略要求,突出人的价值,就必须把握"人"的意向

网络舆情管理的对象是网络舆情,而网络舆情的发声主体是社会大众,因而网络舆情在很大程度上说是民意的反映。在网络舆情事件中网民的情绪波动较大,诉求强烈、坚决,但都是具体针对某一具体事例、某一项制度、某一个特殊人物、某一地域的,属于"就事论事",即使存在上升到全局高度的情绪,如对政府表达出不信任,对关于腐败现象的深恶痛绝,对利益分配的不满,也没有完全否定当前的经济和政治制度的合理性,当然除却少数恶势力的煽动舆情。网络舆情易引发虚拟和现实性群体事件,对社会稳定造成巨大的损害,但政府在网络舆情的应对方式上仍会选择管理手段,原因就在于,网络舆情总体上反映的是人民群众内部各个社会阶层之间的利益博弈。

2. 网络舆情的多发领域与新型城镇化战略所要解决的问题有着惊人的一致性

城镇化过程中,我们在政治、经济、文化等方面都取得了可喜的成绩,但是,在加速城镇社会经济发展和结构转型的过程中,也累积了很多社会矛盾和社会问题,例如企业改制、房屋拆迁、土地征用、教育改革、社会保障、环境保护等领域的诸多问题,且未随着传统城镇化的深入推进得到圆满的解决。城镇社会经济的发展和社会结构的调整过程中,原本深埋的社会矛盾逐渐浮出水面,并集

中表现为民与官的对立、贫对富的敌意、中西价值理念的碰撞等。新型城镇化战略的提出就是为了解决社会的诸多问题、矛盾。新型城镇化战略需要解决的问题主要包括城乡分割的户籍管理问题,土地流失、收益分配问题,家庭式社会保障问题,产业结构匹配问题,人口流转问题,部分地方政府问题(观念落后问题、腐败问题、执法行为不当),等等。从《中国社会舆情年度报告》(2013)中可知网络舆情的多发领域是社会民生(收益、就业等)、反腐倡廉、涉警涉法(政策的具体执行等)、文化教育、社会安全、公共卫生和时事政治等。网络舆情反映出网民们对于社会政治、经济、文化公平等话题的关注背后是利益的相关性。正是网络舆情管理与新型城镇化战略面临问题的惊人一致性,使网络舆情管理显得尤为重要。

(二)城镇化进程中政府作为社会管理主体的责任的体现

中国政府追求的是成为负责任的政府。《布莱克法律辞典》(*Black's Law Dictionary*)对"责任政府"的解释是:"这个术语通常用来指这样的政府体制,在这种政府体制里,政府必须对其公共政策和国家行为负责。当社会对其投信任票或他们提出重要政策遭到失败,表明其大政方针不能令人满意时,他们必须辞职。"张成福教授在《责任政府论》中认为,负责任的政府既是现代民主政治的一种基本理念,又是一种对政府公共行政进行民主控制的制度安排。作为民主政治时代的一种基本价值理念,它要求政府必须回应社会和民众的基本要求并积极采取行动加以满足;政府必须积极地履行其社会义务和职责,必须承担道义上的、政治上的、法律上的责任;政府必须接受来自内部的和外部的控制以保证责任的实现。① 责任政府的责任客体是社会大众。依据人民主权的理论,政府的权力来源于人民的让渡和授予,人民有权对政府行使公共权力进行监督,对政府的履责状况进行评判,对政府的责任缺失进行追究。在互联网时代,大众对公权力进行监督、对政府进行批评和追究的主要体制外方式是网络监督,即网络舆情的形成。网络舆情的内容是丰富多样的,但是网民关注的重点公共舆情事件,包括社会事件、社会问题、社会矛盾与冲突、社会运动等,其重中之重是公权力的正确行使和领导干部的廉洁奉公,因而网络舆情给人最深的印象是直接揭露政府行为失当、官员行为失检和职能履行不当等。作为一个负责任的政府,需要依据网络舆情,尤其是反映自身问题的网络舆情反馈及时做出自我

---

① 张成福.责任政府论[J].中国人民大学学报,2000(2).

的修正,改善自身的行为。在城镇化进程中,地方政府作为社会管理的责任主体,需要对网络舆情进行回应,但面对无序化、极端偏激化、谣言化的网络舆情,政府需要发挥管理主体的责任以实现网络舆情管理。政府作为全心全意为人民服务的公共管理主体,有责任、有义务处理好网络舆情产生的危机,从而减少社会动荡、保证人民的知情权、提高政府公信力。

(三) 科学化的网络舆情管理推动新型城镇化发展

在中国新型城镇化进程中,网络舆情的产生和走向与现实城镇社会的发展走向和内在矛盾有着直接关联。科学化的网络舆情管理利于社会矛盾的疏通,推动新型城镇化的发展。在新型城镇化进程中,加强对负面网络舆情的管理,有利于建立符合网络时代潮流的法律规范和道德准则,重构城镇正向社会文化思潮,尽可能减少网络谣言、网络暴力和网络诽谤等负面舆情发生的土壤,实现文化的新型城镇化;有利于改变地方政府应对负面网络舆情的滞后性,避免部分地区、部分人引发的官民矛盾所产生的社会情绪的滋生,及时预防和处置可能发生的网络舆情事件,提高城镇居民对政府的满意度,维护政府的合法性,推动新型城镇化发展的政治稳定。城镇政府对于反映真实民意的网络舆情的管理有利于建立广阔的官民交流平台,达成听取民意、传递政声的目的。如在城镇建设和开发区建设中,因涉及农民征地、青苗费、房屋搬迁等,发生通路通水通电、圈地筑墙等一系列问题,而出现损害农民切身权益的事件时,如果政府不能及时了解和安抚,则可能导致加大官民矛盾,引发群体性事件。但如果地方政府能够通过网络,通过网络舆情的管理及时了解现实状况,了解失利农民的真实想法,并在现实中快速地疏导或补偿,那么在避免冲突性事件发生的同时,易于维护城镇社会的稳定。

二、新型城镇化战略下的网络舆情管理

新型城镇化进程中,以地方政府为代表的公权力机关如果依然将互联网视作洪水猛兽,视网络舆情为畏途,无疑就会将虚拟社会的主导权拱手让出,甚至会直接影响到在现实城镇社会中的执政能力。当前网络舆情已经成为网络时代政府管理的一项重要任务,也是新型城镇化时期提高政府执政能力的一个重要方面。

(一) 加强网络舆情的法律制度管理建设

目前,中国正处在社会大变革时期、新型城镇化加速时期,社会变革带来社

会结构的深刻变动和利益格局的深刻调整。社会转型、结构变动所形成的利益格局失衡加剧社会冲突，引发公共事件，进而发展成网络舆情。因此，必须进一步强化政府的网络舆情管理能力，加大社会保障、就业、医疗、分配、教育等社会公平政策的调整力度，通过制定相应的法律法规来解决因结构性调整而造成的各种社会问题和矛盾，维系基本的社会公平和公正，这样才能从根本上减少和避免负面网络舆情的发生。

1994年以来，中国颁布了一系列与互联网管理相关的法律法规，主要包括《全国人民代表大会常务委员会关于维护互联网安全的决定》《中华人民共和国电子签名法》《互联网信息服务管理办法》《中华人民共和国计算机信息系统安全保护条例》《信息网络传播权保护条例》《关于加强网络信息保护的决定》《互联网新闻信息服务管理规定》《互联网信息服务市场秩序监督管理暂行办法》等。整个互联网法律体系缺乏权威性的法律依据，权力交叉、责任不清问题时有发生，往往出现立法落后于互联网发展、管理脱节现象，尤其是缺乏关于专业网络舆情管理的法律法规。现行相关的法律法规中的条款很多并不适合网络，刑法及知识产权法中的关于网络犯罪的法律规定也不够清晰和明确，无法实现对网民、网络组织的权利和安全的保护，有碍于网络舆情监督的顺利开展。已有法律法规未对如何规范网络舆情进行明确而详细的规定。现行关于网络舆情管理的法律法规在如何保护公民隐私权、如何进行信息公开、如何正确行使权利与义务等细节方面还存在制度欠缺。已有法律对网络舆情如何正确发挥其监督职能，没有具体的可行性规定，以网络对司法过程的监督为例，关于网络监督的权利、程序和责任等都缺乏具体的法律依据，所以需要对网络舆情和司法过程的关系从制度上、法律上进行规范和明确。

1. 进一步完善相关网络舆情管理法律

在网络舆情立法的价值取向上，要体现网络秩序和网络政治参与自由之间的协调和平衡，既要保障公民正常的网络政治参与的权利，又要严厉打击网络犯罪行为。在网络舆情立法的现实取向上，立法机关应该认真研究网络舆情发展的新情况、新特点，结合城镇化进程中存在的问题和矛盾，加快立法进程，提高有关法规的层级和知晓率，为网络舆情的健康发展提供可靠的法律保障。完善网络立法，系统、有序地调整网络舆情的法律体系，特别是通过立法，将司法机关、网络媒体、网民等网络主体的权利、义务和责任以法规形式加以明确规定，比如强化网络经营者的责任，网络经营者应对其主动发布的资讯、信息内容的合法性和信息来源的可靠性进行谨慎核实，如果未尽到谨慎义务而发布了侵权信息,应当承担法律责任。我们在不断完善实体法的同时,需要通过法律手段保障法律政策的具体落实。涉嫌违法的网络舆情由公安部门予以严厉打击,其他类型的网络舆情则需要技术控制和人工把关相结合来实现舆情管理。

2. 吸收借鉴发达国家网络舆情管理的经验

网络舆情的负面效应不是特例,世界各国政府无一例外地对互联网衍生出的负面问题深恶痛绝,而依据法律法规对互联网实施必要的管理,对威胁国家网络安全的互联网犯罪予以坚决打击是世界各国的通行做法。比较有代表性的网络舆情管理模式有美国施行的自我控制型网络管理模式,英国施行的"监督而非监控"网络管理模式,新加坡施行的法治严明、秩序为先型网络管理模式,法国施行的政府和行业共同管理的同时更强调自律的模式,德国施行的严格执法型网络管理模式,澳大利亚施行的管制与自律并重的同时更强调管制的网络管理模式,韩国施行的突出管制型网络管理模式,等等。①

以德国为例,德国是发达国家中较早通过立法来监管网络不良言论传播的国家。1997 年出台的《信息和通信服务规范法》规定,网络运营商要对自己提供的信息内容负责,有义务制止通过网络传播违法内容,还要对其用户上网的数据保留一段时间。而"警方和安全部门为了打击犯罪和保护国家安全,经过一定的法律程序也可以向网络运营商索取相关用户上网信息,网络运营商必须依法提供"②。而且,在德国还严格实行网络实名制,要求民众在接入互联网时,必须向运营商提供必要的个人信息。

英国近些年因网络言论不当遭起诉的司法案件不断增加。英国公共检控署为此制定了处置网络语言暴力的指导原则,旨在保证公民享有最大限度的网络言论自由的同时,遏制网络威胁和侵权。为了进一步加大对公民私人信息的保护力度,欧盟还成立了专门的"欧洲隐私标志"(EPS)认证机制。这一认证机制为私人信息数据的转移和使用提供了法规依据,也易于了解各成员国对私人信息保护工作的整体进展情况。2012 年 1 月,欧盟还提出有关个人信息保护的建议方案,对 1995 年颁布的《数据保护指令》中所规定的保护隐私原则和内容修改进行更新,更好地适应网络技术发展的现实。

3. 提升网络舆情的技术管理

目前网络舆情内容管理和控制的最常见技术手段就是对网络内容进行分

---

① 张小罗. 论网络媒体之政府管制[M]. 北京:知识产权出版社,2009:113 - 159.
② 王怀成. 针对网络违法行为德国早就立法监管[N]. 光明日报,2011 - 04 - 22(08).

级与过滤。虽然网络舆情技术无法完全实现网络舆情管理,但是其作用是不可忽视的。当前,使用网络舆情信息过滤软件是比较有效的办法,其屏蔽程序能将那些破坏社会安定团结、煽动危机、明显反动、恶意中伤他人的不良信息屏蔽于网民所能获取的范围之外。

(1) 最大化发挥已有的网络舆情管理技术。中国的网络舆情技术管理最初是由论坛服务商和版主进行人工把关,对所有用户的论坛言论进行把关审核的。目前,几乎所有的论坛都采取了信息过滤技术,对在论坛上发表的舆论内容进行过滤。经过数年的努力,中国的网络舆论的技术管理已经发展到了一个比较成熟的阶段,主要包括 IP 地址阻断技术、防火墙技术、过滤技术、数字认证技术和其他网络控制技术。新华社的"发展论坛"和人民网的"强国论坛"等网站推行的定时开放版主的运行模式,能将不适合发表的言论和垃圾短信屏蔽掉。他们将论坛分为"深水区"和"浅水区"以满足不同网民的需要。通过过滤软件也能控制和过滤手机移动互联网络舆情中的不实信息。入侵检测系统(IDS,intrusion detection system)作为一种过滤技术,是网络安全系统中不可缺少的部分,它能弥补防火墙系统对静态防御不足的缺陷,进行网址的过滤和网页内容的过滤,能够从计算机网络系统中分辨、滤出国家级网关设定的敏感信息,进而过滤网址和网页内容,监控网络不法行为,实现关口处封锁和过滤不实信息,有效预防不实信息的传播。

(2) 加强开发网络舆情管理新技术。网络舆情技术管理手段为我们有效管理网络舆情奠定了强大的技术基础,但也要认识到网络是一个快速发展的事物,已有的网络舆情技术管理手段相对于互联网的快速发展来说还有很多需要改进之处,因此网络舆情的管理要紧跟时代步伐。一方面是研发自主核心技术,掌握自主知识产权,建立专门的研究机构;另一方面是提高网络安全防卫技术的研发能力,加速研发网络安全技术、网络加密技术、数字签名技术、密钥密码技术等核心技术。通过研制和开发先进的防范病毒传播和破坏计算机系统的软硬件技术,对网上舆情内容进行甄别,将危害国家安全、破坏社会稳定以及淫秽色情等有害信息的网站予以屏蔽、过滤。当然,网络舆情管理技术的研发离不开物质的支持,更离不开网络技术人才的作用。

(二) 创新网络舆情管理工作机制

虚拟世界是现实世界的延伸,二者相互共通,这就决定了管理现实世界的一系列管理体系,经过创新和改革,同样适用于网络虚拟社会。因此,应以虚拟世界现实化为导向,构建一套现实化的网络管理体系。如针对城镇化进程中出现的网络舆情问题,一方面,可以参照现实社会的治安行政管理模式来管理网络社会的违法犯罪行为。比如,可由拥有渊博法律知识的实体社会群体担当网络虚拟警察,宣传网络法律法规,受理网络案件报警,维护网络秩序。另一方面,可以细化互联网的基本要素,将各类网络舆情还原为现实现象,对其进行现实化管理。如将虚拟网络世界的网站、论坛版主、网民分别对应为现实社会中的公共场所和社区、社区业主、流动人口,将现实社会的管理方式引入网络社会之中,由此清理管理盲区,有效管理虚拟社会的组织、社区和个人。

新型城镇化加速的过程,同样是网络舆情多发的阶段,而网络舆情的蓬勃发展,使科学应对网络舆情已经成为地方政府行政的重要内容。网络舆情管理与新型城镇化所面临问题的一致性、责任政府的内在要求和网络舆情管理对新型城镇化发展的现实意义决定了网络舆情管理的必然性。新型城镇化战略下的网络舆情管理需要从技术管理、法律制度管理和工作机制管理入手,三者相结合。除此之外,还可以从网络舆情信息管理沟通机制、民主管理模式、预警机制等方面对网络舆情进行管理。

第二部分

适应城镇化发展决策的网络舆情支持

第三章　政策主体角度的阐释

第一节　网络舆情推进公民参与决策

一、网络参与的决策意义

网络参政议政、微博问政等新事物的出现，是中国新媒体快速发展背景下公民政治参与领域的重要进展。新媒介化公民参与给地方政府公共决策系统带来了较大的冲击，地方政府进一步提高公共决策系统的开放性、进一步优化公共决策机制以吸纳公民参与成为政治生活领域的现实诉求。从1994年4月20日互联网正式进入中国开始，快速发展的网络作为一种科技力量，为公民参与尤其是政治参与提供了全新的生态环境。网络参与作为传统公民参与的有效补充，在现代中国地方政府治理创新中正发挥着越来越重要的作用。① 有数据表明，在中国，网络参与有指向公权力和政府决策的趋向。张淑华通过对2003年以来发生的重要网络新闻事件的研究发现，指向公共事务、政府决策的数量呈逐年增加趋势，私人性话题的重要网络事件相对较少。② 公民在通过网络参与政治的同时，也为政府决策带来了积极意义。

第一，提高政府决策的质量。政府全面掌握各方面信息是做出高质量的公共决策的基础。网络政治参与是网民借助网络这一载体，参与政治生活，借以表达自己的政治意愿、诉求自身利益、影响政策的制定或监督政策实施的社会活动，是政府和网民通过民主互动以期达到科学决策的一种政治举动。网络参政

---

① 顾丽梅. 网络参与与政府治理创新之思考[J]. 中国行政管理，2010(7).
② 张淑华. 网络民意与公共决策：权利和权力的对话[M]. 上海：复旦大学出版社，2010：65－70.

的直接性、便捷性特点,实现了公民和政府之间没有中间环节的沟通,实现了信息传递的高效化,改善了政治传导和反馈系统,有助于政府及时、准确地了解公众的意愿、要求和呼声,使决策更符合实际,更能体现民意。

第二,公民参与使公共决策的目标取向由对部分利益的维护转向对多元化利益的整合。公共决策实质是对社会利益的权威性分配。政府作为公共决策的主体,由于被赋予公共权力,会产生对普遍政策的具体操作和操纵。正如阿尔蒙德所说的:"一项普遍政策得以贯彻到什么程度,通常取决于官僚对它的解释,以及取决于他们实施该项政策的兴致和效率。"[1]政府不是一个超脱于社会各方利益之上的没有自身利益的组织,其特殊的地位又决定了它在进行决策的同时必然对自身组织及其成员的利益有所考虑,与市场决策过程中的"经济人"对利益最大化的追求相对应,不可避免地倾向于对自身利益的维护,这可能导致利益实现发生偏向而无法达到公共利益最大化。另一方面,具体的公共决策必然在短期内导致社会部分团体获益、部分团体利益受损。公民参与的不充分可能使公共决策受到特定利益集团的引导而片面草率行事或对决策后果估计不足,影响整个社会利益分配的平衡。公民参与从各自的切身利益出发,所形成的多元化利益的表达可以有效地遏制上述两种对部分利益的维护,从而提供利益整合的基础。

第三,增强政府决策的可接受性。充分的利益诉求表达是公共决策质量的重要保证,也是政府决策具有可接受性的前提。网络参与作为公民参与政治生活的新形式,体现了民主原则和人民主权的具体要求,推动了政府政策贯彻执行。一方面,公民通过网络直接参与政府决策的讨论和决定,增强公民对公共政策的认同感和使命感;另一方面,政府通过网络及时向公众公布政府信息,网络成为宣传介绍政府的各项政策和法规的新平台。网络政治参与以其特有的公平性和广泛性超越以往所有政治参与,拉近了政府与群众的距离,人民公仆与人民群众在网上进行直接对话,有助于听取并采纳民意,落实到决策中。公民利用网络参与政府活动,使那些与人民群众利益相关的社会问题迅速转化为政府议题,既消解了由政治不够民主引起的上访等政治不稳定的因素,又节省了政策执行成本。

---

① 冯友兰.中国哲学简史[M].涂又光,译.北京:北京大学出版社,1996:15.

二、网络舆情促进公民权利意识觉醒

在中国计划经济体制下,行政管理相对方的主体地位被漠视,行政权力无所不在,公民个人的权利意识无法正常发育。

2008年年底,《中国公民社会发展蓝皮书》认为中国已经进入了公民社会。公民社会这个概念来自于西方。哈贝马斯将公民社会与国家、经济相分离,并认为它们相互独立而又相互影响。中国的俞可平认为,把公民社会当作国家或政府系统,以及市场或企业系统之外的所有民间组织或民间关系的总和,是官方政治领域和市场经济领域之外的民间公共领域。公民意识是公民社会形成和发展的先决条件,它包括公民主体意识、公民平等意识、公民权利和义务意识。公民权利意识是指人格独立、平等、理性的公民对宪法和法律赋予自身的政治、经济、社会、文化权利的认知、主张和要求的意识,以及对他人认知、主张、要求的社会评价。公民对权利的认知,就是对自身应该享有的权利的认识和理解;公民对权利的主张就是依法行使自己的权利并当自身权利受到侵害时依法维护自身的权利;公民对权利的要求就是指在权利认知和主张的基础上公民对本应该享有而事实上没有拥有的权利的索取以及创设新权利的请求。公民权利意识是人们对实现其权利的方式的选择,以及当其权利受到损害时,以何种手段予以补救的一种心理反应。它要求社会成员在平等的法律地位上,对等地实现利益。当前,中国的公民社会取得了很大的进步,但就公民权利意识来说还需要进一步的发展。公民权利意识觉醒就意味着公民广泛参与国家政治生活的方方面面,建设社会主义民主政治。"公民权利意识的觉醒反映着人类政治文明进步的步伐,权利意识是民主政治的必然要求。"

2010年,十几家媒体联合起来发起对2009年的网络事件的网络调查,这一吸引了900多万网友点击的调查,选出了2009年十大网络事件。这十大网络事件,都是网络、主流媒体、社会公众互动共振的结果。与其说这是网络事件,还不如说是社会事件更准确一些。2009年的十大事件分别是:云南"躲猫猫",杭州"欺实马","贾君鹏"还没回家,邓玉娇赢得自由,上海"楼脆脆","钓鱼"也能来执法,周久耕"天价烟"惹怒网民,跨省追捕激起众怒,逯军"替谁说话"令人错愕,BT关停让网民无奈。这些事件都是现实的利益纠葛在网络上的投射,而其中所折射的权利缺失的焦虑使得网民们只得在网上表达自己的情绪。"躲猫猫"和"欺实马",都是对真相的追问,在知情权依然悬在半空的时候,网民们对不明真相的事件格外敏感。邓玉娇一案反映的社会情绪,是对滥用公权、恃强凌弱的愤怒。"楼脆脆"都能凭空倒下,"钓鱼"手法居然用来执法,怎么不让人无助和惶恐?"天价烟"只是一个符号,那些贪腐者扰乱社会秩序,寻租公众权利则是实质。跨省追捕针对的不只是王帅,在网络时代,每一个公民都可能惨遭迫害。"替谁说话"的骄狂和无知,藐视的是公众行使合法权利的能力。而BT的关停,则使得网民借网络排遣寂寞的路径受到了挤压。这些事件,多数是非直接利益冲突,网民们之所以"同仇敌忾"地发作,更多是因为感同身受,是对权利缺失的焦虑使然。正如年度汉字"被"所折射出来的意味一样,权利缺失的焦虑,使得网民的抓狂纠结成了一种情绪化的发泄。

从十大网络事件中可以读出网民权利缺失的焦虑,也看到了权利回归的趋势。随着网络舆论的力量越来越大,公民的权利意识开始觉醒,通过网络行使权利,并逐步从线上走到线下,公民权利真正落到实处。

近年来,中国互联网发展迅速,与政治经济和社会生活等方面的联系日益密切。2012年7月19日中国互联网络信息中心发布的《第30次中国互联网络发展状况统计报告》显示,截至2012年6月底,中国网民规模继续平稳增长,网民总数达到5.38亿;互联网普及率攀升至39.9%,较2011年年底提高1.6个百分点,2012年上半年新增网民2450万。迅猛发展的网络技术深刻地改变了中国民众的生活、学习和工作,同时也为公民关注、参与公共生活提供了直接的网络平台。可以深切地感到,公民对于政治生活、公共生活的热情极大高涨,小到街道建设,大到为"两会"献计献策。互联网的发展为公民权利意识的成长提供了契机。在虚拟网络空间中,网民展现出了极大的创造力。互联网具有的直接性、平等性、开放性、广泛性等特点,促使公民所享有的基本权利从法定权利转变为现实权利,从而极大激发了公民的权利意识。目前来看,中国公民的权利意识开始逐步增强。随着中国社会主义市场经济体制的不断健全,中国法律制度的不断完善,及完善后的法律制度在社会中运行的日益成熟,公民文化素质、法律意识的不断提高,中国公民权利意识处于非常好的发展机遇中。

目前互联网舆论的力量构成,主要分为民间意见领袖、市场化媒体、体制内媒体和政务微博四支力量。2013年的热点舆情100件中,我们发现首发曝光的媒介中,体制内媒体所占比例接近三成,市场化媒体约占1/4,而网民和网络认证用户通过互联网自媒体曝光的则接近半数(图3-1),但很多爆料是因为市场化媒体或体制内媒体的介入而迅速升级扩散的。

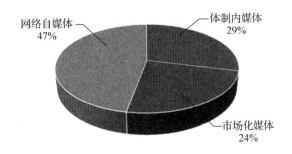

图 3-1　2013 年热点舆情 100 件首发曝光媒介所占比例

互联网为大众提供了信息互动平台，不断成长为新闻曝光、舆情发酵与传播的主要渠道。很多舆情事件更多是复合型的议程设置，民间意见领袖、传统媒体、草根网友常常形成"默契"，共同推动话题升温。

三、公众网络政治参与决策推动新型城镇化

新型城镇化是相对于传统的城镇化提出的，它要求从以第一产业为主向以第二、三产业为主转换；城镇化规模以及数量的扩大化；社会的文明化，包括生产方式、生活方式和文化理念的更新；同时更强调人口的变化，由农村人口向城镇人口转换，由农民向市民转换。这里的市民概念指的不仅仅是外在户籍身份的变化，更是指公民权利意识的觉醒，主动行使权利，参与国家政治生活。

当前互联网正处于一个新的发展应用的快速扩张期，互联网创新和普及应用的速度前所未有，网络技术更新周期越来越短。互联网的媒体化和深刻影响显示的特点日趋明显，大大拓展了人们获取信息的渠道和视野，增强了人们获取信息的主动性和选择性，极大地丰富了舆论传播的渠道，也丰富了公众参与政治生活的方式。

如今网民通过网络对国家大政方针、政治事件进行关注，发表自己对其的看法，参与政治事件的调查，甚至直接或间接影响政府决策的这一系列的与国家政治相关的活动，我们都可以称作网络政治参与。就其实质而言，网络政治参与实际是公民政治参与的一种新的形式。

网络是网民进行政治参与的工具。网民通过网络参与到国家政治生活中来，一方面是由于网民自身的诉求，另一方面也是由于网络的优势为网民提供了一个便利的诉求大平台。政府以通过收集网民对某一政治事件的意见，来调整和制定方针政策，使政策的制定更加完善。

公众通过网络参与政治具有以下特性。第一，参与方式上的直接性。网络

政治参与属于直接民主。基于网络中平等的主体地位、平等的政治权力、平等的参政机遇、平等的网络权利，网民可通过各种形式，直接对政治事务发表见解。第二，参与效度上的及时性。网络政治参与不受时空的限制，公众可以第一时间知道政策的背景、政策的动机、关系到的利益群体，根据自己的诉求做出反应。第三，参与主体上的多样性。网络政治参与主体以中青年为主，他们一般都比较成熟，素质比较高，是社会各个领域的骨干；还有就是高校学生，他们政治参与范围广泛，代表的利益呈现多元化特点。

哈贝马斯的公共领域理论认为，公众拥有共同关注的普遍利益，这种普遍利益超出了私人或集团利益；组成公众的每一个体应是"自愿地""自由地集合，可以自由地表达和公开他们的意见"，并且拥有一定的规模。

中国网络舆情热点主要分为四类。第一类是民生问题，包括房价、物价、教育、医疗、征地拆迁、环境污染、食品安全等；第二类是社会道德领域的问题，如"小悦悦""扶老人"等；第三类是涉法涉警问题，如"躲猫猫"、孙志刚事件、药家鑫事件；第四类是仇富仇官类问题。当前互联网表达民意的功能愈加突出，网民开始更加强烈地关注民生问题，网上对民生问题的讨论也规模空前。网民通过网络集中自己的意见，并指向公共政策和公权力，政府在网络民意压力下介入，从而做出有利于网民的新决策。如被誉为"基层民主建设的标志性事件"的乌坎村抗争事件，事件的爆发是在正式民意表达渠道不畅，转而寻求网络帮助的条件下发生的。在这种网络参与和公共决策、权利与权力之间充满冲突的环境下，从冲突走向协商并最终得到一个网民较为满意的决策，是公众通过网络参与政治的一项胜利，是新型城镇化建设过程中不可或缺的一笔。

新型城镇化的核心是"人"的城镇化，重点解决农业转移人口半城镇化的问题。正如李克强所说的那样，把符合条件的农民工逐步转为城镇居民，是推进城镇化的一项重要任务。当前中国大量农民工实现了地域转移和就业转换，但还没有实现身份和地位的转变，近亿生活在城镇的人还没有城镇户口并且不享有城镇居民待遇。很多农民工就业在城镇，户口在农村；劳力在城镇，家属在农村；收入在城镇，积累在农村；生活在城镇，根基在农村。这样就形成了典型的半城镇化，而要解决人的城镇化问题，就必须把户籍制度改革与土地制度改革有机地结合起来。

1958年1月中国颁布《中华人民共和国户口登记条例》，1977年11月国务院批转《公安部关于处理户口迁移的规定》，明确提出"严格控制市、镇人口，是党在社会主义历史时期的一项重要政策"，中国严格限制农村人口向城镇迁移的政策不断强化。1978年开始的中国经济体制改革首先启动于农村,而户籍制度改革滞后于经济体制改革却又首先启动于小城镇。20世纪90年代,中国户籍制度改革正式启动。中共十四届三中全会在《中共中央关于建立社会主义市场经济体制若干问题的决定》中明确提出改革小城镇户籍管理制度。而2000年以来开始大力推进户籍制度改革。孙志刚事件是中国传统户籍制度下的一个悲剧,同时也是具有里程碑意义的网络舆情事件。

孙志刚,男,1976年生,湖北黄冈人,2001年武汉科技学院(原武汉纺织工学院)艺术系艺术设计专业毕业,2003年春节后来到广州,案前任职于广州市达奇服装公司。3月17日,孙志刚因无暂住证在广州街头被带至广州天河区黄村街派出所。3月18日,孙志刚被黄村街派出所送往广州收容遣送中转站。之后,孙志刚称有心脏病,被收容站送往广州收容人员救治站。3月19—20日,孙志刚在救治站遭遇无情轮番毒打。3月20日,救治站宣布孙志刚不治死亡。4月18日,尸检结果表明,孙志刚死前72小时曾遭毒打。后来广州市公安局〔2003〕穗公刑法字4号刑事科学技术法医学鉴定书,证实被害人孙志刚系因背部遭受钝性暴力反复打击,造成背部大面积软组织损伤致创伤性休克死亡。4月25日,《南方都市报》以"被收容者孙志刚之死"为题,首次披露了孙志刚惨死一个多月却无人过问的前前后后。文章当天被各大网站转载,立即引起了强烈反响,《天堂没有暂住证》等网文广为传播,网络媒体作为舆论传播"放大器"的作用开始显现出来,孙志刚的纪念网站点击量逐日飙升,点击率仅次于SARS报道。网络上更是充满了对不合理制度的质疑,对人性恶与权力滥用的愤懑,对公平、正义、仁爱的呼唤。

孙志刚案在网络上引起了巨大反响。随着更多媒体的介入和更加广泛的社会关注的加入,网民的视线开始转向有关部门如何处理该事件。从法律专家到普通劳动者,从白发老者到在校学生,在网上发文,参与签名,表达自己的情感和情绪,呼吁相关部门查清真相,惩治凶手。这一方面推动了对案件的侦查和对相关人员的处理,另一方面引发了民间对已经走样的收容遣送制度的批评。2006年6月9日,孙志刚案在广州中级人民法院进行一审宣判,主犯被判死刑。6月18日,国务院总理温家宝主持召开国务院常务会议,审议并原则通过了《城市生活无着的流浪乞讨人员救助管理办法(草案)》,同时废止1982年5月国务院发布的《城市流浪人员乞讨收容遣送办法》。

备受关注的孙志刚案涉案人员受到了应有的惩罚,孙志刚案告一段落,由此引发的另一个更加深入的关于公民自由迁徙权的话题的讨论却仍在网民中进行。中国于 1954 年颁布的第一部《中华人民共和国宪法》第 90 条曾明文规定，公民有自由迁徙和居住的权利。1958 年《中华人民共和国户口登记条例》颁布，正式确定了户口迁移审批制度和凭证落户制度。1975 年，修正的《中华人民共和国宪法》为了"适应"当时计划经济时期下的经济政治制度而取消了公民迁移自由的条款，1978 年及 1982 年修正的《中华人民共和国宪法》都没有恢复公民迁徙自由权。随着国家户籍制度改革的推进，"迁徙自由权"的问题备受关注，近两年的全国人代会上，不断有代表提出议案。孙志刚一案引起举国关注，也正表明对这一问题的根本解决已经刻不容缓。孙志刚事件只是流动人口遭遇的一个典型而极端的例子，大量的流动人口由于没有本地户口，子女的受教育权得不到保障，许多大城市都发生过民工子弟学校被政府关停的事件；而更多的流动人口则受到来自包括就业、社会保险、居住等各方面的歧视，侵权事件屡屡发生。

孙志刚事件作为中国公民通过网络参与政治不可或缺的一笔，将永久地留在中国历史中，它开启了中国公民借助网络表达意见、行使权利的大门。孙志刚之死引发了公民对事件的关注，人们纷纷参与其中，推动了政策的修改和制定。深化户籍制度改革，引导农村劳动力的自由流动，促进小城镇建设，在新型城镇化建设过程中迈出了坚实的一步，夯实了政策基础。

第二节　意见领袖角度

在中国传统文化环境下，政府与网络舆论处于分离的状态，政府决策的做出也只是其体制内部的讨论与决定，将网络环境下的话语尤其是意见领袖的呼吁忽略。

一、什么是意见领袖

意见领袖(opinion leader)最早由美国学者拉扎斯菲尔德于 20 世纪 40 年代提出，"是指在人际传播网络中经常为他人提供信息、意见、评论，对他人施加影响的'活跃分子'"[①]，是其"两级传播理论"(two stepflow of communication)中

[①] Azarafeld, P. F. The people's choice: how the voter makes up his mind in a presidential campaign [M]. New York: Columbia University Press, 1948: 23.

的一个核心概念。网络意见领袖是指以互联网为主要活动场域和方式,能够给普通网民提供各种信息、意见和评论,能够对普通网民在某个领域提出的问题做出回应,在普通网民中有影响力,在特定时空条件下能够制造和引领社会舆论的一类人。① 网络意见领袖将微博作为主要媒介。据中国互联网信息中心发布的《第 30 次中国互联网络发展状况统计报告》,截至 2012 年 6 月底,中国网民已突破 5.38 亿,微博用户达到 2.74 亿,较 2011 年年底增长9.5%,网民使用率为 50.9%,比 2011 年年底增加 2.2 个百分点,相对于 2011 年的爆发式增长,当前微博用户规模已进入平稳增长期。不同的网络意见领袖在网络空间中对媒介的使用有不同的偏好,但随着微博用户的飞速增长,微博逐渐成为网络意见领袖的主要活动场。微博为人们创造了多功能的虚拟社区,对社会突发性公共事件形成快速反应,人们利用微博能很快抢到新闻报道制高点。网络意见领袖在微博中能够敏锐地挖掘社会热点信息,及时与广大网友进行交流互动,这就使得越来越多的网络意见领袖选择使用微博这一媒介。②

网络意见领袖对报纸、杂志、电视和网络的接触频度和接触量都远远高于和大于一般受众,所以意见领袖导致两级传播的产生,经由意见领袖再传播的过程可能"影响""小变化""强化""改变"了一般受众的决定。网络舆情推动了意见领袖在参政议政过程中权利的实现。意见领袖因其在网络中地位高,受广大草根群众推崇和信任,自然带有某种"为民请命"的使命感,往往会通过网络表达自己对政府的看法和意见。而政府与网络舆论的分离导致政府对民间网络舆论场的失控,并使一些网络群体性事件激化。官民两大舆论场的主角分别是政府和广大的网民,而真正起着决定性作用的是充当政府喉舌的新闻机构和网络意见领袖。群体性事件的激发,事实上演变为主流新闻媒体和网络意见领袖的对决。在某一负面信息或敏感信息出现时,意见领袖往往首先设置网络议题,也就是说最先发表自己见解的不是我们的政府和主流媒体,而是散布于各大论坛、贴吧的意见领袖们。政府和主流媒体表现出的缺乏互动、滞后、躲闪等无疑更加激发了矛盾,错过了把事件解决在萌芽状态的最好时机,进而失去了争夺网络话语权的竞争力,对民间网络舆论场也失去了控制。某一社会现象最终是否能够演变为舆论客体,被大多数网民关注,很多时候取决于意见领袖是

---

① 倪邦文.中国网络青年意见领袖的构成、特征及作用[J].中国青年研究,2011(9).
② 顾品浩,蒋冠.突发性公共事件中的网络意见领袖分析——以"杨达才事件"为例[J].情报杂志,2013(5).

否发动舆论。① 在中国的新型城镇化建设过程中,政府决策需要同时关注官民两大舆论场,尤其是重视网络意见领袖的意见和建议,建立政府与网络意见领袖的互动机制,形成良好互动局面,做出科学决策。官僚系统要加强社会学习,变"权力中心主义"为"权利中心主义",推动政策范式转换,使社会协商民主政策范式在官僚系统系统化、制度化,成为官僚系统治理群体性事件的主导范式。② 政府只有重视意见领袖,引导网络意见领袖的舆论导向,才能在城镇化过程中做到以人为本,按人的需求建设新城镇,真正做到人的城镇化。

第一,要分辨网络意见领袖。构建政府与网络意见领袖互动机制的第一步就是要准确地识别网络意见领袖。在互联网中担当意见领袖的大多是点击率较高、有较大影响力的专家学者、社会名流、文体明星、网络版主和网络写手等,他们是网络舆情激发的推动者。网络意见领袖主要分为两类:一类是传统的意见领袖,包括政府官员、专家学者、著名新闻记者等;一类是起于网络,带有很强的"草根"性的网民,他们原本不为大家所熟知,但通过网络表达对社会或某一具体事件的关心而成为政府和大众的关注焦点。

第二,引导网络意见领袖是关键。当前,中央领导和部分省市领导主动上网与网民互动交流,关注和重视网民的意见,应该说这些活动开启了互联网在中国政治生活中的新篇章。网络时代政府要想获得公众的认同与支持,就必须乐于倾听公众的声音,通过真诚对话达成共识。

我们要积极地和意见领袖展开对话,和他们平等对话,勇于揭露事情真相,回应意见领袖的诉求。网络意见领袖是批评者,也是建设者。一个成熟的社会,要能容纳他们,而不是将其视为洪水猛兽。③ 另外,我们要引导好既有的网络舆论领袖,特别是要尊重他们的相对独立性,求同存异。而少数偏激的网络意见领袖,他们倾向于利用网络泄愤,他们往往是少数"偏激声音"甚至是谣言的传播者,对于这样一批网络意见领袖,我们需要在谣言扩散之初就及时进行狙击,做好舆情的防控和预警工作,将谣言的扩散扼杀在萌芽状态。如果有可能,还要积极使这些网络意见领袖朝好的方向转变,从而降低谣言的传播力度。

第三,我们要加强网络舆情引导,与意见领袖争夺网络话语权。政府需要充分利用网络舆论的发展和变化规律,积极利用好官方的网络资源,发挥主流

---

① 喻发胜,王晓红,陈波.网络传播的衍生效应与网络舆论[J].湖北社会科学,2010(5).
② 昌业云.浅析中国治理群体性事件的政策范式转换[J].国家行政学院学报,2011(1).
③ 陶文昭.网络意见领袖群体崛起与挑战[J].人民论坛,2012(6).

媒体具有的社会覆盖面广、社会公信力强的优势。同时也要积极倡导各级政府官员、管理工作者、思想政治工作者、理论工作者、专家、教授等社会精英阶层起到引领网络舆论的责任,让他们以群众乐于接受的形式在网络上发挥作用,引导网络舆论流向正确方向。

二、政府与网络意见领袖

当前,中国正处在急剧变化的转型期,政府面临较大的信任危机。而产生这种信任危机很大程度上是因为政府与公众之间缺乏有效的沟通渠道。网络为破解这一难题提供了新的思路。网络意见领袖是公众意愿展现和表达的必然产物。网络意见领袖由于与公众有相同的社会地位和经历,同时有各自独特的见解和专长,因此,具备了成为沟通政府和公众的中间人的条件。① 在"表哥"杨达才事件中,鉴表专家"花总丢了金箍棒"对杨达才照片上各种名表的鉴定,使公众对杨达才的关注转移到了其贪腐问题上来,同时引起了当地纪检部门的注意,最终导致了杨达才的撤职查办。同时,网络意见领袖也能把政府有关政策和决定传达给普通公众。许多网络意见领袖拥有渊博的知识,有些甚至是相关领域的专家,同时也相对比较理性,他们能把政府的相关决定和政策用通俗化的语言解释给普通大众,消除政府与公众之间的误解,有利于突发性公共事件的解决,同时网络意见领袖能向公众发出相对比较理性的声音,起到教育普通公众的作用。

三、网络意见领袖对政府决策的影响

1. 网络意见领袖对网民的影响

在传统媒体中,受众不管观点是否与媒体一致,都不能随意发表自己的意见和看法,受众只能在自己的交际网络中进行小范围的讨论,媒体的舆论监督也是间接地表达民众的意愿和言论,民众的意见和言论极易变形扭曲。如今,网络舆论监督给了网民充分发表意见的渠道,传统的舆论监督模式被打破,网络意见领袖所引导的舆论监督进入意见长尾时代。在网络中,几乎所有的意见都有支持者,当网络意见领袖发布了某个社会问题时,网络论坛和博客网站就成了众多网民意见的集散地,通过激烈的讨论最终形成一种或几种不同的意见。网络的匿名性和开放性使得更多的网民敢于发表不同的观点和言论,而当

---

① 胡百精. 危机传播管理——流派、范式与路径[M]. 北京:中国人民大学出版社,2009:186-192.

某种意见被攻击时,网络意见领袖作为主要的被攻击对象,会分散绝大部分的压力,避免了网民在网络中的孤立感和不安全感。这样一来,越来越多的网民愿意也敢于在网上发表自己的意见,最终形成的舆论也更加多元和丰富,正如谢新洲教授指出的,通过网络,来自社会底层的信息、观点、声音找到了一个"出口"。这方面比较典型的是于建嵘发起的随手公益运动。2011年2月,于建嵘发起了"随手拍救助乞讨儿童行动",因为自发参与这个行动的人太多,最后公安部的官员也需要利用微博和公众进行互动以及信息披露。一个微博建议,最终成了一种社会运动。2011年12月2日,于建嵘发微博呼吁网友为露宿街头者捐助衣物,帮助他们度过寒冬。两个星期,于建嵘筹集到了40万元,一批志愿者团队把物资分发到露宿街头者手中。除此之外,于建嵘还发起了随手送书下乡系列微博公益行动,和一些志同道合者,一起参与发起了随手公益基金会,这是挂靠在中国社会福利基金会下面的全国性专项公募基金。于建嵘发起的系列活动得到了不少网友的响应,表明网络意见领袖在很大程度上能对网友甚至政府机关的行为造成影响,形成引导。

2. 网络意见领袖对传统媒体的影响

有研究表明,不同媒介直接存在着"媒介间议程设置",在传统大众媒体和网络媒体间也不例外。随着网络意见领袖开始代替传统媒介成为信息的发布者和把关者,传统媒体不得不重视与网络意见领袖的合作和互动,传统的舆论监督也受到网络舆论监督的影响在客体和走势上发生转变。网络意见领袖对传统媒体的影响一方面表现在网络意见领袖先于传统媒体提出某一问题,引发网络上的舆论监督热潮,之后传统媒体也跟进报道并形成合力,促进问题的解决。另一方面,有些传统媒体的记者和编辑也开始成为网络意见领袖,既代表他们自身所处的媒体的利益,也代表广大网民的利益。这些网络意见领袖使得网络内外的舆论监督可以形成合力,加大舆论监督的力度。

3. 意见领袖与政府交互引导舆论走向,做出决策

意见领袖作为意见表达的主体,是加了网络这一高倍"放大器"的"麦克风",往往会在网络上"一呼百万应",引导事件舆论方向,这就给政府网络引导提出了更高要求。① 在公共事件扩散的时候,公众看法与感知的表现形式就是社会舆论。社会舆论是现代社会中大部分人的意见,博弈双方的互动对舆论走

---

① 王敏,覃军.网络社会政府危机信息传播管理的困境与对策[J].当代世界与社会主义,2012(7).

向产生了关键影响。冷静的社会舆论可以加快危机解除,提高政府形象;而偏激的社会舆论则会使事态扩大与恶化,不仅政府形象不保,也难以维持社会稳定。"沉默的螺旋"原理对今时今日的互联网危机舆情研究依然大有裨益。在社会舆论的形成过程里,"沉默的螺旋"就会发挥作用,人们往往尝试将自身对事件的想法与大众想法进行比对。在对某件事阐述自身观点之前,如果发现自身观点与大众观点相符,那么就会有介入探讨的积极性,而这个观点就会广泛传播开来,呈螺旋状进行提升。反之,若是自身的观点与大众观点相悖,那么就会对其愈发沉默,逐渐无视它。政府应正视意见领袖的存在与作用,要明白意见领袖的出现是社会进步的客观需要与结果,政府需要更加关注这样的发展趋势,不能畏之如虎或使用冷硬粗暴的手段对待,更不能自欺欺人忽略意见领袖的出现。政府要做的是给予当前繁杂的思想以正确的价值观,不仅要与意见领袖进行交流,还要注意交流的方式方法与当中技巧,以达到发挥意见领袖正面作用的目的。

事实上,国外对于意见领袖及其在公共领域建设性作用发挥的研究和探索由来已久,例如在美国,发挥"支持型意见领袖"在政党竞选中的作用已经形成了较为成熟的模式和方法,以意见领袖为主体的民间智库也不断涌现,并在"影响公共决策、塑造公共舆论、营造决策环境、协调外交关系和设置"方面发挥了重要作用。在中国新媒体社会化的大背景下,网络民意的代表性尤其是意见领袖的代表性正逐渐扩大,意见领袖作为居于话语权力中心和信息传播要塞的"新意见阶层",其在重大舆论事件中的风向标作用越来越受到政府的高度重视,意见领袖在社会管理中的特殊、重要的意义也日益得以彰显。在中国新型城镇化建设过程中,应积极将意见领袖与政府决策联系起来,实现决策为现实所需、为大众所认同。

四、网络舆情中的意见领袖作用分析——基于宜黄事件的思考

江西省宜黄县委书记邱建国 2010 年在《县乡论坛》上曾发表一篇文章,表示要"以城带乡,打造县域经济发展平台"。他在文中说:"大力推进新型城镇化是加速江西崛起的重大战略,是统筹城乡经济社会发展的重要载体,也是县域经济超常规发展的动力支撑。"从宜黄县实际出发,按照"不做现代都市的尾巴,争做新型城镇的样板"的要求,围绕"1+3"城市发展战略,以县城所在地凤冈镇为中心,东扩西延、南拓北融,把周边 3 个乡镇纳入县城区总体框架,提升中心、辐射周边,打造 10 分钟经济圈……宜黄作为江西省的一个小县城,近些年快速

发展，并具有相当的发展潜力。而国家政策在强调城镇化，大力建设新农村，变农民为市民。这些因素刺激了宜黄在征地拆迁中的"强势"和"暴力"。"在21世纪初期，影响世界最大的两件事，一是新技术革命，二是中国的城市化。"诺贝尔奖获得者斯蒂格利茨曾如此判断。在中国城市建设的持续进程中如何理顺拆迁各方利益关系，明确政府职能和治理机制，仍是需要探讨的一个课题。

而在2010年9月，宜黄发生了全社会为之关注的强拆事件。2010年9月12日，一则关于江西宜黄县强拆钉子户爆发冲突，钟家3人自焚的消息和图片在网上传播。网络媒体——潇湘晨报网最先给予报道，几个门户网站转载了该文章后受到了公众的关注，事件进入了公众的视野。而此时宜黄官方媒体给出的报道与网络舆论完全不同，引起了网民们的广泛讨论，探讨"宜黄事件"的真相。

9月16日，《凤凰周刊》记者邓飞在其微博中以"女厕攻防战"为标题，将当时姐妹上访无助，在机场遭宜黄县官员40多人围攻的消息实时地发布在微博上，3小时发布了20多条相关微博。邓飞当天的微博成了网民关注的焦点，每条微博都被上千次转载，网民加入了讨伐宜黄官员的言论浪潮中。这次微博直播是事件的转折点，舆论开始升温，宜黄的官员完全处于舆论的被动状态。9月18日早晨，宜黄政府在南昌抓捕钟家人，钟如九用手机发起第二场微博直播，内容包括抢尸、被软禁、手机被没收等。第二次直播在钟如九微博粉丝的不断转发下，网上放大效应凸显，使舆论再次进入白热化的状态，并加速了"宜黄事件"责任处置。邓飞利用微博作为网络中的意见领袖引领了这次大众的关注方向和舆情走向，在直播实情的同时引导了网民们对事件中钟家人的同情以及对宜黄县政府的不满。9月16日邓飞的微博直播，使腾讯微博将正在进行的"厕所门"事件放到了微博的首页，引来了大量网友的"围观"，人数呈几何级倍数增长，有上百万人实时地关注，当天整个新浪微博都被这个"厕所门"搅动，大量用户都在转发、评论。这样的事实促成了网民意见的统一。微博的直播，使宜黄事件从一个单纯的强拆事件成为万众瞩目的公共事件。① 宜黄事件最终以10月10日邱建国被免去宜黄县县委书记职务、苏建国被免去宜黄县县委副书记及提名县长职务的结果落幕，其他相关的8名负责人也受到处分，这是目前为止第一次基层一把手因为强拆问题被免职。

这是一次网络意见领袖引导网民影响政府决策的一个典型案例，网民们联

---

① 巨芳芳.网络舆论的生成机制——以"宜黄强拆"事件为例[J].新闻世界,2011(1).

合了网络媒体以及传统媒体对政府实施监督,形成对官员的问责。宜黄事件在大力建设城镇化过程中的中国不是个案。土地权利是农民最重要的物权,国家和政府应该是保护农民利益而不是剥夺他们的权利。而我们的城镇化也不仅仅是将人集中在城镇即可达到的。城镇化还有对质量的要求,需要关注是否真的推动经济发展,改善民生,符合最广大人民的利益。城镇化作为一个系统工程,需要统筹考虑经济、文化、社会环境等方面。当前网络发展迅速,一大批的意见领袖在网络上成长,并借助自己的社会责任感和专业知识联合广大网民对政府实行监督,在中国的城镇化进程中行使公民权利,使"宜黄之殇"不再上演,使我们的城镇化真的如政策前景描述中的那样美好。

第三节　政府角度

一般而言,政策主体是指直接或间接地参与政策制定、执行、评估和监控的个人、团体、组织。政府及其官员则是政策主体的一大关键因素。

一、政府决策失灵

改革开放以来,中国进入了急剧转型的新时期。随着市场经济的发展和政府改革的深化,公共决策的主体日益多元,利益关系也更加复杂,政府的地位和权威日益受到挑战,政府的决策往往没有起到最初的效果。而同时,随着互联网技术的发展,公众通过网络表达多样化的需求与意见,这就使得政府决策经常处于争论之中,为群众所诟病。

在当前中国处于社会转型的背景环境下,政府决策失效的原因主要是寻租和地方保护主义。目前中国的寻租现象已经不是个别和局部的现象,而是具有相当的深度和广度。寻租的本质是以公共权力换取私人利益,表现在公共决策上,是以牺牲公共决策的有效性来满足一己之私利。寻租活动不仅会导致政府官员徇私枉法,而且其本身就是对公共政策的公然无视。它一方面破坏了市场经济秩序,另一方面扭曲了公共决策的运行(特别是执行过程)。因此,寻租现象的存在,势必造成公共决策的严重失效。

地方保护主义也是公共决策失效的主要根源。少数地方政府不敢直面竞争越来越激烈的市场,不是积极培育自己的竞争力,而是采取极端的"把关政策",建立市场壁垒,企图用封锁方法遏制竞争,保护地方局部利益。一些地方政府还登上"地方保护"的前台,或以会议形式,或以行业规定,或以文件形式,指令性或暗示性地要求本地单位和个人买地方货。司法的地方保护主义现象也相当严重。如两个企业发生矛盾,外地企业打赢官司往往更难。最高人民法院副院长李国光认为,法院判决、裁定和决定的"执行难"问题,最为重要的原因是地方和部门保护主义的严重干扰。

中国在进行新型城镇化的过程中,地方政府往往表面化地通过拆迁重建来打造城镇,从而造成对公民权益的损害,而在城镇拆迁中也出现了政府失灵的现象。近年来,随着城镇居民住房产权改革和大规模旧城改造的推进,因房屋拆迁引起的纠纷逐年上升。拆迁矛盾日益突出,已经成为社会舆论、公民及政府高层关注的热点问题。城镇房屋拆迁是城镇规划、建设过程中一个重要环节。一方面,关系到城镇规划的实施和城镇建设的发展步伐;另一方面,又涉及千千万万被拆迁人的切身利益。① 如果没有政府积极有效的介入和监督,显然难以平衡拆迁人和被拆迁人的合法利益,难以保障拆迁工程的顺利进行。

城镇房屋拆迁中政府失灵,是指政府对城镇房屋拆迁中的拆迁补偿、安置及强制拆迁等环节行政干预不当,举措失宜,无法按照预定的政策有理、有序、有度、合法地安排拆迁工作,导致政策失灵,也造成了拆迁工作的市场缺位。政府为平衡城镇房屋拆迁各方的利益,对城镇房屋拆迁实行监管,由此产生机会主义;在其部门利益的驱使下,造成了政府角色错位。一些地方政府直接充当了拆迁人,在经济利益最大化和经济发展压力、动力面前利用自身垄断城镇土地供给及城镇规划的权力,拆迁生财,低成本推进城镇化进程。在城镇房屋拆迁中,被拆迁方往往是社会底层的群体代表,这些群体在强大的政府权力和开发商面前,无论多么执着和顽强,始终显得势单力薄而且不堪一击。② 这要求我们在加强司法建设的同时,也要强化政府的服务意识,如何进行城镇化以实现政府和居民的共赢应纳入政府为之思考、奋斗的范畴。

当前中国处于网络信息新时代,网络舆情是政府了解民意的重要渠道和方法,对于民意的征求也应适当地采取网络投票、提问等方式。网络传播方式已成为中国公众表达利益诉求、维护自身权益的重要公共平台。网络的出现,满足了政府与公众的需求,使得网络舆情在构建服务型政府的过程中发挥了重要

---

① 南风窗编辑部.拆迁备忘录[J].南风窗,2004(2).
② 欧光耀,朱林生.论城镇房屋拆迁中的政府失灵[J].重庆工商大学学报(社会科学版),2006(3).

的积极作用。而对网络舆情的关注也改变了政府一贯的行为方式,逐渐利用网络提高行政管理能力。《2008年联合国电子政务报告》认为:长期以来,发达国家与发展中国家都在不断地围绕着传统政务模式的各个层面进行探究,其目的是希望能为电子政务的发展道路寻求一个清晰的方向。① 中国在全面推进政务革新的演进中,也日益加深了对电子政务的理性认识。随着互联网技术的不断发展,电子政务逐渐在中国政府行政办公中普及,社会大众越来越多地利用互联网获取决策信息、了解政府决策程序,网络为公众参与政府治理提供了便捷的平台。网络政治作为新的政治资源和能量,开始发挥对现有政治资源的补充作用,并且成为改造现有政治框架的工具。②

二、电子政务有助于提高公务员行政决策能力

从一定程度上来说,能力就是决策的基础。而电子政务在政府部门广泛开展和应用的结果将有利于全面提升政府公务员的各项能力。电子网络可以使公务员超越时空限制,获取以前仅靠其自己个人智力体力无法得到的信息以扩大自己的工作半径,使得电子政务延伸并能增强公务员的智力和体力;电子政务使公务员的工作方式实现了从政务操作型向知识智能型的转变,从职能分工型向多能综合型的转变,有效地增强了公务员的综合业务处理能力;在电子政务时代,网络平台的"零距离"和交互性,促使操作层与决策层可以直接沟通,提高公务员的沟通能力;电子政务的政府管理信息系统、计算机辅助决策支持系统,能提高公务员的政策制定能力;电子政务的公开性与交互性,在提高政府活动规则性、程序性的同时,也会极大地提高公务员的行政决策监督能力。总之,电子政务有助于公务员各种能力的提高,也就增强了公务员的决策水平,使他们能更自觉地要求决策、参与决策,从而推动行政决策的科学化、民主化进程。

行政决策主体多元化发展。电子政务的开放性使得公民、企业、政党、社团以及其他社会组织参与决策变得更加容易,方式更加灵活,领域更加广泛。③ 例如,企业或者公民通过网络BBS、领导信箱等将自己的需要、意见直接或者间接地向行政决策者反映,以要求决策者做出回应,甚至直接通过网络投票和网络视频、网络电话、网络听证会等方式直接参与决策的过程。公民、企业以及其他

---

① 南风窗编辑部.拆迁备忘录[J].南风窗,2004(2).
② 南风窗编辑部.拆迁备忘录[J].南风窗,2004(2).
③ 杨凤春.互联网是现代政治福音[J].人民论坛,2007(14).

社会组织的直接或者间接的决策参与改变了以往决策主体的单一化,使行政决策主体趋向多元化发展。例如,2009年4月23日,中国法制办公布《中华人民共和国食品安全法实施条例(草案)》,全文通过网络投票方式征求社会各界意见。

三、电子政务促使政府决策高效化

2013年1月16日,有关陕西神木"房姐"的帖子在网上热传。帖文称,陕西榆林市人大代表龚爱爱在北京持有20余套房产,总价值近10亿元。随后,龚爱爱又被爆料有4个户口,在神木还有2套房产。此事一经热传,公安部立即决定成立工作组,协调指导事件调查督办工作,要求尽快查清情况,依法严肃追究责任。因此,网络舆论的速成性和快捷性是传统媒体所无法实现的。换句话说,互联网络的发展促进了新型公共信息舆论监督机制,网络媒体成为窥视和指引社会舆论的重要切入点,提高了政府决策的高效性。网络舆论对政府决策的监督发挥着举足轻重的作用。① 电子政务环境下行政决策的另一个显著特点就是决策手段和技术的现代化。计算机技术、网络技术将被更多地引入行政裁决的过程中来,其中一个典型的例子就是决策支持系统。决策支持系统的引入,能为决策者迅速而准确地提供决策所需要的数据、信息和背景裁量,帮助决策者明确目标,建立和修改模型,提供备选方案,评价和优选各种方案,通过人机对话进行分析、比较、判断,为正确决策提供有力支持。②

四、网络舆情优化政府决策

网络舆情作为双刃剑,在促进政府决策更加科学化、民主化的同时,也会在一定程度上带来负面影响,需要政府在决策中保持警惕。

现代社会的竞争逐渐激烈,某些网络媒体为吸引更多的公众关注,常常不顾及舆论导向,不加甄别地在网上编发一些道听途说的消息。目前网络舆情论存在的一个明显问题,就是网络舆情与真实情况之间可能存在着一定的时间间隔,导致传播和报道的事件并不一定完全准确,甚至可能是凭空捏造。在谣言得到澄清之前,更加偏激的网络舆情可能随之而来,并且会越来越偏离于事情的真实情况,然而其真实性很少被大多数网民质疑,网民通常表现出一种群体

---

① 钱莹.电子政务环境下网络舆论对政府决策的影响探析[J].电子技术,2013(7).
② 张凤凉,扶柏军.论电子政务对行政决策的影响及对策[J].科技管理研究,2010(17).

的盲从性。这种真实信息和垃圾信息相伴而生的状况,就造成了网络传播权威性的缺乏,这种缺陷正每时每刻都在侵蚀着网络舆情的权威性与可信度。

在网络中,这些虚假的信息误导公众的视线,导致公众在网络上对政府决策产生错误理解。缺乏必要的关于网络规范的规章制度,导致政府对网络舆情的监控失误,也会影响政府对整个公共事务的决策。当前中国对公民通过网络参与公共政策制定的引导能力较弱,对网络舆情的规范化程度较低,还没有形成一个比较全面的网络信息控制系统,对公民网络参与的控制十分困难①,进而也会导致公共政策制定的失误,如果得不到及时的控制,就会形成恶性循环。

但同时,网络舆情对于政府决策也有很大的积极意义。随着网络技术的发展,出现了许多影响政府决策的新型网络参与媒介,主要有网络社群、微博、论坛、博客、新闻跟帖、专业网站和小众网站。仅以微博为例,学者于建嵘通过微博发起的"随手拍照解救乞讨儿童"微博活动便是一个影响政府决策的好案例。于建嵘在微博上重申,最终目标是通过制度建设和全民参与减少与杜绝未成年人乞讨的现象,希望通过这个活动推动立法进程,制定核查和救济乞讨儿童的严格程序,让儿童乞讨失去牟利的市场。事实证明,他通过微博发起的网络参与活动很快引起了政府决策的更新和调整。由此可见,一种可观的微博政治在中国业已形成。微博客是突发新闻的出色载体、言论表达的开放平台、参政议政的良好工具,也是政府阳光执政不可缺少的通道。② 政府决策实质上是各方利益的博弈。在这个博弈过程中,强势群体特别是某些利益集团无疑处于支配的地位。他们可以利用强大的经济实力和社会能量,对公共政策的制定和执行施加影响,对社会公共舆论的倾向施加影响。在中国,一些既得利益集团往往借助特殊的社会关系,如家族血缘关系、同学关系和老乡关系等纽带,直接接触公共决策的相关政治人员,如人大代表、政协委员、政府官员等,或者凭借自身的经济实力,利用非正当手段,拉拢勾结政策相关人,使他们成为该利益集团的代言人,使公共决策朝向有利于其集团利益最大化的方向发展,这是目前中国强势利益集团谋取利益最大化的重要手段,也是导致权力腐败的重要原因。网络众意尤其关注此类非正当"交易",热衷于曝光一些"惊人"的内幕,对政府决策系统造成强大的舆论压力,这在一定程度上对利益集团"绑架"公共政

---

① 叶冰莹,赖帝水.网络舆论对公共政策议程设置的影响研究[J].辽宁行政学院学报,2011(4).
② 祝华新,单学刚,胡江春.2010 年中国互联网舆情分析报告[EB/OL].[2011-01-16]. http://wenku.baidu.com/view/857efe4769eae009581bec76.html.

策现象起到了监督制约作用,促进了公共决策的民主化和公正化,也提高了公共政策的合法性。

网络舆情内容的丰富性、多元性、开放性以及信息传播的多项性,能够帮助决策者更深层次、更全面地收集民众对公共事件的理解和看法,通过对网络舆情信息的收集,能够有效地帮助决策者做出正确的决策。同时,网络舆情还是政府制定决策的第一道过滤器,政府的决策要想获得成功,必须要得到民众的支持,不能够遭到民众的反对。① 当政府制定的一项符合公共利益的决策被公众人民支持和认可时,通过网络舆情进行宣传,能够有效推动决策的执行和实施,进而能够引导更多的人对决策进行支持。

五、城镇化背景下政府网络舆情应对分析——以乌坎事件为个案

(一)事件经过

在快速城镇化的背景下,因失地农民利益纠纷引发的群体性事件占据了群体性事件中的绝大部分比例。政府在真正处理这类危机时,往往忽略危机的网络舆论信息,使得本来能够被扼杀在摇篮里的群体性事件越发膨胀,对之处置的代价往往要比事前的预防耗费更多的人力和财力。而随着政府对网络舆情重视程度的增加,在处理相关群体性事件时相对能"重起轻放",取得一个政府与群众双方较为满意的结果。而广东的乌坎事件就是中国城镇化进程中发生的一项典型的通过网络舆情促进政府决策的案例。

2011 年 9 月 21 日,广东省汕尾市陆丰乌坎村 2000～3000 名村民由于土地被村委会成员私下变卖以及财务、选举等问题对村干部不满,举行了多次游行示威活动,并产生了打伤警员、打砸警车事件。乌坎村委会几年来在当地居民不知情的情况下,将一块 3200 亩的集体土地陆续卖给开发商,卖地款项高达 7 亿多元人民币,而每亩补助款却只有 500 元,余款全部被当地官员私吞。购买并倒卖村民土地,准备兴建滨海新区碧桂园的开发商,为祖籍乌坎的港商陈文清。当地居民屡次上访无果。2011 年 9 月,乌坎村仅存的另一块土地又被村委会卖给开发商。此举再次激起民愤,当地人于 21 日进行游行示威,政府于 22 日派出军警镇压,最终引爆骚乱事件发生。其间,村民薛锦波等 5 人被刑事拘留,其中薛锦波在被关押了 3 天后死亡。官方验尸结果与薛之家人探视后认定

---

① 罗依平.深化中国政府决策机制改革的若干思考[J].政治学研究,2011(4).

的情况大相径庭,事件被迅速激化,且引起了国际媒体的广泛关注。乌坎事件通过媒体和网络迅速传播,引起了全国乃至全世界人民的关注和热烈讨论。

在事件初期,政府没能合理对待村民诉求、依法解决问题,事件爆发后,各级政府调查村民提出的问题,没有结果。事件反复升级过程中,地方政府又召开新闻发布会,将其错误定性为敏感事件,此时乌坎村进入无政府状态,事态再次升级,网民和政府的关注度也呈现了上升趋势。到12月19日,乌坎事件的新浪原创微博数量已猛增至63709条,达到整个事件过程中的最高点,期间媒体报道数量达302篇。① 随后,政府根据具体情况及时改变应对策略。省市两级政府的开明态度和良好的方法技巧,让事件朝好的方向发展。12月20日,中纪委委员、广东省委副书记朱明国有关"群众的主要诉求是合理的""大多数群众的一些过激行为是可以理解和原谅的,党和政府不会追究他们的责任"的讲话极大地加快了乌坎事态的平息速度。12月22日正是冬至,当天下午朱明国深入陆丰乌坎村,走访看望乌坎村群众。他与村民代表坦诚交流,并走进村里,与村民们共饮工夫茶,代表省工作组祝愿乌坎村民过个好冬至、过个好元旦、过个好春节,更是让公众看到了事件会得到良好解决的希望。同时,汕尾书记关于乌坎事件的讲话,一度在网上被割裂和放大,后来通过"汕尾公众网"发布讲话全文,获得公众谅解,得到了舆论的好评。12月30日,广东省委成立工作组,由中纪委委员、省委副书记朱国明带队进驻乌坎村,表示要以最大的努力和诚意解决村民的合理诉求,尽快恢复法制秩序和社会管理秩序。这也让一度情绪激烈的当地村民趋于平和。

乌坎事件被称为中国群体事件的标志性里程碑之一。在我国城镇化过程中,存在着政府忽略居民自行决策的问题,从而导致双方矛盾的尖锐化。新型城镇化应该是关注居民利益的而不应成为某些政府领导打造政绩的利益场。网络舆情的存在有效监督了政府行为,而乌坎事件不仅是中国民主史上的一座丰碑,同时它在网络舆情推动政府优化决策方面有着不可忽略的重要作用。

(二) 事件启示

1. 政府不当举措是网络舆情生发的主要诱因

乌坎事件反映了我国社会发展过程中利益冲突的尖锐化,而政府在处置过程中的系列不当举措是直接诱因。乌坎事件的发生过程经历了较长时间的酝

---

① 杨军,张侃."广东陆丰乌坎事件"网络舆情演化研究[J].电子科技大学学报,2013(2).

酿、发酵期。乌坎村民早在2009年就开始上访,其所反映的村级财务、选举、土地等问题一直悬而未决,诉求长期没有得到回应,村民们对当地政府的不信任感明显,矛盾日积月累,导致村民积怨很深,导致在群体性事件爆发后非理性特征较为突出,除集会、示威、游行外,部分村民采取了打砸、围攻行为,出现了警民冲突和对峙的情况,引发了国内外媒体的广泛关注。乌坎事件表现为"利益"与"权利"的交织,这是我国社会发展到转型阶段的必然结果。乌坎事件的发生,在相当程度上是因为"地方政府治理机制的不健全、不完善"。

2. 政府和公民社会合作是平息网络舆情的关键

网络舆情,正是不断增长中的我国民众社会力量的体现,是民众表达的对于与乌坎事件相关的所有信息的看法和意见。在乌坎事件舆情爆发后,广东省委注重与公民社会互动是事件舆情最终平息的重要原因。也就是说,政府和公民社会是群体性事件的网络舆情的共同治理主体。公民社会和公众参与的社会治理方式一直为现代社会公共治理理论所强调,在我国社会变迁过程中,这种多中心化的、政府与公民合作治理的模式是当前我国政府治理的主要方式。但不可忽视的是,转型期间我国社会矛盾和问题错综复杂,政府在国家和社会生活的各方面仍然发挥着举足轻重的作用,既是顺应社情民意实施治理的主体,又是公众提出利益诉求的主要对象。可见,在我国网络舆情治理中,将是政府发挥主导作用,公民社会则起着参与、辅助、配合和监督的作用。

3. 政府在网络舆情治理中起主导作用

政府是网络舆情的直接管理者。虽然政府和各职能部门的具体工作内容和方法各有不同,但是,从舆情的角度看,其各项工作实质和核心,就是对国家和公共事务的间接或直接管理。现代社会网络舆情终将改变地方政府的管理观念,如果政府无法认识并落实其职能——主动地、积极地提供公共事务的服务和管理,为公民提供方便快捷的公共服务,那么它终将被社会发展淘汰。网络舆情带有群体性事件的特点,同时又表现出自身的传播特点,一旦爆发,将迅速扩散,并对社会产生严重的不良影响。网络的发展使公众和网络组织有机会关注和有效参与各类事件,但对于事件的应对仍是作为舆情治理主体之一的普通的单个民众或几个社会组织无法独立完成的。与社会公众相比,政府是从宏观上对社会事务进行管理的,政府的权力具有权威性和强制性,这赋予了政府面对危机时充分调动社会力量和资源的能力,使政府能够迅速地、果断地应对和解决矛盾与问题,做到事前有效计划和预防,事中和事后快速反应。

第四章 政策过程角度的审视

第一节 网络议程设置

一、网络议程设置概述

议程设置理论由美国传播学家麦库姆斯和肖提出,他们认为"大众传播具有一种为公众设置'议事日程'的功能,传媒的新闻报道和信息传达活动赋予各种'议题'不同程度的显著性的方式,影响着人们对周围世界的'大事'及其重要性的判断"①。议程设置的核心意义是:大众传播具有一种为公众设置"议事日程"的功能,传媒的新闻报道和信息传达活动以赋予各种"议题"不同程度的显著性的方式,影响着人们对周围世界的"大事"及其重要性的判断。

"议程设置"理论的提出是建立在传统媒体环境的基础上的。这个"传统媒体环境"具有三个基本特征。首先,信息的发布与传播集中在少数专业媒介组织手中,专业媒介组织对信息的流向和流量具有强大的控制力,在传播关系中占主导地位。其次,受众相对被动,缺乏同时接触多个媒介的有效渠道,其自主性的发挥不过是从经常接触的媒介所提供的信息中去选择。因此,专业媒介组织完全有能力对议题进行有意识的选择和排序,实现议程设置。最后,传统媒体容量有限,报纸有版面限制,广播电视有时段限制,传播者只能有所取舍,这为报与不报、强化与弱化信息提供了客观依据。② 而随着网络技术的发展,议程设置开始不仅仅限于传统媒体之中。

---

① 转引自:郭庆光. 传播学教程[M]. 北京:中国人民大学出版社,1999:214.
② 甘露. 浅析网络议程设置的特色[J]. 国际新闻界,2003(4).

事实上，近几年议程设置经常出现在网络之中，从而形成了网络媒体的"议程设置"。网络媒体的"议程设置"，就是根据大众传播的议题设置理论，有意识地设计话题和主题来引导舆论。如传播学者彭兰教授所言："网络的以下特点决定了它会具有议程设置的功能：第一，议程设置假设认为，人们对某些议题的关注程度，主要来源于这些议题被报道的频率与强度。网络信息能快速传播与繁殖，这个特点使网络可以轻易提高对某些事件的报道频率与强度；第二，在网络中，大众传播与人际传播是相互交织的，而在议程设置方面，人际传播对大众传播是一个有力的补充；第三，利用互动技术，报道对象与受众可以建立直接联系，因此，当事人的影响会更直接传递给受众，这对于提高一个事件的受瞩目程度非常有利。"①

二、网络议程设置特点

1. 网络设置主体多元化

传统媒体的议程设置者通常是大众传媒，因为其掌握独有的媒介资源，因而在传播过程中占据主导地位，只管按自己的需要推送信息，受众通常处于被动接受的地位。而在互联网时代，由于网络具有连通、交互性，因此在传播过程中，常常模糊了传播者与受众的界限，出现了传受身份的双重性，因此网络中的议程设置者也具有多元化的特征。

首先，网络上的专业化媒介组织进行议程设置。这里所说的专业化媒介组织通常是指传统媒体所办网站、新闻门户网站、官方网站等，它们和传统媒介相似，都是有组织的传播活动，是在特定的组织目标和方针指导下的传播活动。和传统媒介一样，它们具有较强的公信力和引导力，是天然的议程设置者，可以把新闻信息"推"给受众。虽然网民的主体化意识越来越强，但拘于网民自身素质的限制，这些网站常常成为议程的设置者，它们常常通过大型的主题策划活动，或者通过新闻排行榜、热点推荐等形式，形成议题。比如说2012年人民日报微博上线，上线当日就有4万多人关注，人民日报官方微博以"权威声音、主流价值、清新表达"为目标定位，以"参与、沟通、记录时代"为责任使命，在微博平台上成为权威和官方的代名词，大凡人民日报官方微博发起的话题、讨论等都能在网络上引起极大的关注，显示了权威媒体在网络议程设置上的先天优势。

---

① 彭兰.网络传播概论[M].北京：中国人民大学出版社，2001：341.

其次,普通受众进行自我议程设置。在互联网时代,捕捉新闻、记录历史已经不再是记者、编辑的专利,普通受众只需要通过编辑文字、图像信息,然后上传网络就可以将身边的新闻展示给世界各地的观众,有时,这些事件可能成为人们热议的话题。比如说,2015年9月23日,有网友在"地下城与勇士吧"发表帖子,讲述了某高校某女生宿舍,因打扫卫生的问题,其中一女生请来了名叫"叶良辰"的大哥,和寝室长展开了一场充满极其嚣张言语的对话,经过网络"大V"传播后,迅速火遍全网,并从网上走向网下,吸引了包括新华网、中国青年网等权威网站和诸多都市报的广泛关注,成功地对"叶良辰"进行了品牌传播和营销,后续更是推出了单曲。除了"叶良辰",近些年来包括"芙蓉姐姐""凤姐"在内的诸多网络名人营销背后都显现了普通受众在自我议程设置上的主动性和积极性,改变了传统的单向度的议程设置模式。

2. 网络议程设置和传播多元化

在传统媒体的强大把关能力下所形成的议题,其类型、内容都有一定的局限性。而网络的把关作用弱,各类内容只要能激发兴趣,都有可能成为议题。因为网络传播者的泛化及把关的多元化,使得议题在传播过程中可能朝着任何一个方向发展,路径不确定并经常进行转换,这导致原有的议题可能衍生出多个与之相关乃至无关的议题。在传统媒体环境中,"孙志刚事件"最先由《南方都市报》披露,并一直追踪报道,促使事件解决。传统媒体报道人大代表上书人大,建议对收容办法进行违宪审查,引起人们对于事件中司法问题的思考,议题发展线路比较清晰,议题的层级、结构比较单一。网络却关注到了中国暂住证制度、户籍制度的合理性等多个问题,并且网友因观点不同而发生的辩论贯穿始终。

3. 网络议程设置影响广泛迅速

在传统的议程设置理论中,大众传媒对受众的注意力具有控制力。受众只能接受媒体设置好的议程,并从这些议程的设置中判断事件的重要程度。所以一个事件先要经过大众媒体的把关过滤才能到达普通受众,所以议题从发生到报道再到产生影响需要很长时间。新媒介环境中由于把关人作用减弱,敏感话题一经发出,很快就会有上万人的浏览、回帖或跟帖。而网络上议题的火爆程度和网民对议题的关注度就会成为公众、媒体认知议题是否重要的依据,公众议题便能迅速形成,同时议题的影响力也更加迅速广泛。如2009年"贾君鹏事件"就是因广大网民的参与而迅速在网络上蹿红并引起巨大反响的。所以,借助网络这个交互的平台,公众对议题的反应马上就能明确,议题的影响力也马上能体现出来。

随着 web2.0 时代的到来,网络在议程设置方面越来越发挥出显著的作用。网络议程的设置者不再是专业化的"权威"媒介组织,普通受众也可以参与到新闻的生产中来,进行自我议程设置,网络议程设置者趋于多元化,同时整个议程的设置呈多向化传播的趋势,打破了传统媒体单一传播的格局。另外,网络实现了新闻的即时发布和更新,以全天候、即时性对传统媒体形成冲击,打破了话语权威和神秘感,其议程设置具有比传统媒体更强的时效性。

网络议程的崛起也进一步加强了网络舆情对于政府公共政策议程的影响。

第二节 公共政策议程

一、公共议程概述

公共政策议程是指能够引起公共政策决策者深刻关注并确定必须解决的公共问题,以及正式提起政策讨论,决定政府是否对其采取行动、何时采取行动、采取什么行动的政策过程。政策议程是问题认定的重要途径,只有通过政策议程,一个社会问题才能达到问题认定和解决的目的。美国政治学家巴查赫和巴热兹在其发表的《权力的两方面》一文中指出:能否影响政策过程固然是权力的一面,能否影响议事日程的设置则是权力更重要的另一面。[1] 政策议程设定是政策循环的第一个环节,也是最关键的环节,因为公共问题只有进入政策议程才有可能得到政府和决策者的回应。那么,公共问题怎样才能进入政策议程?由谁来提出哪些政策问题?总体而言,关于议程设定的相关研究主要是从两个方面展开的:一是分析政治、社会和意识形态等因素与议程设定之间的关系;一是力图解释某个问题如何成为公众关注的焦点并要求政府对此做出反应。[2] 库伯和艾德尔认为,根据不同主体和不同性质可将政策议程分为公众议程和正式议程。只要形成了公众议程,政策问题就可以引起政府的注意,从而使该问题进入政策制定者的视野。公众议程是社会大众认为政府应该关注的

---

[1] Bachrach, P. Baratz, M. Two faces of power[J]. American Political Science Review, 1962(56).

[2] Howlett, M. Ramesh[M]. Studying public policy: policy cycles and policy subsystems[M]. Canada: Oxford University Press, 2003: 104、105.

问题,主要由非政府机构的个人或团体提出政策问题,由报纸、杂志、广播等新闻媒体进行报道,引起社会各界广泛关注,形成具有影响力的议程,从而使政府将该问题纳入政府议程。① 政策议程研究的重要人物 Cobb 等人对不同国家的政策议程设定进行了比较研究,并提出了政策议程设定的三种基本模式:外在创始模式(outside initiation model)、动员模式(mobilization model)和内在创始模式(inside initiation model)。② 每种模式都与特定的政治体制相联系。

1. 外在创始模式

非政府的社会团体在议程设定过程中发挥着关键性的作用。非政府团体首先对某个问题非常关注,将此问题中的利益努力向人群中的其他团体扩展,从而形成公共议程,以此对决策者形成足够大的压力,使问题被列入正式议程(formal agenda)。这种议程设定模式一般出现在自由、民主和多元化社会中。

2. 动员模式

更多地出现在全权主义政体(totalitarianism)中。它是指政府直接创设问题并努力将该问题从正式议程扩散到公共议程。在这种模式中,政府不必经过公共议程就可直接将某项问题纳入正式议程,但为了能更好地执行政策,政府领导会考虑将其已经确认的政策问题散布到公共议程,并动员公众积极支持新政策。

3. 内在创始模式

议题是在政府单位内或在与政府有密切联系的团体内发起,并且将议题局限于特定的政府机构或团体内,不仅不会考虑公众的利益,而且努力排斥公众参与政策议程设定,从而使政策问题远离公众议程。这种议程设定模式更多地出现在法团主义(corporatist)政体中。

具体到中国的政策议程设定,王绍光受到 Cobb 等人的启发,以议题提出者的身份和民众参与程度为标准,将中国公共政策议程设定区分为 6 种模式,即关门模式、动员模式、内参模式、借力模式、上书模式和外压模式。他指出:在具有公共性、开放性、交互性、多元性、瞬时性的网络媒体出现之后,中国的公共议程的设置逻辑开始发生变化;过去中国议程设定主要采取前 5 种模式,而最近几年,随着网络的发展,外压模式逐渐浮现出来。

---

① 王骚.政策原理与政策分析[M].天津:天津大学出版社,2003:118.
② Cobb,R.,Ross,J.K.,Ross,M.H. Agenda building as a comparative political Process[J]. In American Political Science Review,1976(70).

传统的媒体主要是由统治者或少数精英分子等新闻把关人把持的,民众关心的问题与政策制定者关心的问题相差甚远,无法实现公共政策制定的价值。互联网作为一种民意表达的新手段与新途径,可以跨越地域和时间的限制,将社会中某一地区某一时间内的社会问题迅速传播、扩散,形成政治舆论,汇成一种集体效应,从而影响公共政策的制定。从公共政策制定的过程来看,只有当网络民意使某一局部的社会问题转化为关系整个社会公众利益的社会问题时,才能将这一社会问题确认为公共社会问题。政策议程的建立是社会问题转化为政策问题的关键一步。因此,网络媒介因其开放性、匿名性等特点,成为政策问题得以确认的最有力的传播媒介。网络舆情已经成为政府制定公共政策的动因之一。

在西方,公共政策决策者在政策问题的认定和政策议程设置方面的压力源于当选和连任(选民和利益集团)施加的压力。金登认为,媒介对政策议程设置的影响主要是通过媒体舆论和公共舆论相互作用产生的,进而被追求选票的政治家关注而成为热点议题。可以说,在西方,网络媒体和网络舆论的影响主要集中在政治选举过程,包括候选人宣传介绍、组织动员和政治捐款。在中国,就网络媒体来看,网络舆论对中国政策议程设置具有特殊的作用,媒体对政策议程的影响则相对要大得多。就王绍光6种政策议程设置模式而言,动员模式、借力模式和外压模式都涉及媒体,当然媒体在三种模式中的重要性有所不同。在网络普及的时代,网络媒体的舆论影响力不断增强。事件和一个地方事务要演变成网络世界的舆论,并进而对现实的政策议程设置产生影响,首先该事件必须具有新闻性和敏感性,能够触及网民关注的兴奋点,从传播学的角度而言,就是事件和话题具有构成新闻的要素。

从议程的角度看,议程可以分为媒介议程、公共议程和政策议程。媒介议程主要是大众传媒报道的问题,包括什么问题列入报道,以何种方式、多大篇幅及顺序进行报道。在传统媒介里,商业因素和政治力量对媒介议程设置具有重要影响,是精英选择的结果;在网络世界里,媒介设置具有个体化和草根性。公共议程是大众关心和讨论的话题,认为政府应该给予关注和应对。政策议程是决策者认为重要,应该介入或者准备介入,采取政策行动的公共问题,三者并不等同而又相互关联。只有纳入政策议程,才会有后续政策制定和政策执行等诸多环节。三者关系如图4-1所示:

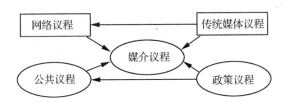

图 4-1　媒介议程、公共议程和政策议程三者关系示意图①

梳理近几年发生的网络公共事件可以发现,网络舆论背后往往都蕴含公民对社会诸多公共问题和政策问题的关注,包括政策问题和政策议程设置、政策制定、政策执行和政策监督评估等。

在 2006 年,全球数以亿计的互联网内容创造者和使用者们成为美国《时代》周刊的"年度人物"——网络媒介重塑公众思维方式和行为模式,并最终使公众地位在信息化、全球化时代得以突显的巨大潜力开始受到重视。随后的这些年,中国网络民意施压于政府决策的效果伴随一系列被热议、"围观"的网络公共事件的突发、演变,伴随个税起征点调整、三公经费公开、保障房建设等关乎社会公平正义的政策的出台,不断被公众、媒体和学界所见证——"网络议政"和"网络倒逼决策"成为概括近几年中国互联网社会发展特征的关键词。透视近年来网络公共事件中的公众诉求可以发现,网络民意已不再局限于对政府选定的政策议程进行讨论、监督和评价,而是不断借助网民集体行动和媒体的力量,在社会与政府的互动过程中确立新的政策议程,从而影响公共政策的制定。②

二、网络政策议程是把双刃剑

1. 网络议程设置的两方面作用

然而,正像埃瑟·戴森所指出的:"数字化世界是一片崭新的疆土,可以释放出难以形容的生产能量,但它也可能成为恐怖主义和江湖巨骗的工具,或是弥天大谎和恶意中伤的大本营。"③目前,中国网络舆情的主流是好的,大多数网民希望通过表达和参与,让政府部门了解民情民意,推动政府正确制定公共政

---

① 陈国营.网络媒体对政策议程设置的影响研究——基于压力模式的视角[J].中共浙江省委党校学报,2012(1).

② 于君博,杨凯.中国网络公共事件的议程互动模式——基于社会公平正义相关事件的经验研究[J].南京师范大学学报,2013(5).

③ 埃瑟·戴森.2.0 版数字化时代的生活设计[M].胡泳,范海燕,译.海口:海南出版社,1998:17.

策。不过,由于网络自身的特点和网民的局限性,也会产生消极影响。

一方面,网络以其自由性优势、低成本优势、平等性优势,为公民政策参与提供了便捷有效的途径和手段,降低了公共政策参与的门槛,改善了政策参与的途径和手段,激发了公众的参与热情,扩大了政策参与规模,促进了公共政策的民主化。另一方面,网络的开放性、自由性和匿名性也使网络时代的政策参与面临信息的客观性、参与的规范性和参与的公平性这三个难题。互联网的虚拟性使得网络的存在形式是无形的,参与主体在网上的身份是隐蔽的,人们之间交流的内容也都以数字形式而存在,形成虚拟主体。这就导致网络参与的权责不对等,最终可能导致网络政策参与的不理性。非理性的政策参与在现实中也存在,而网络的虚拟性又会放大这种非理性的现象。正因为如此,网络这把"双刃剑",既有推动文明进步的一面,也有传播不良信息的一面。

另外,网络政策参与还存在不平等性。网络政策参与的出现,是以信息技术的发展为前提,以经济的发展为基础的。提姆·鲁克说:"数字鸿沟把整个社会划分为信息的富有者和信息的贫困者,信息的所有者与信息的非所有者,以及第一和第三世界。"①虽然中国网络普及程度不断提高,但与先进国家相比还存在较大差距,国内不同地区、不同领域、不同群体的网络普及程度也不平衡,成为影响公民普遍参与的障碍。而且,人们获取和利用信息能力存在差别,少数知识精英掌握着网络技术知识和管理知识。网络技术对于公民网络政策参与的这种限制,本质上限制了政策参与的范围,造成了政策参与的不平等性。

2. "唐慧案"——不良网络议程设置的严重影响

2006年10月3日,周军辉强行将11岁的受害人带至秦星、陈刚开设的休闲屋卖淫。当晚,秦星安排人手带受害人到某酒店卖淫,收取100元费用。后秦星又安排受害人在休闲屋卖淫两次,收取200元费用。周军辉和陈刚还打了试图反抗的受害人。此后,在明知受害人不满14岁的情况下,秦星陈刚逼迫受害人卖淫3个月,期间受害人曾遭4人轮奸。2010年11月28日,一个名为"永州受害女之母"的人在微博上发出了一条求助信息,称她11岁的女儿乐乐失踪后遭强迫卖淫,案子拖了4年还没结。微博的主人叫唐慧,湖南省永州市零陵区人,37岁。自此,随着记者的一路追踪调查,11岁幼女被迫卖淫案浮出水面。

"唐慧案"实际上由三个案子组成:一是唐慧的女儿乐乐被强迫卖淫、强奸

---

① 提姆·鲁克.应对数字鸿沟——计算机世界里的严峻现实[M].梁枫,译.桂林:广西师范大学出版社,2003:206.

的刑事案件;二是唐慧被劳动教养行政复议案;三是唐慧被劳动教养国家赔偿案。三个案子中,强迫卖淫、强奸的刑事案件处于核心位置,但在不同的阶段,社会和舆论对三个案子的关注重心有所不同。2014年6月,最高人民法院裁定不核准强迫卖淫、强奸案件的刑事被告人周军辉、秦星死刑,将案件发回湖南省高级人民法院重审,这再次引起社会和媒体对"唐慧案"的关注。"唐慧案"涉及"乐乐被强迫卖淫""唐慧上访""唐慧被劳教"等多个互有因果却彼此相对独立的事态,牵扯到7个犯罪嫌疑人、唐慧、警方、几级地方法院、地方政府、媒体等多重主要参与者和利益主体,为我们研究网络议程设置和网络参与提供了极佳的样本。

从媒体报道的情况看,"唐慧案"发酵的过程中,媒体起到了不可忽视的作用。在得知唐慧因"扰乱社会秩序"被警方拘留后,《南方周末》记者邓飞连发了数条微博呼吁,一个多月后,唐慧获释。邓飞认识唐慧,缘于另一起案件。2010年6月,永州的朱军枪杀3名法官,各地记者纷纷赴永州采访。此时正是其女儿被强奸一案重审期间,唐慧为了吸引记者的注意,谎称朱军是乐乐的干爹,他是为乐乐的事情枪杀法官。唐慧的宣称先后吸引了不少媒体记者注意,但记者都很快发现她在撒谎。邓飞在微博上这样介绍他与唐慧的相识:"我在永州(采访枪击案),唐慧说她熟知朱军,被我揭穿,问她为什么要骗我们,她眼泪汪汪地说,不这样,她能找到记者喊冤吗?令我酸楚无语。"唐慧获释后,在邓飞的帮助下,联系上搜狐网微博,由后者联系十几家媒体对乐乐案进行报道,邓飞还为唐慧介绍了北京的法律援助律师。此后,有关幼女被迫卖淫、公安渎职的信息立即获得全社会关注,唐慧以维护幼女的弱小母亲形象进入公共视野。

之后,唐慧无论是闹法庭,还是住法院,都有记者跟随采访,及时上传至网络。当地没有采取强硬措施,显然也有顾忌媒体舆论压力的考虑。在这一过程中,媒体的报道将唐慧塑造成维护幼女的弱小上访母亲形象,而对其之前对女儿教育的不负责任只字不提,对案件过程中不利于唐慧形象的情节也绝口不提,更没有报道、分析唐慧诉求是否合理;而且,媒体长篇累牍的报道中,很少涉及几位刑事被告人及其亲属的想法和看法,也没有对政法机关的采访。新闻报道几乎都是对唐慧视角的复制,没有进行更为完整的事实调查。在评论环节,媒体都将重心放到了对劳教制度的批判上,唐慧成了一个网络符号,目的是增强批判劳教制度的说服力。从最终结果来看,判决2名被告人死刑、4名被告人无期徒刑,唐慧的诉求达到了。毫无疑问,媒体已经深度嵌入了这件有公共影响的案件中,对政法机关施加了影响和压力。媒体在网络议程设置和网络参与方面给了地方政府和法院极大的压力,促使法院做出了严厉的判决,而这也招致了媒体的进一步反思。

终审判决后,《南方周末》发表了报道《"永州幼女被迫卖淫案"再调查　唐慧赢了,法治赢了没?》,再一次成功地设置了议题,激发了更高程度的网络参与。《南方周末》的报道颠覆了唐慧的道德形象,不再谈论劳教制度的合法性,反而指出侦查、起诉和判决过程的种种不合理,并将问题指向信访制度。媒体认为信访制度当然有问题,它也是造成"唐慧案"的一个原因,但是它只是众多环节中的一环。致命之处还是媒体如何表述这一案件,舆论、社会、上级领导、政法机关如何服膺于或屈服于媒体给定的逻辑,从而最终做出错误的决定和判决。报道发出后,整个舆论完全转向,之前所批判的问题似乎瞬间从人们的视野中消失,取而代之的是媒体设置的新议题。然而,值得深思的是,那么多媒体和记者在永州持续几年对"唐慧案"做了那么多的调查和报道,却连基本事实都没弄清楚,而《南方周末》记者在终审判决后不到半个月就挖掘出了更为丰富的细节和真正的事实。显然这不是因为《南方周末》记者水平高,而是因为前面的记者对事实进行了裁剪,故意引导网民朝着媒体设置的议程参与。

从"唐慧案"的实践来看,媒体和网民在不受约束的条件下,裁剪事实,干预司法,这对法治构成了巨大的挑战。公权力的胡作非为,还可以有各种制度加以约束;媒体和网民的不良参与,在目前中国的法治框架中不但难以约束,甚至连表述出来都不是一件很容易的事情,严重影响着现实的政策和行政行为。

三、政府应如何发挥网络政策议程的积极效应

第一,增强网络基础建设,减少信息分化带来的影响。信息技术的发展给全世界带来了深刻影响,中国政府不得不面对,也应积极面对与利用信息技术带来的改革。作为一个发展中国家,中国虽不能如发达国家那样具有强大的经济能力来建立起完善的信息高速网络,但应借鉴美国的"信息高速公路"为其政府带来的改革的成功经验,加大对网络建设的投入,利用信息技术,更好地服务社会,制定公共政策、解决社会问题。也只有增强网络的基础建设,尤其是加大不发达地区的网络建设投入,才可能减少信息分化带来的"社会分化",为更多的公众提供参与网络舆论的机会。让更多的公众和政府官员利用互联网参与公共政策制定,才能使公共政策制定更加科学化、民主化。我们有理由相信,在经过这样的完善后,利用互联网为中国政府公共政策制定服务将会更加科学与合理。

第二，建立运作灵活、回应性强的"阳光政府"。21世纪，带给政府最大影响的莫过于信息技术的发展。网络、计算机的发展，可以说从根本上冲击了整个世界的运作，当然包括行政机关的工作。政府不仅要从形式上（如电子政府、网上政府等）改变工作方式，更要改变政府工作的实质，利用信息技术、互联网，从根本上提高政府工作的效率与能力，加强政府对公共问题的回应能力。政府应利用技术，真正提高解决问题的能力，加快研究公共政策议程所面对的社会问题。政府应真正实现从"暗箱行政"到"阳光行政"的转变。传统的媒体（如报刊、电视）在信息的传播方面缺乏高效互动性、连续性，更不便于公众检索，这在很大程度上导致了政府对信息的垄断，出现了"压稿通知"泛滥的现象。而网络的自由性、公共性的特点，使得掩盖事实真相变得困难。政府应转变思想，尽量减少"暗箱行政"，除了对一系列机密信息采取网络安全措施外，其他应该告知公众的信息都应尽量公布。同时，也可以更便利、更广泛地收集社会各阶层的意见和偏好，并获得及时准确的信息反馈，鼓励公众通过网络发表自己的意见。只有主动积极迎接挑战，政府才有机会建立起运作灵活、回应性强的新政府，从而增强对社会问题的判断能力，使互联网真正成为政府与公众沟通的平台。

第三，完善网络立法，规范舆情内容。目前，中国一系列法律对网络信息的传播做了明确规定，颁布了一些专门的法律法规，如《关于维护互联网安全的决定》《中华人民共和国计算机信息网络国际联网管理暂行规定》等。这些立法和规定为我们提供了法律依据，但是，也存在着一些弊端。比如，有些相关法律没有落到实处，缺乏系统性、民主性等。因此，我们的当务之急是针对目前所存在的问题，逐步完善和落实有关网络的法律法规，使网络传播真正有法可依、有法必依。一方面，要完善现有的互联网领域的法律法规，修改已明显滞后于现实情况的法律规范，使一些缺乏可操作性的规定具体化；另一方面，要从规范网络内容信息服务、电子政务的管理以及政府、组织和个人在网络中的权利及义务的角度出发，制定和出台新的法律法规，使公民在网络环境下的参与行为有法可依。这就要求首先制定有关网络环境下公民参与权利方面的法律，如信息知情法，规定政府发布信息的范围、时效，政府在信息知情上所负的责任等；其次，加强在网络环境下公民参与行为方面的程序立法，规范公民的参与行为。① 通过完善立法，为公民网络参与行为提供一个法制化的渠道，既有助于保障公民

---

① 丹尼斯·C.缪勒.公共选择理论[M].韩旭,等,译.北京:中国社会科学出版社,2007:89.

在网络中言论自由权不受压制,又使公民合法、有序地参与公共政策制定。

四、网络中的政策议程设置——以"肝胆相照"论坛为例

"肝胆相照"论坛在相关议程设定中的作用是一个很好的个案。"肝胆相照"论坛是一个由乙肝病毒携带者创建和维护、带有互助性质的民间网络论坛,2001年开始使用现名。该论坛以"为乙肝携带者服务,营造良好的交流环境"为宗旨,将自身角色和功能定位为"乙肝战友的网上家园"。该网络论坛最初成立的主要目的是为乙肝患者和乙肝病毒携带者提供治疗、用药经验。但是,2003年"周一超事件"发生后,"肝胆相照"论坛转变为乙肝维权论坛,并有效地推动了相关政策议程的设定。

1. 事件概述

2003年4月3日,浙江大学毕业生周一超因乙肝"小三阳"被拒于公务员系统之外,而此前他已通过了竞争激烈的笔试与面试,于是愤而持刀刺向负责公务员招录的两名官员,最后导致一死一伤。该事件的发生引起了社会的极大关注,亦迅速成为"肝胆相照"论坛的焦点话题。事件发生两天后,"HBV权益"讨论版在"肝胆相照"论坛上成立,其宗旨在于以法律手段为乙肝病毒携带者与乙肝患者争取合法权益,呼吁大众关注弱势群体。[①] 同时,建立了周一超网上纪念馆,目的是通过纪念周一超来唤起社会对这一群体的关注。权益版版主"金戈铁马"(网名)回顾这一网络维权阵地的缘起,认为原因有二:"一是乙肝携带者分散全国各地,聚集起来并不容易,而网络提供了一个交流平台……二是能够保护个人隐私。在2003年,乙肝携带者面临的社会压力非常大,没有人愿意公开自己的隐私。网络作为一个虚拟空间,非常适合这种讨论。所以网络既容易集合人群,又不会导致隐私的曝光。"至此,"肝胆相照"论坛已逐步发展为乙肝维权的网络论坛与社会组织,正式将乙肝歧视问题确认为一个严重的社会问题,提出了保护乙肝病毒携带者和乙肝患者正当权利的诉求,并积极地推动乙肝维权运动的发展。

2. 推动乙肝歧视问题的系统议程

一个问题被部分社会主体关注后,还不足以成为社会问题或公共问题;只有当此问题被社会大部分人所觉察和表达出来,才能成为社会问题。对乙肝歧视问题的关注同样存在着这个问题,即如何将问题向社会进一步扩展,以引起

---

① "肝胆相照"论坛.战胜乙肝[M].北京:东方出版社,2005:175.

社会公众的关注,从而获得社会的支持,并形成系统议程。为此,"肝胆相照"论坛积极地从社会媒体、专家组织和个人等处寻求支持和资源。在现代社会中,媒体作为"第四种权力",对政策议程尤其是公共议程的确立会产生极大影响。因此,借助媒体力量引起社会对某个问题的关注,对于建立公众议程显得尤其重要。作为一个组织,"肝胆相照"论坛走向媒体的工作,是从"周一超事件"开始的。为了使公众能够认识到周一超是"乙肝歧视"的受害者,2003年7月到9月,论坛版主"汪洋""上香""小谷子""安心"等人多次去浙江,向当地媒体介绍此案发生的背景和普遍存在的"乙肝歧视"问题,寻求媒体的关注。

同年9月,"肝胆相照"论坛协助CCTV《新闻调查》栏目拍摄的"乙肝歧视"专题报道播出后,全国形成了电视、报刊、广播、网站等各大媒体争说乙肝歧视的局面①,引起了社会公众的广泛讨论。同时,论坛努力寻求专业机构和专业人士的支持和帮助。

就乙肝歧视问题的解决而言,政府和决策者的重视非常关键。"肝胆相照"论坛在乙肝维权行动中,也通过发起违宪审查、致信国务院领导和接近"两会"代表等方式,对决策者施加影响和压力,促成政府对乙肝歧视问题的重视,将其列入政策议程。

第一,发起违宪审查。"孙志刚事件"中多位法律专家发起违宪审查的做法引起了"肝胆相照"的注意,他们认为"违宪审查"可以引起相关政府部门的重视,从而维护乙肝携带者的合法权益。2003年8月13日,由毕业于国内某知名大学法学院的版主"小谷子"执笔的《要求对全国31个省区市公务员录用限制乙肝病毒携带者规定进行违宪审查和加强乙肝病毒携带者立法保护的建议书》(下称《建议书》)在"肝胆相照"论坛上公布。《建议书》公布后,论坛使用者积极参与初稿的讨论,提出修改建议,并引发了"万人大签名"行动。3个月后,11月20日,由1161名公民代表签名的《建议书》被寄送到全国人大常委会和国务院法制办,同时还寄给了全国人大常委会副委员长何鲁丽、卫生部副部长高强和全国人大常委会秘书组副组长蔡定剑。违宪审查活动直接将该议题摆列在决策者面前。

第二,致信政治决策者。2004年7月,"肝胆相照"论坛发起"联名致信国务院领导同志"的活动,以求得到政府对乙肝歧视问题的进一步重视。该项活动最后共征集到4000多人的签名。值得注意的是,签名活动得到国内一些知

---

① "肝胆相照"论坛.战胜乙肝[M].北京:东方出版社,2005:175.

名肝病防治专家,如卫生部肝炎防治领导小组成员徐道振、蔡皓东等的支持。同年8月6日,该联名信分别寄给了温家宝总理、吴仪副总理、何鲁丽副委员长与卫生部高强副部长。联名致信引起了中央政府决策层对乙肝歧视问题的高度重视,并得到一定的回应,如人事部与卫生部8月10日迅速公布了《人事部、卫生部致乙肝病原携带者及关注者的公告》。2009年"世界肝炎日"(5月18日)前夕,"肝胆相照"再次征集签名,最终一封由5376人签名的联名信寄往了中南海,这封给国务院总理温家宝的联名信陈述了中国近1亿乙肝携带者在就学、受教育方面所受到的严重歧视,联名信呼吁取消普遍强制性抽血化验乙肝政策,保护乙肝携带者的受教育权利。

第三,接近"两会"代表。每逢"两会"将要召开之际,乙肝维权活动中的积极参与者就会把全国"两会"代表、各地"两会"代表的资料转帖在"肝胆相照"论坛上,撰写该年度的"重点提案",动员论坛成员通过电邮等渠道积极向"两会"代表发出旨在维护乙肝病毒携带者权利的呼吁与建议。

通过"肝胆相照"论坛成员的持续努力,乙肝歧视问题被部分社会主体提出后,扩散到了更广的社会空间,引起了公众与社会团体的关注与讨论,作为系统议程,对政府形成了巨大压力。同时,通过多种渠道影响政府决策层,促使决策层重视该问题,最终促成了制度议程的建立和政策的改变:2004年的《传染病防治法》规定任何单位和个人不得歧视传染病病人、病原携带者和疑似传染病病人;2005年的《公务员录用体检通用标准(试行)》明确了乙肝病原携带者在体检标准中是合格的,公务员录用体检表中也没有乙肝"两对半"的检验项目;2007年的《就业促进法》明确规定了禁止歧视乙肝携带者;2009年的《食品安全法》删除了原《食品卫生法》对肝炎病原携带者的限制。

网络在政策议程设置中的巨大影响不仅限于"肝胆相照"这一个案例,在中国的新型城镇化过程中,无论是对居民房屋拆迁还是户籍制度改革等政府决策,都产生了巨大的影响,甚至主导了政府议程设置。

第五章　决策体系科学化、民主化角度的论证

第一节　网络舆情促进决策科学化

一、信息与科学决策息息相关

信息是进行行政决策的基础和先决条件,是控制决策的依据,又是检验决策正确与否的尺度。决策是从发现问题开始的,而领导要想发现问题,必须通过各种渠道,采取各种方式,获取足够的信息,从信息中发现问题,发现问题的过程,就是获得信息的过程。为了解决问题,领导需要确定决策目标,而决策目标的确立,也是在对大量信息进行预测、分析之后确定的。同样,决策方案的制定、优选,也都是在掌握足够信息的基础上进行的。当决策方案确定后实施时,领导者更需要依靠信息反馈,掌握决策过程中的具体情况,以便控制决策的实施,或对决策及时修正、调整,保证决策目标的实现。

信息对推进行政决策科学化具有重要作用。目前,信息已经成为人类创造财富所需资源中最为宝贵的要素。当今世界综合国力的较量,地区和部门之间的竞争,归根结底是知识信息的较量。只有在知识信息上领先的国家和地区,才能在未来竞争中立于不败之地。① 国家的行政决策离不开信息,信息是行政决策的基本依据,对行政决策的科学性具有重要作用。行政决策的每一步骤和环节都离不开信息,无论是目标的确定,还是备选方案的拟订和优选,以及方案实施过程的补充、修正和追踪,都必须建立在全面、准确的信息资料基础上。信

---

① 阿尔文·托夫勒,海蒂·托夫勒.创造一个新文明:第三次浪潮的政治[M].陈峰,译.上海:上海三联书店出版社,1996:2.

息越真实、越全面、越准确、越及时,行政决策过程中主体思维的广度和深度就越大,决策的科学性就越强,准确性就越高,成功率就越大。例如中国20世纪七八十年代做出的修建中国高速公路的决策,就是在充分了解世界上其他国家为解决交通运输问题积极修建高速公路,并实地考察分析了当时中国普通公路存在的主要问题,收集分析了中国修建高速公路的可行性等信息之后,经过科学论证,最后做出的决策。① 有目共睹的成就表明了当时中国做出的修建高速公路决策的正确性。

在党的十八届三中全会公布的《中共中央关于全面深化改革若干重大问题的决定》(下称《决定》)中,提到要"健全坚持正确舆论导向的体制机制。健全基础管理、内容管理、行业管理以及网络违法犯罪防范和打击等工作联动机制,健全网络突发事件处置机制,形成正面引导和依法管理相结合的网络舆论工作格局。整合新闻媒体资源,推动传统媒体和新兴媒体融合发展。推动新闻发布制度化。严格新闻工作者职业资格制度,重视新型媒介运用和管理,规范传播秩序"。该《决定》已经显示出"舆情监测"受到政府高层格外重视。

加强网络舆情的监测舆情只能靠监测,只能靠掌握,不能实施控制监管。由于网络舆情具有爆发突然、更新快速、发布便捷、主体隐蔽等特点,因此必须加强相关信息技术处理方法的研究,形成自动化的网络舆情分析系统,应对信息的收集和处理,由被动化为主动引导。国内最早从事网络舆情监测的是人民日报社网络中心舆情监测室,自2006年起就开始逐步探索网络舆情监测研究课题,并于2008年正式组建人民日报社网络中心舆情监测室。目前已初步形成了一套较完整的舆情监测理论体系、工作方法、作业流程和应用技术。承担了中国社科院从2007年起的年度"社会蓝皮书"网络舆情课题部分、从2008年起的"文化蓝皮书"课题,清华大学年度"传媒蓝皮书"课题,国家科技部科技舆情监测与形象传播研究国家软科学重大项目,等等,同时长期为国务院新闻办公室网络局提供网络舆情分析基础信息。② 人民日报社网络中心舆情监测室主要具有以下基本功能。第一,网络舆情的话题识别功能。可以通过设置新闻出处的权威度、评论数量、密集程度等参数,利用关键字布控和语义分析,识别敏感话题和给定时间段内的热点问题,对互联网上的热点事件和话题进行识别。第二,网络舆情的倾向性分析功能。对于网络热点话题,不同的人会发表带有

---

① 荣仕兴.论中国行政决策民主化和科学化的制度建设[J].中央民族大学学报,2006(1).
② 陶建杰.网络舆情监测预警与联动应急机制[J].中国新闻研究中心,2007(3).

不同倾向性的观点和意见,利用网络舆情分析引擎可以对不同的倾向性进行分析与统计,得出网络上主流的舆论倾向性。第三,网络舆情的跟踪功能。利用网络舆情分析引擎跟踪新发表的网络论坛文章、贴吧的主题等与已有主题的相似度,对各类主题、各类倾向形成自动摘要,减轻决策者处理信息的繁重劳动。第四,网络舆情的数据清理功能。网络舆情分析引擎对在网络空间收集到的各种信息进行格式转换、数据清理、数据统计等预处理,滤除新闻评论中无关紧要的信息,保存新闻标题、内容、出处、评论量、评论内容、发布时间、点击次数等重要数据。对于 BBS 论坛,则需要记录帖子的标题、内容、发布时间、发布人、回帖内容、回帖数量等,最后形成格式化信息。[①]而网络舆情的有效监控将有利于政府对信息的把握,利用互联网技术了解民意,从而科学决策。

二、基于网络舆情的政府决策信息工作机制

随着互联网时代的兴起、电子政务的广泛开展,网络舆情贯穿政府决策信息工作的全程。以往政府决策信息工作机制是从决策主体、决策机构、决策制度、决策程序 4 个方面进行宏观定位的,这里对基于网络舆情的政府决策信息工作机制从微观角度,以政府决策工作程序为切入点,分析政府决策信息工作步骤的内在机制。[②]

1. 结构化的网络舆情信息

第一,政府对结构化的网络舆情信息可采用一些传统的网络采集手段,例如调查、访查、定期挖掘等;而对非结构化的网络舆情信息,因其数据的动态性、结构的异构性,需要通过结合语义网的智能化挖掘采集手段。第二,在信息整合环节,网络舆情作为信息资源整合的主要对象,利用具有强大数据处理能力的计算机,结合近几年基于关联数据技术的 Web 3.0 以及云计算技术,增强本体在信息资源整合中的运用,并逐步完善大型数据库功能,推动信息资源数据管理、存储与服务一体化、智能化管理的发展。第三,在传递反馈环节,网络舆情作为判断政府信息行为合理与否的"审判官",决定着政府信息行为是否能够进入下一环节。如果政府出台的对策是民主、合理并且被大众认可的,那么政府就可以将这项对策纳入决策库,为以后工作提供参考;如果政府出台对策后,得到大众的批评或者不认可,那么势必掀起对政策的舆论攻击。此种情况下,

---

① 姜胜洪.网络舆情热点的形成与发展、现状及舆论引导[J].理论月刊,2008(4).
② 张芳源.基于网络舆情的政府决策信息平台功能设计[D].合肥:安徽大学,2013.

政府便需要重新返回到第一环节,对舆情重新采集、分析、整理并制定新的对策。第四,在记录保存环节,网络舆情作为政府信息行为保存的一个重要组成要素,需要对整个信息行为进行分析,提取对政府做出正确决策最有推动作用的网络舆情进行保存,并建立意见领袖个人档案,为信息采集环节的信息挖掘和信息筛选提供借鉴。基于网络舆情的政府决策信息工作平台,意在建设成在政府决策行为过程中可利用的,集现代化、集成化、智能化于一体的媒介,能够通过平台对网络舆情进行单方分析或与网络民众产生交流互动,以更好地提高政府决策的工作效率,提高政府的决策水平。

2. 有效汇集网络舆情信息,实现科学决策

由于舆情信息的汇集直接关系到舆情信息的质量高低,更关系到能否为公共决策提供真实可靠的信息保障,因此,科学汇集网络舆情就显得尤为重要。科学汇集网络舆情,要求做好以下几个方面的工作。一是应全面反映民意。网上信息内容庞杂多样,既有大量进步、健康、有益的信息,也有不少反动、暴力、黄色的内容,但只要认真分析筛选,去伪存真,还是能从中了解到民情民意的。二是应"快、准、深、精、全"。搜集信息要快,反映问题要准,分析要有深度,事例要有代表性,而且要重视反映其他渠道难以得到、不易反映的社会情况和群众意见。三是应促进舆情调查的制度化建设。凡做出重大决策前,必须进行深入实地的舆情调查。决策后要跟踪调研,根据实施效果的好坏和情况的变化对决策进行完善和调整。四是应建立全方位、多层次的舆情反映网络,正确处理必然会出现的某些舆情失真现象。理顺舆情传递的机制与渠道,建立责任追究制度,减少舆情传递的层次。五是应允许网络传媒充分表达群众意愿、交流社会信息、执行社会监督的功能。① 这里要特别指出,通过网络传媒搜集舆情信息应注意三点:①中央重大决策、重大事件引发的舆情,应以主流媒体为准,关注媒体的评论和舆论的反映;②社会思潮及理论动态舆情,应善于从媒体"理论版""言论专栏"去搜集,同时也要关注民间网站学术类论坛上的一些言论;③社会热点问题,应关注各大网站的新闻跟帖和民间网站论坛。六是应落实"小核心、大社会"原则。由于网络舆情具有虚拟性和新颖性,因此必须采取"小核心、大社会"的治理策略,构建一批具有高技术手段支持的"小核心"作为治理专业中心,并发动社会力量构成体系协同治理。

---

① 柯健.公安机关网络舆情预警及对策机制探讨[J].广州市公安管理干部学院学报,2007(4).

三、网络舆论监督实现科学决策

在中国新型城镇化过程中,一个不可忽视的群体即农民工群体,而他们的孩子往往留在家乡接受教育,成为我们熟知的"留守儿童"。这些缺乏看护的儿童正在成为被拐卖的高危人群。据中国最大的寻子网站"宝贝回家"统计,从2007年网站成立至今,该网站共收到全国范围内的寻子登记5000多条,这些丢失儿童的家庭中,有90%是因为监管缺失导致孩子被拐走的,其中50%的被拐家庭属于农民工家庭。这些孩子的失踪不仅造成了与父母分离的骨肉之痛,同样也给社会带来了巨大的伤害,不利于新型城镇化的建设。在2011年年初的"微博打拐"事件中,由社科院于建嵘教授发起的"随手拍解救乞讨儿童"的行动得到了广大网民的响应,以及众多名人的支持。这一行动在微博平台上发起,因此新闻报道、论坛和博客信息普遍偏少,而在行动初始的近一周时间里却有242016条微博发布,近四成(38.1%)网民支持微博打拐行动,两成以上(22.3%)网民要求有关部门严惩街头乞讨儿童的幕后黑手。① 随后,公安部打拐办主任陈士渠在微博上对这一行动表示支持,声明公安部打拐办已部署各地严厉打击组织、强迫儿童乞讨的违法犯罪行为。由此可见,微博打拐所制造的网络舆论和声势成功地引起了政府的重视,影响了政府决策及政府行为,将这一行动发展为线上、线下联动,切实推动了其落实。"微博打拐"是一次典型的政府通过网络舆情收集信息,关注热点,进行决策的案例。

为了保证决策的科学性和正确性,必须建立决策监督机制,对决策的各个程序进行监督,以保证决策在约束机制下做出。决策监督的内容主要包括:一是决策是否合法,即是否符合党和国家的路线、方针、政策和国家的法律法规;二是方案是否可行,即目标确定是否以客观需要和现实可能为依据,高低是否适中,太高令人望而生畏,不利于发挥人的潜能;三是目标是否明确,即目标是否做到清晰、准确、简明、易记,对达到目标的质量、数量、规格、时间、地点等提出的要求是否具体,要通过监督使决策目标尽量具体化、标准化、定量化;四是决策项目是否有以权谋私现象。

---

① 北京市互联网信息办公室.网络舆情及突发公共事件危机管理经典案例[Z].2011.

第二节 网络舆情与民主决策

网络时代的到来，成就了中国"网民数量世界第一"的地位和影响社会潜能巨大的网络公共领域。在互联网时代，处于网络公共领域中的每一个人都可以用网上调查、微博、新闻跟帖、网络签名等形式，轻而易举地成为网上信息的创造者和传播者，这就为公民开辟了一个利用网络技术工具表达自我、参与互动的舆论平台。而网络舆情对民主政治生活的影响是：由于诸多的网民不断传播消息和发表自己的观点，会相互感染和影响而增进对公共生活的关注热情，如果进一步形成舆论中的"主流意见"，还会对政府的秩序供给形成压力，影响其决策的执行和治理目标的实现。显然，因为有了网络这个"互联互通、自由表达、平等对话"的舆论传播载体，人们在网络公共领域表达诉求和提出政治见解变得相对容易，网络还将政治表达中空洞的人民还原成生动的个体，沟通者可以在虚拟的现实中直接发表意见，从而保障了沟通中个性的释放，进而激发公众关注政府的作为，激发希冀参与公共事务的积极性。"当下有87.9%的网民非常关注网络监督的作用，当遇到社会不良现象发生时，99.3%的网民会选择利用网络曝光。"①在网络技术迅速发展和广泛应用的今天，网络事实上已超越了技术功能的范畴，成为深刻影响人文生态及社会意识形态发展变化的重要载体，对政治参与、经济发展、舆论导向等各方面的公共影响力正日益加剧，"网络问政"开始跳出虚拟空间的隐性平台，走向反映民主政治和表达公共理性的现实世界，对推动中国社会的民主政治进步和公民社会的成长起着越来越重要的作用。

一、网络民主对科学决策的作用

1. 集中民智，网络成为政府实现公共决策的重要形式

依现代公共选择学派的理论，社会权力主体在制定政策时，因受制于政策主体的自利性与狭义性，往往会在选择政策方案和制定政策时忽略社会公众其

---

① 汪冬莲.网络问政与政府善治[EB/OL].[2010-06-22]. http://theory.people.com.cn/GB/11936154.html.

他方面的利益诉求①,有从自我角度出发强化某种集团利益的倾向性,从而容易在政策关注方面形成利益视域的盲区。从中国的公共行政实践看,受政治上长期存在的传统专制文化影响,过去政府制定的公共政策往往存在着不公开和不透明的现象,绝大多数公众无法利用有效的民主渠道来维护自己的权益,或者说即使有渠道,也会因为公民维权的代价太大而被迫放弃。近些年来,由于中国政治环境的改善和民主进程的加快,在公共决策过程中的某些领域、某些环节已出现了公众能够介入甚至可以广泛参与的局面。但是,网民通过参与活动对政府最终决策发生影响的行为往往缺乏有效的法律制度保护,其作用也十分有限。如今随着网络的日益普及,互联网成为公民行使知情权、参与权、表达权,进行政治参与的重要工具,特别是网络平台所具有的虚拟和个人身份隐匿以及平等互动的特点,改变了过去在官民之间实际存在的话语权不平等的状态,颠覆了传统政治方式和政治过程的隐秘性和封闭性,从而为公众的政治参与活动开拓了新的公共领域空间,使以往在传统大众传媒无法实现的个人表达和言论自由得以展开和表现,人们长期以来被压抑的政治参与热情重新得到了释放,网络民意作为一种新的政治参与方式浮出水面,事实上在推动着中国的民主政治进程。从政府管理的视角来说,互联网成为人们意见表达平台的同时,也为党和政府提供了一个新的执政平台、一种与群众对话的沟通方式。政府完全可以做到通过网络这一媒介问政于民,从而为自身提升管理能力和吸纳民智、开启社会的民主政治进程,进而进行科学决策提供充分条件。同时,网络还创造了一种更为直接、快捷的公众民主监督渠道,扩大了监督的广度,增加了监督的深度,使公民能够充分发挥民主监督的主体地位,构成了最为直接的民主形式。②

2. 网络舆情成为决策调整的科学依据

网络舆情反映出的主流民意具有重要的参考功能。公共政策的唯一参考来源是社会的需求,社会不断发展变化,要求国家及政府就相应的公共政策及时做出调整,而这些调整又要求决策者对社会深入洞察。洞察过程就是社会各种力量博弈的过程,公民通过网络及时表达其利益诉求和见解,既可形成主流舆情民意,同时也迫使政府必须参考并满足这一主流要求,在一定程度上影响

---

① 汪冬莲. 网络问政与政府善治[EB/OL]. [2010 - 06 - 22]. http://theory.people.com.cn/GB/11936154.html.

② 王文科. 网络问政:民意的舆论诉求与政府的规制供给[J]. 福建行政学院学报,2011(2).

和制约着公共政策的决策。改革开放以来,中国政府决策的最大特点就是广开言路,虚心倾听民意。个人所得税最近五年不断调整就是中低收入阶层通过网络不断推动的结果。第一阶段是个税密集调整期。面对生活改善需求和物价上涨压力,网民呼吁:"当初800元属于高收入,但二十几年过去了,个税扣除标准之低,都快盯上农民工的打工钱了。"①从2005年到2007年短短两年间,两次决策提高个税起征点,以增加中低阶层实际收入。这种公共政策的连续调整体现了网络民主的巨大作用,证明了马克思"不是国家制度创造人民,而是人民创造国家制度"②观点的真理性。第二阶段是理性完善期。两次调整后专家和网民仍呼吁继续提高起征点。在政府引导下专家和网民两年多来在网络上积极谏言,并反复论证,认为税基、税率、税级及个体差异的综合改革是保护中低收入阶层收入、彰显公平的科学方法。目前个税改革已启动,可见网络民意对政府决策的参考功能更需上升为理性的网络民主表达。

3. 了解民意,网络成为政府解决民众诉求的主要途径

"网络问政"近年来在中国之所以受到关注,其根本原因在于网络的隐匿属性解决了过去公民不敢直接行使意愿表达权的困境。在网络平台面前人人都有麦克风,没有了人的高低贵贱之分,而且处在网络环境中的网民亦难以知晓对话者社会职务及其级别大小,这就使得很多人平时在公共场合不敢说、不方便说的话,此时都可以通过网络方式表达出来,没有经过机构部门层层过滤的出自不同利益群体的诉求信息,才更能显现出最原始的社情民意。以社会舆情的收集能力来做比较,过去政府管理者在公共领域获得的信息量往往不足,这是因为大到国家领导人,小到地方政府官员,都不可能有大量的时间去到所辖的各个地区视察,也不可能有大量的时间去普通民众家做客。然而因为有了网络这个平台,更多的民众可以方便地进行自主发言表态,政府则可以更高效、更便捷、范围更广地搜集民意。如近年来人民网联合国家行政学院、中国人民大学所进行的一项网络调查显示:69%的网友认为,"网络问政"是党政官员了解民意的有效方式,为此他们对"网络问政"推动中国民主政治建设充满了期待。

---

① 常文.个税扣除标准之低,都快盯上农民工的打工钱了[N].中国税务报,2005-03-11(02).
② 马克思,恩格斯.马克思恩格斯全集(第3卷)[M].北京:人民出版社,1956:40.

二、网民非理性参与的反民主危害

网络民主虽然没有严格的制度形态,但是已经成为社会中政治形态发展的新样态,是公民深入参与政治生活的便捷方式。在互联网上,由于可以比较充分地表达意见和观点,以匿名为主的网络世界被网民视为真实意见的公开领域和民主讨论的集中场域。但是,网络水军的出现使得互联网的这种性质发生了改变:利用匿名注册成千上万的账号,网络水军的少数人却可以在表面上形成"主流意见",甚至不惜捏造事实故意诋毁。总体而言,网络水军建造了虚假的民主,以表面的众声喧哗压制了民主讨论的实质内容,混淆了广大网民的视听,造成了对网络民主的损害。

"网络水军"以营利为目的,受雇于网络公司或企业,在各种论坛、社群网站、聊天群中发帖造势、暗中删帖或故意发布所谓"权威"观点影响公众的判断力。有些人蓄意在网上大肆炒作热点话题和事件,编造假新闻,发布假消息,散布网络谣言,以吸引公众的眼球,引起关注,进而吸引企业投资,打造灰色网络利益链。有些网络水军制造虚假民意,罔顾事实,恶意诽谤,混淆视听,左右网民思维,扰乱公众舆论,使网络信息的可信度大打折扣。有的在网上发帖诬陷、攻击、毁谤竞争对手,严重影响了网络民意的真实性。因为"群体极化"效应的存在,网络水军造成的危害更加严重。"群体极化"是由美国学者凯斯·桑斯坦提出的,他认为,所谓的"群体极化"现象是指"团体成员一开始即有某些偏向,在商议后,人们朝偏向的方向继续移动,最后形成极端的观点"[①]。法国著名的社会心理学家勒庞认为,在"这样一个非理性、易激动、少判断、好左右的群体里,要走向极端看来并不困难"[②]。德国学者诺埃勒·诺依曼的"沉默的螺旋"假说认为,由于网络传播具有匿名性,因此个人的话语权得到充分的扩大和释放,在"从众心理"的驱使下,网民通过转帖、跟帖等形式促成网络舆论的形成。"群体极化"能使占主导地位的意识形态得到增强。有关数据显示,"群体极化"现象在网上发生的比例是现实生活中的两倍多。由于只在自己认同的"群体"中交流,与其他"群体"隔离,对其他观点知之甚少或不以为然,因此最终形成极端的观点,把他们的主张推向不受理智约束的边缘,进而使得非理性声音

---

① 凯斯·桑斯坦.网络共和国:网络社会中的民主问题[M].黄维明,译.上海:上海世纪出版集团,2003:5.
② 古斯塔夫·勒庞.乌合之众——大众心理研究[M].戴光年,译.北京:中央编译出版社,2006:136.

涌现、汇集、凝聚,形成一股强大的力量,产生网络舆论强者愈强、弱者愈弱的"马太效应",误导了网民对事件的认识和理解,影响了网上意见的真实互动,侵犯了公民权益和公共利益,危害国家安全和社会稳定。如果监管不力,必将干扰政府决策和社会和谐,甚至引发社会动荡,其危害应引起高度重视。

三、加强管理,实现网络的民主参与

1. 强化对网络秩序的监控与规制供给,健全社会公众的利益表达机制

网络事件的基本发展轨迹是:普通民事或刑事案件发生—信息不透明—网上猜测、质疑之声愈益强烈—报刊、电视等传统媒体不断报道—网民情绪激愤—事件矛盾激化—政府领导表态—报纸、电视、网络等新老媒体立体式互动传播—问题解决。这种方式固然是最便捷、低成本、高效率的,却映射出网民在表达诉求、维护权益方面的"网络依赖症",进而折射出利益表达机制的短缺和不足。在利益主体多元化的社会,好的制度并不表现为其中没有矛盾或冲突,而是表现为能够容纳矛盾与冲突,并有化解矛盾与冲突的能力。① 有学者认为,如果公众在狭窄的利益诉求制度下缺乏其他表达渠道,全都依赖网络进行表达,社会秩序就会趋向紊乱,民主诉求就会成为一种不可控的网络暴力。所以,应畅通网内网外的民意诉求渠道,在坚持平等参与和共同协商的原则下,尊重网络民意所体现的公民责任、公共意识、平等观念和法制精神,完善人民代表大会制度、信访制度和司法制度等权益表达机制,促进网络民意与体制内外的各种民意有机结合,提高民意诉求在民主、科学、理性和法制等方面对公共决策的影响力。

2. 加快规范网络参与秩序的网络立法

亨廷顿在《变化社会中的政治秩序》一书中利用"政治参与/政治制度化 = 政治动乱"②这个公式说明,当政治制度化不成熟时,失去控制的政治参与必然导致政治动乱。当前,伴随着网络发展衍生出的网民政治参与非理性诸现象,与中国网络应用、监管等方面法律法规的不完善有很大关系,这些问题如果解决不好,将威胁到社会的稳定发展。一是必须加快网络立法进程。要抓紧完善中国互联网法律法规体系,构建完善的互联网法治体系。从实践经验特别是美

---

① 李旭东.国际社会的怨恨心理与和谐世界的构建——一种基于社会心理学视角的分析[J].国际论坛,2008(1).

② 塞缪尔·P.亨廷顿.变化社会中的政治秩序[M].王冠华,等,译.北京:生活·读书·新知三联书店,1998:51.

国等国的立法经验看,中国应出台更高层级的法律规范。要加快推进《互联网信息服务管理办法》的修订工作和《中华人民共和国电信法》的立法工作,颁布《信息网络安全法》,以法律的形式全面系统地规范政府、组织和个人在网络环境中的责任和义务,做到有法可依,打击网络违法犯罪行为,维护正常的网络秩序。二是严格落实政府信息公开条例所规定的"公开为常态"的原则,明确政府信息公开的程序、范围和方式。除了涉及国家秘密、商业秘密和个人隐私之外,其他涉及政府工作以及与公众社会生活密切相关的各种政策都要公开,保障公民的知情权,打造"阳光政府"。三是要完善网络相关配套法律。要强调法律的普适性,通过司法解释,将已有法律规范的应用延伸到对互联网的管理上,在部门法中要体现与网络相关的内容,统筹协调与现行法律的关系,同时,加大执法力度,真正做到有法必依、执法必严、违法必究,为网民政治参与的健康发展提供良好的法律环境。

3. 普及民主观念,增强公民意识

网络水军对信息时代的民主有着比较严重的危害,但是,"流言止于智者",具有较强民主观念和公民意识的个体,都不会轻易相信网络水军混淆视听的言论。虽然民主的本意之一是多数人的决策,但是,这种决策并非简单的数量对比,而是个体经过理性判断之后的结果。在面对网络水军的虚张声势时,理性的态度是维护民主的基本武器。换言之,对抗网络水军对民主危害的最有力手段,正是民主自身。首先,培养和普及民主观念。这可以从源头上遏制网络水军对民主的危害,使其任何颠倒是非的伎俩都无法得逞。其次,提高网民的信息素质。所谓信息素质,指的是对各种信息进行甄别、筛选、总结和分析的能力,这在信息时代得到了前所未有的强调。面对网络水军所设置的陷阱,信息素质不高的网民容易偏听偏信,缺少理性的判断,这也给了网络水军得以生存的空间。同时,信息素质还意味着网民应当自觉抵制不良信息并限制其传播。"当公众有着强烈的道德感和高度的社会责任感时,就不会去充当传播虚假信息的水军传播者,也不会成为推动虚假信息扩散的'水民'。因此,加强公众在虚拟网络社会和空间的道德法律意识,增强网民的社会责任感,是消除水军负面影响,解决水军传播虚假错乱消息问题的重要环节。"①2011年,中央外宣办、工业和信息化部、公安部、国家工商总局四部门在全国范围内联合开展整治非法网络公关行为专项行动,打击那些为人们所深恶痛绝的"网络水军",净化网络环境。

---

① 吕晶,刘瑞芳.论"网络水军"的影响力[J].北京邮电大学学报(社会科学版),2011(5).

四、网络舆情对城镇化民主决策的影响——以异地高考为例

中国的城镇化是以人为核心的城镇化,而农民工的迁徙是中国人口城镇化的主要方式。农民工子女的教育问题成为一大社会热点,引起了人们的广泛关注与讨论。在中国,"异地高考"问题是政府在流动人口利益诉求由"流动权"向"移民权"转变过程中必须面对的课题。目前,"异地高考"问题引发了大量的网络舆情,媒体、专家、普通网民纷纷通过网络的形式来表达自己的价值主张和利益诉求。目前,"举家迁徙"的模式逐步盛行,迁徙类型也由最初的生存型向发展型转变,流动人口在城镇化过程中逐步掌握了一定的经济资源、社会资源、文化资源,社会地位得到有效提升。社会地位与社会诉求是紧密相连的,社会地位得到有效提升之后,关于"异地高考"的诉求逐渐浮出水面。借助网络平台,流动人口逐渐成为"异地高考"政策制定的有效博弈力量。

从 2008 年全国人大代表提出解决外来务工人员子女就地高考问题,到《国家中长期教育改革和发展规划纲要(2010—2020 年)》征求意见的出台,再到《教育规划纲要学习辅导百问》的推出,"异地高考"这个议论了两年多的问题,在 2011 年"两会"上颇有"拨云见日"的迹象。同时,这个极具统筹性质的改革之举也让教育改革有了新的契机。在 2011 年的"两会"上,异地高考问题成为关注热点,见表 5-1。

表 5-1 两会 GOSO 热榜——话题热榜①

序号	话题标签	摘要	文章数	趋势
1	异地高考	随着大量城市流动人口和进城务工农民工在异地工作,其子女在流入地参加高考的问题日益迫切。教育部表示,目前正在和上海、北京研究,逐步推进异地高考	18457	上升
2	登记裸官	中央纪委副书记、监察部部长兼国家预防腐败局局长马馼表示,今年我国将首次对裸官进行登记管理	16558	上升
3	食品安全	食品安全领域的不良事件屡屡发生,民众面对吃什么的问题时经常表示"鸭梨"(压力)大。食品安全问题不仅牵动着网民的心,也是代表委员们热议的话题	16246	上升

---

① 谷文杰.尝试异地高考,实现教育公平[EB/OL].[2011 – 03 – 07]. http://2011lianghui.people.com.cn/GB/215728/14082408.html.

续表

序号	话题标签	摘　要	文章数	趋势
4	放开二胎	全国政协委员、人口资源环境委员会副主任王玉庆透露,目前计生部门正在考虑放开二胎政策,很多专家对此做了研究,认为放开二胎政策不会导致人口暴涨	14765	上升
5	房产税暂不推广	针对当前热门的房产税问题,全国政协委员、财政部财政科学研究所所长贾康表示,房产税暂不推广	13889	上升

2011年3月6日,教育部部长袁贵仁在列席十一届全国人大四次会议时透露,教育部正在研究异地高考问题,因为涉及的人比较多,所以该问题比较复杂,北京、上海都在研究办法。消息一经报道便引起舆论的高度关注。2012年9月1日,国务院办公厅发出文件,要求各地在2012年12月31日前出台异地高考具体办法。截至2012年11月30日,北京最新出台的政策显示,外地户籍考生暂不能在当地报名参加。广东规定2016年起租房者子女可异地高考。2014年7月30日,国新办举行新闻发布会介绍《关于进一步推进户籍制度改革的意见》(简称《意见》)有关情况。《意见》称,改进城区人口500万以上的城市先行落户政策,建立完善积分落户制度;居住证持有人随迁子女逐步可在当地高考。

"异地高考"网络舆情与国家、地方政策的联动性表明:大众麦克风时代,公众作为一支影响教育决策的有效力量登上了舞台。随着社会信息化进程的加速,互联网、手机等新媒体的普及,以往因表达渠道不够畅通而被压抑的表达欲望得到宣泄和释放,原本处于内隐状态的教育舆情逐渐外显,影响公共事务和决策议程的能力不断增强,教育舆情逐渐成为教育政策博弈的力量。因此,在处理"异地高考"问题上,政府必须处理好与媒体、公众之间的关系,引导舆论、倾听民声,为自己营造良好的舆论环境。而网络舆情也有效地影响了政府决策,实现了公众共同参与的民主决策。

第六章　中国新型城镇化推进角度的检视

第一节　网络舆情对城镇化过程中制度的影响

改革开放 30 多年来,中国城镇化进程取得了明显的进展。1978 年到 2012 年,中国城镇人口总量从 1.7 亿增加到 7.1 亿,城镇人口比重由 17.9% 提高到 52.6%。2012 年中国城市总数 657 个,小城镇 19881 个,城镇体系逐步完善。大规模的农民进城务工就业,改变了亿万农民的命运,为经济发展注入了强大动力,有效地支撑了工业化快速发展,有力地推动了国家现代化进程。在过去 30 多年的时间内,中国完成了西方发达国家经历上百年时间才走完的历程,为走出一条有中国特色的城镇化道路进行了有益的探索实践。但是,在这个过程中,户籍制度、社保制度、土地制度等都制约了城镇化的发展。随着网络的兴起,网络舆情在很大程度上推动了政策的转变,我们以农民工市民化为例,对网络舆情影响公共政策情况进行分析和探讨。

一、农民工市民化是新型城镇化的关键

1. 农民工市民化的内涵

"市民"是一个非常庞杂的概念,因为在政治学、社会学以及经济学上,对市民概念的理解是完全不同的。在中国当前的新型城镇化过程中,最基本的一个目标就是农民工的市民化。目前,在中国经济理论界以及日常生活和公共语境中,对市民大多是从城市层面来理解,从而市民概念被指称为城市居民,一般特指拥有城市户籍的居民。① 农民工市民化,就是让农民转化为市民的一个过程。

---

① 陈映芳."农民工":制度安排与身份认同[J].社会学研究,2005(3).

问题在于,如果我们仅仅从城市层面上来定义市民,那么农民工市民化,就被理解为在城市化进程中,让生活在农村的大部分农民离开农村进入城市,由农民转变为城市居民,最明显的标志是获得所在地的城市户口及相应的社会权利。

我们通常所称的市民,一般特指拥有城市户籍的居民。居民与农民享受着不同的国民待遇,居民能够享受农民所不能享受的现代城市文明。长期以来,中国在"非农业"和"农业"户口之间、在城市与乡村之间,人为地划出了一道鸿沟,造成其在就业、教育、社会保障和公共福利等方面的悬殊差别,形成了"市民"与"农民"两个完全不同的权利群体,其弊端不言而喻。农民工市民化,就是农民转化为市民的过程。在西方发达国家,农民工市民化道路通常是通过人口迁移来完成的,刘易斯的"二元经济结构模型"就揭示了这种农民工市民化的一般规律。然而,中国是拥有超过13亿人口的世界人口大国,其中8亿农民想通过大量的人口迁移来实现市民化,其过程必将是长期而艰难的,其难度和成本也都会大大高于西方发达国家。因此,西方国家农民市民化的一般规律,并不完全适合中国国情。

从西方国家城市化的现实及其趋势看,城市化道路也不再是一条单一的传统的道路,而是有了全新的视角,如有的学者提出了第二次城市化道路,有的提出了"逆城市化"趋势,等等。未来的农村和城市,是你中有我,我中有你,地域的界限已不再像现在那样明显。基于这样的角度,"市民"概念也有了全新的内容。"市民"和"农民"不再是地域上的区别,也不是职业上的区别。它们的区别更重要地在于权利、待遇、生活方式、文明程度等。从这个层面上来理解,市民不是指居住在城里的人,而是指具有同等国民待遇、城乡共同体的正式成员。因此不能继续沿用"农村—城市""农民—城市居民"这种简单的两分法式的叙述模式,从政策层面上也要抛弃城乡分治的现状。从身份上说,不再有"农村人"和"城市"包括"城镇人"之分,他们都是从事相关产业工作的产业工人,无非有的从事农业生产,有的从事非农生产。他们只有分工的区别,都可以享受社会福利和保障,都是居住在一定区域(如城市、城镇、农村社区等)的市民。从根本上来说,他们应该享有同等的国民待遇。

2. 农民工市民化的意义

从本质上讲,城镇化就是由传统的农业社会向现代文明的城市社会发展转化的过程,主要表现为城市产业结构优化、城市空间结构合理化和人口城市化。城镇化过程中,很多农民失去了土地,进城务工,成为一个新兴群体——农民工。农民工问题不仅是解决"三农"问题和城乡收入分配问题的关键,而且是影响中国城市化、工业化能否健康发展的重要因素。推进农民工市民化的重大现实意义在于：

(1) 农民工市民化是中国推进城镇化健康发展的迫切需要。根据钱纳里等人的工业化阶段理论，人均 GDP 达 5000～10000 美元，是工业化中后期阶段。目前中国正处于经济社会向城市化和工业化转型的关键时期。2012 年中国的城市化率已超过 52.54%。大量事实证明，农民工这一庞大的社会群体在中国工业化、城镇化和现代化建设中发挥着重要作用，为城市经济的发展做出了巨大的贡献。但是中国的农民工仍然是城市中的"过客"，没有城市市民身份，不能享受城市市民的同等待遇和社会福利。城镇化进程与农民工市民化的脱节，严重制约了城市经济社会的健康发展，迫切需要推进农民工市民化进程。而实现农民工市民化，至少应包括从事非农产业、享受城市居民的公共服务和社会保障、融入城市社会文明三个方面，身份转变、地域转移只是市民化的"外在形式"，实现生产生活方式的转变进而价值观念融入城市文明才是市民化的真正内涵。因此，破除制约农民工市民化的城乡二元制度障碍，促进农民工向市民角色全面转型已是大势所趋。农民工市民化不仅是中国加快城市化进程的重要内容，更是目前解决农民工问题最现实、最有效的途径。

(2) 农民工市民化是扩大内需、促进消费的需要。扩大内需的最大潜力在城镇化。城镇化既可增加投资，又能拉动消费，是中国经济发展的重要引擎。"十二五"时期，如果城镇化持续以每年 1 个百分点以上的速度推进，每年约 1000 万农民工及其家庭成员实现市民化转变，享受与城市居民相同的公共服务，中国年均经济增长率将提高约 1 个百分点，释放出巨大的产业发展机遇和新兴服务需求。扩大内需，特别是消费需求，从根本上来说，要提高中低收入居民的收入和改善收入分配结构，让老百姓有钱、敢消费。实证测算表明，财政基本保障支出占财政总支出比重每增加 1 个百分点，居民消费占 GDP 比重将增加 0.2 个百分点。其中，增加社保和医疗支出的效果较为显著。但是中国现行社保、医疗等主要与户口挂钩，"重城市、轻农村"，中低收入者获得政府公共服务严重不足，其收入相当一部分用于教育、医疗等支出，收入再分配中的"马太效应"明显，严重弱化了他们的其他消费能力。因此，要积极而稳妥地完善农民工市民化政策，建立起扩大内需、促进消费的长效机制，有序解决农民工进城落户和基本公共服务均等化问题，确保进城的农民工在就业、住房、养老、医疗、教育等方面与城镇居民逐步实现同等待遇。

(3) 农民工市民化是从根本上解决"三农"问题和构建社会主义和谐社会

的内在要求。"三农"问题的核心是农民工问题。农民工问题不仅关乎扩大内需,更关系到促进就业稳定和改善民生。中国农村人口众多,在人均耕地不足一亩地的条件下分散经营搞农业,不可能实现农业现代化,城乡居民的收入差距越来越大。因此,现阶段缩小城乡差距、统筹城乡发展的重要途径是促进农村剩余劳动力向城市转移、从非农产业就业获取较高收入。但是由于现行制度安排不合理,农民工长期处于城市的边缘,不能在城市安居乐业。他们在城市不但工作、生活条件艰苦,而且受到歧视冷遇,自身的合法权益经常无法得到应有的保障。随着中国工业化、城市化的加速发展,在城乡之间、区域之间的流动人口越来越多,如果长期无法融入城市现代文明,农民工容易对城市产生疏离感,产生反社会的心理和行为。如果处理不好,定会积累很多矛盾,必将造成重大的社会安全隐患。因此,从构建社会主义和谐社会的战略部署看,我们需要高度重视农民工市民化这一重大现实问题。在中国,市民特指那些拥有城市户口并在城镇居住生活、从事非农产业的城镇居民。对于中国而言,市民具有以下特征:拥有城市户口;在城市工作、生活;从事非农产业;生活习惯、行为方式、价值观念等方面与现代城市文化相适应。

3. 农民工市民化的内容

农民工市民化符合人口迁移规律和城市化规律,是解决农民工问题的根本出路。在统筹城乡发展和中国新型城镇化的大背景下,农民工市民化有其更深刻的内涵。农民工市民化不仅仅是实现身份转换(农民—市民)、地域转移(农村—城市)和职业转换(非农化),更重要的是社会文化属性与角色内涵的转型(市民化)和各种社会关系的重构(结构化)。因此,讨论中国农民工市民化问题,不仅要探讨农民工以及城郊失地农民的身份与权利等问题,更需要关注农民工在城市就业和生活后其行为方式、价值观念、生产生活方式等能否真正融入城市。

农民工市民化至少应包括五个方面的内容:一是身份的市民化,实现角色的全面转型,即完全实现从农民工到市民身份的转化;二是职业的市民化,由非正式劳动力市场上的农民工转变为正规的劳动力市场上的非农产业工人;三是经济的市民化,有足够支撑本人及家庭的相对稳定的收入,过上体面的社会生活,对城市有归属感;四是社会福利市民化和公共服务均等化,农民工转化为市民后,应享有和城市居民同等的社会福利和公共服务;五是具备市民化的能力,农民工素质进一步提高,在意识形态、价值观念、行为方式、生产生活方式等方面完全融入现代城市文明。从农民工市民化的内涵我们可以看出,农民工市民化不仅要解决农民工的身份和地域的转换问题,更重要的是使农民工能够获得与城市居民同等的社会福利和公共服务,具备市民化的能力,被城市接纳并融入现代城市文明。在城乡分割的二元体制下,城市政府和市民为维护他们既得的利益,对农民工"经济上接纳,社会上排斥"。对于进城农民工来说,没有城市户口,人力资本素质普遍比城市居民低,一般只能在非正规劳动力市场就业,是游离于城市的"边缘人"。农民工的社会资本主要存在于以地缘、亲缘和血缘为纽带的较为封闭的社会关系网络中,在生活方式、职业选择、思维观念以及聚居和社交圈等方面,无法与城市居民有效沟通交流,难以融入城市市民社会圈。另外,农民工无法享受城市基本公共服务,缺乏自治组织,缺乏政治参与,缺乏制度保障,民主权利和劳动权益常常受到侵害。制度型社会资本和组织型社会资本的缺失导致他们通过社会网络获取社会资源的能力比较低。社会资本不仅会对农民工在城市获得就业机会有影响,而且对农民工在城市获得经济和社会地位也有一定的影响,制约了农民工市民化的进程。改革开放以后,农村土地改革和乡镇企业的异军突起,特别是城市非农产业的快速发展,使城市就业岗位大大增加,亟需新的劳动力,因此,大量农民纷纷从农村涌向城市,寻找就业谋生的机会。在这种"民工潮"的作用下,城乡二元结构的制度壁垒有所松动,但仅仅是外围的松动,并未触及就业、教育、社保等根本利益问题。农民工市民化的根本障碍在于城乡二元体制,只有通过制度改革消除城乡二元体制,农民工能自由地迁徙到城市,享受到城市市民的各种社会福利和公共服务,融入迁入地城市主流社会和主流文化,才能真正实现市民化。

4. 农民工市民化的目标

农民工市民化是指在中国城镇化和工业化进程中,通过制度变革破除城乡分割的二元体制,实现农民工进城后与城市市民在户籍身份、就业生活、公共服务、社会保障等方面享有同等的社会权利,融入城市的价值观念和行为方式,实现城市文明的社会变迁过程。其阶段性要求和主要目标包括:

(1) 实现农民工地域转移是基本目标。实现农民工地域转移,就是使农民工的生产生活场所由过去的农村地区迁移到新的城市社区。这不仅需要农民工在城市有稳定的就业和收入、固定的住所,而且还要学会舍弃某些传统的农村行为方式,学会适应城市行为规范与价值标准,真正融入城市主流社会,享受城市化和现代文明成果。

(2) 实现农民工职业转化是关键目标。职业转化要求由从事农业生产转变为从事非农业生产,同时由非正规的劳动力市场上的农民工转变为正规劳动力市场上的非农产业工人,提高农民工职业转换的能力和社会地位,进而为其融入城市奠定坚实的基础。

(3)实现农民工身份转变是重要目标。要实现身份的转变,就要将农民工原来的农村户籍转变为城市户籍,获得与城市居民平等的合法身份和社会权利,最终实现由农民身份向现代产业工人的身份转化。

(4)实现农民工与市民同等的公共服务和社会福利是核心目标。当前中国农民工虽然已在城镇非农产业就业生活,但身份仍然是农民,无法享受与市民同等的公共服务和社会福利。而农民工市民化的核心就是要实现农民工与城镇居民享有平等的劳动就业、子女教育、社会保险、住房保障、医疗卫生等基本公共服务和社会权利。

(5)实现农民工城市文明的转型是终极目标。农民工市民化要改变农民工传统的农村生活习俗和行为方式,适应城市以法律规范、社会契约和文明理念为基础的市民社会和法治社会,获得城市社会资本,真正实现由传统的乡村社会的农民向现代城市文明的市民转变。这种转变将构成农民工市民化的最高评判标准,因而也将成为农民工市民化的终极目标。

二、中国农民市民化现状

1. 需要转移的人口规模依然很大

中国农村人口基数大,随着生产率水平的不断提高,农村剩余劳动力越来越多,加上中国农业产业化、现代化水平还不高,这一批剩余劳动力就会被闲置。我们以平均劳动生产率来大致计算第一产业剩余劳动力。2015年,全年国内生产总值为676708亿元,其中,第一产业生产总值为60863亿元,第一产业就业人员总数为20157万人,而全部就业人员总数为77451万人,这里用第一产业生产总值除以平均劳动生产率,得出第一产业应该有的就业人员总数大致为7906.54万人。此处将第一产业就业人员总数与应该有的就业人员总数的差定义为第一产业剩余劳动力,总数大致为12250.46万人。按照中国较近的转移速度计算,1971年—2012年间,中国累计农业转非农业人口数为42983.86万人,平均每年农业转非农业人口数为1048.39万人,因此,要转移这些剩余劳动力,至少需要11年以上的时间。同时,中国目前对于总规模的统计是按照城市常住人口计算的,而基于城市农民工的候鸟式迁徙现状,农转非的实际规模要远远超出现有数字。

2. 城市就业吸纳能力不足限制了市民化进程

不同类型的城市在吸纳新增就业能力方面存在比较大的差别,北京、上海、广州、杭州等大中城市聚集了大量就业机会,但是一些小城市,尤其是内陆城市,就业吸纳能力不强。同时,大中城市在吸纳就业方面也存在很多制约因素:一方面,中国国有企业改革不断加大,城市失业问题日益严重,农民转变为市民会给城市解决失业问题带来更大的压力;另一方面,中国现有的大中城市基础设施比较落后,在城市管理体制、社会保障和公用事业供给方面存在很多问题,城市功能不完备,这些都影响了农民市民化。①

3. 城镇化异化现象明显,成为围绕 GDP 增长的人为布局

城镇化是经济社会发展的必然趋势,也是农民市民化不可或缺的载体。传统城镇化给中国农村的发展、农民收入的增加以及生活水平的改善等带来了积极正面的影响,但在新的阶段,农民的需求开始发生变化,经济发展也面临转型,中国城镇化出现了明显的异化现象。由于对城镇化的片面理解,实践中城镇化异化成为 GDP 增长的手段,城镇化作为一个要素聚集的自然历史发展过程,却异化为围绕 GDP 的增长而做出的人为布局,以致土地财政、高房价、农民半市民化形成的社会矛盾凸显,成为制约农民市民化的主要障碍。②

三、网络舆情推动中国农民市民化进程

1. 网络舆情促进农民工群体接受城市生活和文化

近年来,农民工精神文化生活孤岛化的现象越来越严重,他们虽然在不停地为城市的建设和发展做出贡献,在为早日成为一个城市人而不停地努力,但是城市还并没有真正接纳他们,不论是在制度上、在文化上,还是在意识上等,农民工群体仍处在城市的边缘,艰苦地生存着。网络媒介的出现让他们的业余文化生活有了一些乐趣,网络互动、网络音(视)频、网络游戏等填补了他们精神文化生活的空虚,让他们有了一个自由的空间来缓解压力、交友聊天。网络在农民工的生活中已经普及,手机上网更成为多数人选择的上网方式。网络媒介已经非常迅速地渗透进新生代农民工的生活中,很多农民工已经成为忠实的网民。网络媒介对农民工的意义,主要体现在以下几个方面。

---

① 祁金立.中国城市化与农村经济协调发展研究[M].武汉:华中科技大学出版社,2004:187.
② 甘丹丽.新型城镇化背景下的农民市民化:制度冲突与路径选择[J].内蒙古社会科学,2014(2).

(1)对农民工的社会化进程有重要的影响。网络文化的渗透让农民工们更迅速了解和认识社会,了解城市生活,形成较为成熟的价值观,使其对社会形态与社会结构有了更清楚的认识。

(2)网络媒介加速了农民工群体的市民化进程。农民工群体本身的自我认同危机十分严重,对自己的"农民"身份并不十分认同,很多更愿意别人称自己为"打工仔"或"打工妹",由此可见他们这一群体对自己的定位还是十分模糊的,是农民还是市民,既让社会困惑,也让他们感到困惑。这个一直在城市边缘徘徊的群体目前还很难被城市接纳,网络媒介可以让他们通过网络加深对城市社会的了解,加强与各阶层的网络互动,缓解以往"孤岛化"的状况。

(3)网络媒介对于广大城市人群改善对农民工的刻板印象有极大的帮助。较传统媒介的报道而言,网络媒介传播方式更随意和自由,对农民工群体的包容度也更大。网络媒介的传播和网络互动可以让更多的人关注农民工群体,也能够让原先形成的关于农民工的负面形象得到改正和更新,修缮城市人群和农民工群体的关系,使双方更了解对方,关系也更融洽。

(4)网络媒介帮助农民工拓宽视野,提升了他们的文化素质,为他们的日常生活带来便利。但目前农民工对新媒介的接触和使用程度与城市人群相比差距还很大,一些电子商务等媒介形式还没有为更多的农民工接纳。网络媒介还可以增强农民工群体的社交能力,同时也会提高农民工的媒介素养。

总之,网络媒介的发展和普及,可以帮助改善农民工群体在城市中的生活,也可以促进城市居民和农民工群体的和谐相处,提高他们融入城市的程度,有助于推动他们的城市化、市民化进程,有助于提升他们整体的精神文明水平,使他们更加自主地向城市人迈进。使用手机上网近两年已经成为农民工群体上网娱乐的新方式。手机被称为继互联网后的"第五媒介",其功能的不断扩大化使其在受众中的普及率和热衷度不断提高,现在的智能手机的功能甚至可以媲美笔记本电脑。而手机功能的研发和更新换代之快已经让人目不暇接,应用软件的研发、4G移动通信技术的普及、手机价格的一降再降,使得手机早已不再是奢侈品,而成为通信必需品。

这些对新生代农民工产生了尤为明显的影响。新生代农民工接触新事物的能力要比上一代农民工迅速,其好奇心也更强。新生代农民工上网的主要目的是娱乐和消遣闲暇时间,使用网络辅助工作的较少,还有一小部分会通过网络找工作、学习。新生代农民工对网络的了解和接触程度一直在不断提高,并形成一定的依赖。但由于农民工群体仍处于城市的边缘,其经济基础比较薄弱，在社会化和市民化程度不高等外界因素的影响下，其对网络的认识和使用程度较城市青年群体还有较大的差距，网络媒介对新生代农民工的影响仍有很多负面因素存在，这不利于这一群体在城市中的成长和融入，尤其是容易使其沉溺于网络之中，形成更加自闭的社交心态。

新生代农民工外出打工的契机多是毕业后由同乡介绍进城，或者是与同学一起进城找工作，也有部分是自小跟随父母进城打工，其由于年龄较小，接触新事物能力较强，对城市新事物接受速度较上一代农民工快。并且由于新生代农民工不满足于仅仅以"养家糊口"为打工目标，大部分新生代农民工对农村并没有像上一代农民工那样深厚的感情，也没有过多的家庭负担，多数对于若干年后回农村务农不感兴趣，因此新生代农民工的目标逐渐倾向于未来成为"城市人"，在城镇中安家、定居，所以他们进入城市后从心理上和行为上更注重对城市的了解和对城市人的观察与模仿。

网络媒介作为现代城市社会快速发展的一个产物，它的普及和发展影响着每一个在城市中生活的人。网络文化对现代社会文化的冲击力和影响力也越来越大，人们对社会资讯的了解、对时事热点的关注、对时下社会问题的评论等都不可避免地受网络媒介传播的影响，甚至人们的生活方式也因网络媒介而出现重大改变。网络电子商务的兴起让网络购物风靡，交通部门等政府行政部门也推行了网络订票、网上预约等服务措施，更不必说网络视频、网络音乐、网络博客、微博、社交网站、论坛、网络社区等网络媒介形式的应用，它影响着社会上每一个使用网络和不使用网络的社会人，新生代农民工这一群体当然也不例外。

（1）接触网络机会渠道多。新生代农民工在城市打工过程中接触网络媒介的契机有很多种，最初接触网络和使用网络主要是同乡、同学或同事告知的。来自安徽的小王告诉笔者，还没来城里打工的时候就和同学去过县里的网吧，到了城里以后去的次数更多了，多是和工友一块去，有时候也自己去。新生代农民工在城市生存的社交关系网比较单一，尤其是与城市同年龄段的人群接触并不多，其社交范围仅限于同事、同乡、亲戚等，交友范围比较窄，信息获取渠道也主要来自这一人群，对网络媒介的了解多是来自这一群体的推荐。

（2）其他大众传播媒介的影响大。部分农民工接触网络媒介的契机还可能来自于其他大众传播媒介的传播，例如电视、报纸等。电视目前仍是农民工群体业余文化生活的首选方式，电视媒介上关于网络媒介的传播频率并不低，尤其是近几年传统媒介与网络媒介的融合程度在增加，网络媒介与电视媒介的同步播出等现象也比比皆是,新生代农民工通过传统媒介了解网络媒介的机会也在增多。

（3）工作中接触到的网络媒介种类全。新生代农民工的工作种类逐渐发生变化,由以往的以建筑工人群体为主,逐渐转变为以制造业、服务业为主,很多用人单位的联网、办公条件的电脑化等都使新生代农民工有机会接触电脑、接触网络媒介,例如超市的收银机、餐馆的点菜机,还有一些用人方专门配备的电脑等。

（4）移动媒介使用频繁。新生代农民工网络媒介接触的另一重要契机是手机的推广。很多新生代农民工都有手机,并且他们的手机功能在增多,以往的农民工手里的手机只能打电话和收发短信,但现在新生代农民工手里的手机功能花样繁多,而通信公司推出的上网包月套餐等更是对新生代农民工群体有着强大的吸引力。相对于网吧的按小时收费,手机包月上网对新生代农民工来说更实惠,也更符合其工作时间长等特点。因此,移动媒介对新生代农民工的影响也在逐步加大。

大众媒介对社会的影响力巨大,对于新生代农民工更是如此。媒介即讯息,大众媒介通过向广大受众传递信息而时刻影响着人们的思维和态度。不仅是新生代农民工们会受到大众传播媒介的影响,每一个个体只要生存在社会上,都随时有可能被"魔弹"击中,成为媒介信息的接纳者和传播者。城市更是大众媒介传播的聚集地,新生代农民工们的观念和行为也在媒介信息的熏陶感染下发生着变化。

2. 网络舆情推动有利于农民工市民化的政策出台

阻碍农民市民化的政策因素有很多,如户籍制度。2003年的"孙志刚"事件在网络上引起一片哗然,越来越多的人讨论当时的户籍制度,认为户籍制度不够合理,限制了人的流动。在随后的城镇化过程中,政府不断出台新的政策以实现人的自由流动。2007年,中国提出"建立统一的户口登记制度",2012年再次提出"要继续探索建立城乡统一的户口登记制度。逐步实行暂住人口居住证制度"。2008年提出"符合条件的农村人口在城市落户",2010年提出"将放宽中小城市、小城镇特别是县城和中心镇落户条件的政策",2013年再次提出"农业转移人口市民化机制""全国统一的居住证制度"等。而农民的社会保障制度、土地制度等同样存在着不公平的问题。近些年,不断有公众对这些制度提出质疑,在网络上进行广泛讨论,也引起了政府的注意和回应。在社会保障制度方面,党的十八大报告中强调,要统筹推进城乡社会保障体系建设,要坚持全覆盖、保基本、多层次、可持续方针,以增强公平性、适应流动性、保证可持续性为重点,全面建成覆盖城乡居民的社会保障体系。目前中国已经初步建立起覆盖城乡的社会保障体系,但社会保障事业的改革发展仍面临一系列挑战,包括保障水平存在差距、公平性和规范性有所欠缺、统筹层次不高、转移接续不畅等问题。而土地制度方面,也有了一系列的政策出台。例如天津市2005年下半年推出"宅基地换房"政策,即农民以其宅基地,按照规定的置换标准,换取小城镇内的一套住宅,并迁入小城镇居住;重庆市探索土地流转的"住房换宅基地、社保换承包地"方式,即在不改变土地用途和性质的情况下,集中使用承包地和宅基地,鼓励农民自愿出让承包地和宅基地换取城市养老等社会保障,以释放更多的非农用地,而农民将获得"现金+股份"的补偿。这些农村土地产权制度和流转制度的改革虽不尽完美,但赋予了土地资本化的价值,推动了农村土地流转,有利于加快农民市民化的步伐。在新型城镇化背景下,应根据农民的意愿进一步改革农地流转制度,以促进农地顺畅流转,为农民市民化提供保障。

3. 网络舆情培养公民社会崛起

网络舆情不仅仅是民意的反映,更重要的是它是公民权利的一种实践形式。对网络舆情采取宽容的态度以及合法、适度的引导,不仅有利于治理社会冲突,更是在积极推进公民社会建设。公民社会主张一定程度的社会自治,主张人们的"私"生活领域应是一个合法空间。个人空间的存在为网络舆情的存在提供了条件,也有了它发挥作用的可能;也正因为处于公民社会发育的时代,人们拥有多元的自我认同和不同的价值判断,因而对网络舆情的看法有时才会相异于主流话语。①

公民社会组织一般都有明确的利益倾向性,都是意见表达的主体。虽然公民社会不一定有强烈的意见表达冲动,但作为一种社会组织,公民社会会在一定程度上形成自己的主张和观点,并利用意见表达的机会反馈给政府,使其有机会进入政府决策过程。这个意见表达的过程,实际上也是公民社会的一种制约方式。2003年,孙志刚死在广州收容站,激起网民愤怒,这令中国政府开始反思并修改其收容遣送制度。广州市番禺区围绕居民生活垃圾焚烧发电厂项目选址问题展开了热烈讨论,官方认为这是利国利民的好事,但在当地居民看来则是一件损害包括健康在内的自身各种权益的恶举。番禺垃圾焚烧发电厂项

---

① 梁兴国. 网络舆情与社会冲突治理[J]. 上海财经大学学报,2012(3).

目选址风波在折射公众焦虑的同时,也正成为民意表达的一个标本事件。通过网络将地方政府行使权力的不合理、不合法现象和腐败问题向公众曝光,能构成对权力的制约,原因在于权力腐败等问题一经曝光,必然给腐败分子带来灾难性的后果。腐败分子的行为和结果一经在网络上曝光,就会成为公众舆论的焦点,并引起一致的"惩罚"呼声,权力监察机关或上级权力机关会及时地处理。另外,这种曝光也能促使当权者纠正错误,改变不作为态度。对一些程度较轻的权力腐败现象,曝光也能起到闻者足戒、促其改正的作用。网络不同于传统媒体,官方并不能对其进行完全控制。网络能在中国新型公民的塑造方面发挥重要作用。网络为公民意见的表达提供了一个独特的场所,使得民意能够以相对自由的方式得以表达,给决策者以压力。在这种情况下,决策者自然需要克制,但民意表达的本身也需要理性。在番禺事件中,我们看到,在博弈的过程中,老百姓与地方政府都控制在理性并积极的层面上。

4. 网络舆情催化农民向市民转变的权利意识觉醒

2012年8月26日凌晨2点40分许,陕西延安境内包茂高速公路安塞段发生一起特大交通事故,一辆双层卧铺客车与一辆运送甲醇的油罐车追尾,引发甲醇泄漏并导致两车起火,事故造成36人遇难,3人受伤。随着媒体的报道,事故迅速引发舆论的广泛关注。然而,就在此时,与沉痛气氛格格不入的是,一组来自事故现场的图集中,一名像是官员身份的人,却背手挺肚,面带微笑。8月26日16时35分,网友"JadeCong"发出了"事故现场官员满面笑容,情绪稳定"的微博,并附上了相关截图。随后,该微博被广泛转发。网络上,对微笑官员冷血的遣责和声讨此起彼伏,而官员的身份也为越来越多的网友所关注。8月26日19时53分,在照片被舆论关注仅3个多小时后,涉事官员的个人信息被迅速搜索出来,22时29分,网友"卫庄"在其微博发布了一张杨达才佩戴手表的照片,并称"网友怀疑是价值3.8万多欧元的欧米茄"。敏感的公众迅速将质疑和关注的焦点从微笑转向名表问题,23时57分,渤海论坛的新浪官方微博发布了杨达才在不同场合佩戴有5块不同款式手表的照片。至8月30日,杨达才疑似戴过的6块不同款式的手表被曝光,而这些手表同样价值不菲。杨达才并未做出回应。事件发展至此,公众对于杨达才到底有多少块表、这些表到底是哪来的、多少钱一块、杨达才到底有多少财产和财产的来源问题不断追问和质疑。直至9月21日,陕西省纪委才在其官方网站秦风网发布了杨达才因存在严重违纪问题被撤职的消息。网络颠覆了信息传递的不对称性,使腐败无处可藏,也正因为如此,网络监督正在成为政府反腐的积极力量,悄然改变着中国现有体制下的权力监督模式。杨达才事件被网友认为是"网络反腐的又一次胜利"。从网络围观到网络监督再到网络问责,网民利用虚拟网络搭建起现实监督的平台,在网络上愤怒、呐喊,在公众和舆论的反复追问下,掀起了一股网络世界中全民反腐的洪流。"表哥事件"是典型的公众行使监督权的体现。在新型城镇化过程中,越来越多的农民逐步向市民转化,这不仅仅是他们户籍制度、居住地的改变,变化的还有他们的意识,他们开始更多地关注社会,注意行使自己的权利。杨达才的落马就是中国农民市民化后意识转变的一个案例。而在中国的反腐败过程中,市民化后的农民通过网络关注热点,成为反腐败的重要力量。

第二节 政府职能转变

政府职能权限亦称为政府管理权限,它所反映的是政府在公共事务管理过程中与社会、市场的关系问题,也就是说政府管理权限明确了什么是政府应该管理的事务,什么是社会应该自主管理的事务。我们正加快行政管理体制改革,努力建设服务型政府。服务型政府的提出,实际上意味着政府的职能重心、核心转移到公共服务和社会管理上来。这种以服务型政府建设为导向的政府职能转变亦是中国政府不断提高自身能力、适应社会发展要求的必然结果。十八届三中全会通过的《中共中央关于全面深化改革若干重大问题的决定》(以下简称《决定》),作为新的历史时期指导全面改革的纲领性文件,对于转变政府职能提出了全新的要求,规定了今后一个时期转变政府职能的任务。《决定》指出,"必须切实转变政府职能,深化行政体制改革,创新行政管理方式,增强政府公信力和执行力,建设法治政府和服务型政府",并从"健全宏观调控体系""全面正确履行政府职能""优化政府组织结构"三个方面,提出了加快转变政府职能的具体要求及目标。①

一、网络舆情推动政务微博发展

建立高效政府是世界各国政府努力的方向,也是确保经济社会成功发展的基础。20世纪70年代以来,为了裁减冗员、削减行政费用、提高行政效率,世界各国政府纷纷采取各种不同措施进行着本国的行政改革。网络舆情的发展为

---

① 中共中央关于全面深化改革若干重大问题的决定[N].人民日报,2013 – 11 – 16(1).

政府提高行政效能提供了良机。电子政务通过使用各种新技术手段实现信息化管理,以更为快捷、更为经济的方式收集、处理、传递、沟通信息,能够大幅度提升政府的整体行政办事效率。《2012年联合国电子政务调查报告》指出,政府部门要利用社交媒体提高公共服务质量,减低成本,增加政府透明度,并建议各国政府更加重视电子政务,发展和推进政府一体化,推动公共治理的合法有效,为今世后代实现包容、公平和可持续发展做出贡献。2009年11月2日,湖南省桃源县官方微博桃源网发出第一条政务微博,标志着中国步入政务微博时代。随后各级党政机关及领导的微博如雨后春笋般开通。截至2011年12月10日,在新浪网等四家微博网站上认证的政务微博达50561个,其中党政机构32358个,党政干部18203个。政务微博是由政府机构及公务人员推出的实施政务活动的微博客,具有即时、互动、便捷的传播优势,现已成为官民沟通新平台,切实推动着服务型政府的构建与社会管理的创新。

二、政务微博推动服务型政府发展

构建服务型政府的重点在于实现政府的公共服务职能,真正在施政问政中践行服务理念。政务微博顺应了政府和公众的双重需求,改变了传统政府重管理、轻服务的行政模式,减轻了由于官僚主义行为、政府诚信缺失行为所造成的公众逆反心理,成为有效缓解社会矛盾、改善政府与公众关系的桥梁和媒介。政务微博的应用,促使政府的组织结构、行政流程和运行机制自觉或不自觉地向着现代政府转型,公众需求重视度越来越高,以公众为中心的业务流程整合再造使政府职能向着以服务为主的形态转变,全天候、智能化成为政府服务的常态模式。政府需要改革创新管理体制,通过政务微博来应对处于社会转型期日益增多的社会矛盾,让社会各个阶层感受到来自政府的诚信,看到政府为不断提升满意度所做出的努力。对于普通民众来说,网络文化带来了个性和意识的觉醒,他们希望公民的主体性得到体现,个人的知情权、参与权、表达权受到尊重。政务微博提供了这样的渠道,打破了传统政府管理模式垄断独享社会信息的屏障,缩小了政府与公众之间的距离。公众感觉自身确实参与到了公共管理当中,了解到了政府的运作状态,自己的声音得到了社会的关注,视政务微博为反映利益诉求的便捷途径。

1. 政务微博对政府信息公开起到促进作用

微博平台在政府信息公开中具有得天独厚的优势,基于微博传播的特性,政务微博可通过及时发布信息,加强与网民互动,打造服务型政府。政务微博尤其可用于处理突发事件。[①] 如在北京"7·21"暴雨袭击中,"北京发布""平安北京""交通北京""北京消防"与北京市的16区县政务微博合力持续发布暴雨灾害信息,形成了官方舆论场。在7月22日23时48分,北京交管局专门就"雨后贴条"罚款的网民微博信息做出回应:雨后以服务疏导为主,对因雨受困车辆联系车主,挪移清拖;对22日协管员擅自粘贴的违法告知单不予录入;对擅自贴条的当事协管员严肃处理、调离工作岗位。北京交管局的这条微博"通知"转发量达14309次,评论达4433条,有效地发挥了北京政务微博的功能。

2. 政务微博有助于体现服务型政府的高效性

政务微博作为政府的管理创新,能够让政府决策者及时地收集到丰富全面的信息,经过整理分析后将其作为科学决策的参考依据。[②] 当面对突发性公共事件时,政务微博更是成为听取公众的意见和建议,及时进行信息公开,在有效集中群众智慧的基础上不断完善政府决策的重要工具。通过决策前的互动式沟通,以及决策后的答疑释惑,提高了政府决策的科学化、民主化程度,最大限度地降低了决策风险。公众的高度认可会引导社会舆论向正确的方向发展,不仅可以快速高效地解决问题事件,减少网络突发性群体事件发生的概率,而且使政府的公信力受到维护,保障了经济社会的稳定发展。在日常的政务处理当中,由于政务微博采取集群化发展和集中式办公,各种政务信息的传递速度明显加快,政令的时效性得到增强,节约了公众的时间和精力,降低了行政运作成本和社会管理成本,为公众提供服务的效率大为提高。公共行政模式的改变也带来了政府行政组织结构的变革,一些中间管理环节被缩减或取消,政府的整体运转效率因此而提高,从而让服务型政府的高效性得以体现。

3. 政务微博问政,促进了公平正义[③]

在政府处理一些社会热点事件时,微博发挥了强大的舆论监督功能,促使政府公开相关信息,公平地解决有关问题。同时,民众通过微博问政,形成对政府部门及其工作人员的外部问责和舆论监督相结合的监督机制,巨大的舆论压力促使有关官员直接面对公众的评价质询,无法再躲避推诿。

三、网络舆情推动政府职能转变

作为社会管理机构,必须大力加强信息化建设。公众希望政府更多地帮助

[①] 李雅. 从政务微博看政府信息公开的发展[J]. 电子政务,2012(4).
[②] 陶鹏. 政务微博与服务型政府的构建[J]. 社科纵横,2013(3).
[③] 杨树林. 网络新媒体之于社会管理——以当前微博的影响为例[J]. 理论与当代,2012(4).

个人解决问题,向社会公众发布各种政策信息,提供各种政策咨询服务。便捷、低成本的网络舆情使公民和企业可以及时了解政策法规,从而获得政府更具体化、更个性化的服务。随着社会问题的复杂性与专业化程度的不断加深,全能型政府已经难以为继。政府职能的无限扩张不会为公众解决更多的问题,相反只会产生更多、更复杂的问题。政府职能定位应从弥补市场缺损、满足社会和公众的需求的角度出发。

网络舆情对政府管理提出了挑战,要求政府实现职能转变,将社会性、公益性、自我服务性的事务性工作从政府职能中剥离出去,交给中介组织和事业性单位承担,将原本属于社会的生产、分配、交换的经济职能归还给社会。政务管理走向公开与透明也是建设服务型政府的重要一环。网络舆情的快速与突发性特点对政务公开提出了更高要求:在电子政务的框架下加强网上政务公开工作,使大众及时了解政务信息与办事制度、流程,监督政府政务工作。网上政务公开的出发点和落脚点是保障民主权利,维护群众利益,使大众享有知情权、参与权、监督权。公开政府办事制度、办事过程、办事结果,主动接受群众的监督,政府才能真正做到科学、民主、依法执政。

网络的出现及其与生俱来的特有的直接性、开放性、平等性、高效性、交互性、便捷性、低成本性,在一定程度上能改善传统媒体监督的不足。网民可在第一时间通过新闻发帖、BBS 论坛发帖、跟帖,或通过个人博客、网上签名等多种形式揭露无人所知的"内幕"或"隐私",将事件或社会问题大白于天下。网民可以最大限度地参与到新闻事件、社会事务和公共决策中去。在话题集结阶段、争议辩论阶段、意见趋同阶段,形成网络公共舆论进行监督。

网络舆情促进政府信息公开化,现阶段中国公民可以通过网络参与的方式来表达自己的政治愿望,参与公共政策的制定。网民通过上网浏览时政信息、政府网站的政策新闻,通过网络论坛、个人空间发表政治见解,通过网络投票、网上建议征集参与到政策的制定中去,甚至还可以通过网络与政府官员在线交流。公民积极参与公共政策的制定过程,不仅能够加强政策制定的科学、民主、合法性,同时还能监督决策的执行,保证公民的切身利益得到保障。公众的民主权利得到了充实,伴随而来的民众参与需求也将不断提升,进而要求政府信息公开,实现政民互动。信息化的快速发展,为政府提高管理和服务水平提供了广阔空间。政府应该大力推广电子政务等服务手段,使公共服务更加透明、高效,从而建立权为民所用、情为民所系、利为民所谋的服务型政府。

合理应对网络舆情,利用网络来处理政务,可节约政府行政管理成本,促使政府的"政务边际成本递减"①。这里的"政务边际成本递减"其实是指社会管理的中间成本,在社会管理中随着管理范围逐渐扩大,从而使成本相对减小。而传统政务按照的是"政务边际成本递增"法则。政府对社会管理的任务相当繁重,管理范围越大,相应地,管理成本就越高,并且按照传统管理方式所产生的效果并不好,导致群众所反映的问题得不到有效的解决,信息反馈滞后,从而产生一系列民生问题。我们从西蒙的有限理性说中可以知道,在工业社会,个人能直接管理的人数在7到13人之间,超过了这些人数就需要分层,一分层就会导致成本相应提高,并且要付出相应的代价,包括正面的管理费用和负面的贪污腐败。多一层分层就会多产生一道权力设置,多一道权力设置就会多产生一道关卡,正如戴维·奥斯本尔在《改革政府》中指出的,"官僚和官僚机制感兴趣的是争取更多的经费和更大的权力"②,这实质是政府机构自我扩张,追求自我利益的结果。而网络政务的公开性、透明性、有效性,可以有效地减少分层,提高政府工作效率,并且可以直接真实有效地搜集民情、反映民意,避免无效率、高成本的暗箱操作。由此可见,利用网络参与政治,对加快中国形成行为规范、运转协调、公正透明、廉洁高效的行政管理体制,加快政府职能的转变和创新,节约行政管理成本,具有不可替代的作用。

网络舆情催生政府管理理念创新,树立政府治理理念。网络舆情不仅对政府管理方式与政府职能转变产生积极的影响,也在管理理念上对当前的政府管理提出了新的要求。总的来说,在网络舆情的关照下,政府管理理念要从政府管理向政府治理转变。管理与治理虽然仅一字之差,但其内涵相差甚远。全球治理委员会于1995年在《我们的全球伙伴关系》报告中提出:"治理是各种公共的或私人的机构管理其共同事务的诸多方式的总和,它是使相互冲突的或不同的利益得以调和并且采取联合行动的持续的过程。它既包括有权迫使人们服从的正式制度和规则,也包括各种人们同意或者以为符合其利益的非正式的制度。治理是一个动态的过程,并非单纯的规则或者活动;治理的手段是协调、合作,而非控制;治理的目的是指在各种不同的制度关系中运用权力去引导、控制和规范公民的各种活动,以最大限度地增进公共利益。"③由此可见,"政府治理"是在行政型政府基础上发展而成的一种新的政府管理模式,政府由高居于

---

① 胡传明,谭伟燊.论网络化条件下公民政治参与和政府职能转变[J].南昌大学学报,2008(5).
② 曹泽林.信息时代的党建创新[M].北京:中共中央党校出版社,2003:325.
③ The commission on global governance. Our global neighbourhood[M]. Offord: Oxford University Press, 1995:23.

社会之上的国家对社会实施治理的公共权力机构,转变为在社会众多权力主体之中处于主导地位的协调者、引导者。政府组织结构也开始由等级制的金字塔式的管理结构逐步向网络化扁平式的治理结构转变。治理强调网络是政府对外展示的一个良好平台,为公共管理双方提供了便利的沟通渠道。对网民而言,通过网络了解政府出台相关政策的初衷,可以知晓公共管理具体行为的推进情况,甚至可以通过网络监督政府的行政管理行为。在这样一种良好的互动情况下形成的网络舆情,有助于为政府管理提供有利的舆论环境。

四、信息城镇化过程中地方政府职能优化路径

新型城镇化不仅是从高度的中央集权到适度的地方分权和城市自治,同时还包括从高度的国家集权到社会权力的扩大、社会自治。推进新型城镇化,就是要在国家与公民社会的关系上实现还权于民,在物与人的关系上实现人的主体回归。从这个意义上说,新型城镇化是以人为核心的城镇化,以人为本的城镇化,无论是经济增长还是社会发展,都要立足于人完成城镇化。"人的城镇化"的前提是基本公共服务均等化,实现符合空间正义原则的新型城镇化。"人的城镇化"的目标是让人人可以分享城镇化带来的增益,保护弱势群体,消除社会排斥,维护公民权,包括人的就业权、居住权、就医权、受教育权等,实现人的全面发展。

新型城镇化进程中政府与市场合力机制的建构需要政府进一步转变职能,释放过度的行政干预权力,强调尊重市场,扩大企业自主权,使企业真正摆脱作为"政府机构附属物"的地位。新型城镇化强调以人为本,倡导社会和谐与空间正义。新型城镇化进程中政府职能的转变要建立在对政府行政权力正确认识的基础上。新公共服务理论则强调服务于公民,而不服务于顾客,认为公民权涉及个人影响政治系统的能力,是指对政治生活的积极参与,强调行政官员应该把公民视为公民,应该分享权威和减少控制,并且应该相信合作的功效。

1. 在新型城镇化的进程中,坚持"以人为本"

城镇化的根本目的是使更多的人能够享受科学技术进步和现代生产力发展的最终成果,享受现代城市的先进与文明。因此,城镇化的发展要以提高社会的福利水平为最终目的,城镇化政策的出发点和归宿要以促进人类幸福、文明为准则。城镇的建立和发展要以提高人们的经济收入和生活质量为前提。"以人为本"就是要促进人的能力和素质的提高,进而保证人的全面发展。人的全面发展包括人的素质、能力等多方面的发展。"发展教育,特别是推进素质教

育,可以造就全面发展的人,人的全面发展很大程度上取决于教育。"①而人类社会发展与实践活动的历史证明,人的素质和文化发展程度的高低,直接关系着社会的发展状况。"人与社会是密不可分的,人是社会的人,社会是人的社会,社会发展和人的发展是同一过程的两个方面。"②党的十四大报告指出:"科技进步、经济繁荣和社会发展,从根本上取决于全民族的思想道德和科学文化水平。"由此可见,中国各行各业以及整个社会经济的发展在很大程度上取决于国民自身素质的提高和综合型人才的培养与人才资源的开发,在新型城镇化建设的过程中,应重视人的全面发展在促进社会进步和社会发展中的重要作用,坚持以人为本,大力推进素质教育,提高全民族的思想道德素质和科学文化水平,促进人的全面发展,为经济社会发展与进步提供有力的精神动力和智力支持。

2. 提高农民的素质和教育水平

在新型城镇化过程中,应加强对农村劳动力科学文化及相关知识的培训,提高他们的思想觉悟以及相关的科学文化水平,为中国农村和农业的发展、城镇的物质文明和精神文明建设提供智力支持。中国农村人口数量庞大,农民总体文化素质不高,这势必会影响农村的经济发展。甚至一部分人员由于文化水平低,只能从事简单的农业生产活动,他们缺少除了农业生产活动之外的谋生技能,导致他们对非农业生产缺乏自信;而培养农业生产所需的技术人员有利于巩固经济发展,促进农业技术改革。因此,要想缩小城乡之间经济水平的差距,促进城乡一体化发展,推进农村文化教育普及,提高农村教育水平、减少体力劳动和脑力劳动之间的差别是至关重要的,这是提高农村劳动力就业能力和就业质量的重要基础。同时,要推动公共教育协调发展,降低城镇中流动人口子女入学政策规定中对户口的特殊要求,甚至逐步实现平等化,制定更合理的户籍管理制度,实现农业人口和非农业人口的主体平等;加强农村教师队伍建设,改善农村薄弱的办学条件;拓宽教育经费筹措渠道,以公办学校为主,实现资源利用最大化,鼓励社会有能力、有财富的人通过慈善机构投入到教育事业中,通过以上措施,尽可能地让农村留守儿童和城市流动人口的子女都能接受良好的教育,最大限度地保障更大范围的受教育对象的教育权利。

3. 统筹解决"三农"问题,注重城镇的可持续发展

城镇化进程是一个长期发展的过程,有其固有的发展规律和发展动力。新

---

① 张孺. 全面加强社会建设 促进人的全面发展[J]. 广西教育学院学报,2012(5).
② 陈先达、杨耕. 马克思主义哲学原理[M]. 北京:中国人民大学出版社,2004:27.

型城镇化进程中涉及的最复杂的问题,就是"三农"问题。"三农"问题在城镇化进程中具有不可低估的人口影响、素质影响和空间影响。城镇化实际上是资本、产业、人口、市场的集聚过程。这个过程为产业集聚、农村劳动力转移提供了载体,促进了城市的基础设施、居住环境、生活条件等的改善,推动了第三产业等的发展。可持续发展不只体现在环境治理和生态建设等方面,而且是新型城镇化发展观的重要表现。因此,新型城镇化建设需要统筹考虑,全面解决"三农"问题,注重城镇的可持续发展。

4. **完善社会保障制度,建立覆盖全社会的教育、卫生服务体系**

完善城镇企业职工基本养老保险,探索建立城镇居民社会养老保险。进一步完善被征地农民社会保障制度,加快制定城乡各项社会保险制度的转移衔接办法,妥善解决异地就医结算问题。完善农村居民最低生活保障制度。合理配置基础教育公共资源,形成普通教育与职业教育相结合的布局,城乡统筹、均衡发展的教育体系;巩固和完善城乡公共卫生服务体系,提高公共卫生服务的利用效率和综合服务能力。根据城乡居民对社会保障的实际需求,建立健全城镇居民、农民工、农民三个层次的基本社会保障服务体系,实现社保工作的重心向城乡统筹发展转变。

在现阶段网络迅速发展的今天,信息爆炸,新型城镇化的进程中需要政府、市场、社会之间信息的有效传递与交流。网络舆情的发展推动了公众对于社会生活的关心与参与,这种公共参与实现了公民权利,同时也促进了政府职能由管理型向服务型的转变,以人为本,实现新型城镇化。

第三部分

适应城镇化发展战略的网络舆情疏导

第七章　城镇化发展中的网络舆情

第一节　城镇化网络舆情的主要领域

涉及城镇化的网络舆情种类繁多、千差万别，但概括起来主要有四个方面，即城市规划舆情、城市建设舆情、城市管理舆情和城市精神文化舆情。

一、城市规划舆情

城市规划舆情主要是在城市规划过程中产生的网络舆情。随着城市政务公开意识的日渐增强，越来越多的地方政府会向市民公开各种各样的规划，并邀请市民参与。一般而言，持这种公开的态度是为了获得市民的支持和理解，实际上，在大多数的领域，的确起到了这种作用。然而，在一些邻避设施的规划上，由于规划部门和市民的角度并不完全一样，很多规划甫一公开就收到了市民的质疑，一旦规划部门不能及时做出回应，事件就会发酵，产生舆情。我们以广东省惠州市博罗县民众反对建垃圾焚烧厂为例，进行探讨。

2014年9月13日，广东省惠州市博罗县上千民众走上街头反对建垃圾焚烧厂，引发各方关注。当天，博罗县官方微博发布回应：博罗县1000多名群众自发在县城文化广场聚集、上街表达诉求，表达对候选地址龙潭底的疑虑，现场情况总体稳定，没有出现堵路、打砸抢等过激行为，11时30分群众基本散去。第二天，惠州市人民政府新闻办官方微博发布信息回应民众质疑：所谓"选址已定"或"拟开工建设"实属误传。

事件发生后，各类媒体广泛跟进，5天内各类媒体报道达到了1052篇，对当地政府形成了极大的压力。其中，人民网广东频道发布原创新闻报道《广东博罗部分群众反对拟建垃圾焚烧厂　官方将收集民意科学决策》影响最大。该新闻对当日发生的民众聚集事件进行了梳理，并公告了官方对此事的回应。从报道主旨来看，突出官方收集民意的诚意，希望通过新闻报道实现舆论引导。然而，在传播过程中，网络媒体为了点击率，有意无意忽视了政府的解决措施。这则新闻报道被京华网、新浪、凤凰网等转发，标题中多凸显民众上街抗议，未彰显官方的回应，京华网的标题为"广东千余民众上街游行"，凤凰网则更具体，冠以标题"广东千余名民众上街抗议建垃圾焚烧场"。在浅阅读的互联网环境下，只说民众上街抗议，不提官方回应，显然给官方造成了巨大的舆论压力。不光网络媒体在关注，更多的自媒体也参与到了事件的传播中来，从微博平台上的统计数据来看，此次因垃圾焚烧厂规划引发的聚集事件关注度相对较高，相关的微博为8000条。实际上，民众走上街头反对建垃圾焚烧厂事件的源头就是来自微博，根据事后调查，早在2014年9月10日，就有一些草根网友开始发布信息反对在东江边建垃圾焚烧厂，并呼吁大家在9月13日9时到广场上聚集、抗议。9月13日，线下抗议活动发生，网友对事件进行线上同步直播，通过上传照片使事件更具现场感，同时与"头条新闻"等自媒体进行互动，并得到了"头条新闻"的响应——对此事进行了转发，从而让事件在微博平台上的关注度得以较快上升。

通过对事件的复盘，我们发现，在此次事件上，网络舆情的爆发和最终的平复，在很大程度上和当地政府的回复正相关。作为一起群体性事件，网络关注度本不高，但是博罗县公安局在事件发生后的回复引发了网友们的普遍关注。9月13日，博罗县公安局称"少数别有用心人员无视法律法规，组织不明真相的群众上街非法集会游行，严重影响社会秩序和交通秩序，涉嫌违法犯罪行为的陈某某等24人被公安机关依法带走接受调查"。"少数人""别有用心""不明真相"等词汇刺激了网友们的神经，该公告迅速被解读为"警方限令领头人自首"，使得事件的热度攀升，引发了网络围观。而事件的平息也源于一则官方申明。9月15日，《羊城晚报》对此事进行报道，登载了当地官方的回应，指出该项目选址尚在论证阶段，这一较为有力的回应使官方的舆论压力自此明显减弱。

实际上，由邻避设施的规划引发的网络舆情十分突出，近些年来呈现显著增长趋势。2014年5月在杭州发生了群体抗议事件，一度出现了警民冲突，从而引发媒体和网民的大量关注，在网络上的影响力甚至要远超博罗县事件。从这些事件来看，在网络舆情的发生上，城市规划引发的舆情一般都有一个酝酿期，以博罗县垃圾焚烧厂网络舆情而言，在事件发生前三天，已有部分网友在微

第七章 城镇化发展中的网络舆情

博平台上发布信息,倡议大家网下行动,参与抗议。从这个角度来说,最终发生聚集抗议,显然是因为官方未能做好有效的舆情监测,没有有效地倾听民意,从而错失了提前化解危机的机会,让政府陷入被动应对危机的局面。在网络舆情的处置上,事件的平复很大程度上取决于官方能提供多少真实的信息,博罗县对互联网的不实信息,尤其是微博平台上的不实信息进行及时有效的澄清,使得矛盾有所缓解,围观网友的热情快速回落,有助于舆情的平息。更为重要的是,因城市规划而引起的网络舆情,看起来发生在网上,解决却在网下,对比杭州市和博罗县发生的这两起群体事件发现,官方的处置有一个明显不同之处:博罗县官方在线上对事件进行回应后,主动联系利益相关人,对谣言中声称"已经动工"的地址进行实地走访,让民众眼见为实。用事实说话更能获信于民。

二、城市建设舆情

城镇化进程必然伴随着大量的城市建设。从好的方面来看,城市建设能够实现城市的更新,促进城市的发展,保证城市的活力。然而,由于城市建设是由行政和资本的力量主导和运作的,在操作过程中极有可能会对普通市民尤其是弱势群体的利益造成较大的损害,由此会引发层出不穷的网络舆情。

2014年11月21日,甘肃省定西市陇西县首阳镇南坡村发生征地冲突事件。当日,当地网友通过QQ空间、微博等网络媒介发布现场图片,并向外扩散。11月22日,舆情开始发酵。11月23日,大量信息报道称"11月21日甘肃省定西市陇西县首阳镇南坡村,当地政府出动警察、'打手'等上千人进村暴力强征,致使20余村民受伤",网传"强征队还使用有毒气体喷射村民,致使多名村民中毒"。11月23日当天,陇西县委宣传部相关负责人回应称,这是一起企业建设项目土地平整中引发的冲突,共造成5人受轻伤。发生冲突的原因是企业与个别村民就土地附着物的赔偿价格存在争议。11月24日,陇西县委县政府进一步通报称,不存在强征的情况、不存在网民反映的雇用打手的问题;5名受伤人员现已得到治疗,伤情稳定;所谓"毒气"系灭火器不慎打开,将依法严惩造谣者。并称,相关部门按照"及时医治受伤人员,防止事态扩大,积极稳妥处理善后事宜"的总体要求,正开展各项工作。

事件发生后,博讯新闻网以"圈地毁田"为题进行报道,舆情进一步扩散。搜狐、网易、新浪、腾讯等门户网站分别对陇西征地冲突事件进行报道,隔日,人民网、新华网等主流媒体加入报道,百度"定西吧"也开始讨论官方回应"'毒气'系灭火器不慎打开"的真实性。11月25日,《甘肃日报》的《陇西一企业征地引发冲突 5 人受伤　县委宣传部对网友爆料——回应》着重就当地政府进一步回应内容进行报道。至此，舆情已基本回落。

纵观整个事件，"暴力征地""用毒气喷射村民"的传言以及农民流血倒地的现场图，大大提升了舆情发酵的内在危机。尤其是"用有毒气体喷射村民，致使多名村民中毒"这一谣言是加重舆论挞伐当地相关部门的关键因素。然而，纵观该谣言产生和发展的脉络，我们发现，11月22日已经有相关言论出现，23日晚，当地相关部门才对此做出回应。信息发达的网络时代，"真相尚未穿鞋，谣言已遍布世界"，争分夺秒地做事件的第一定义者十分必要。只有官方对事件的起因、经过等给出界定，才能避免网络出现不良解读。倘若冲突事件发生后，安排专职人员监测、纠偏舆论，或许能及时阻止不实信息蔓延，避免谣言带来的公信力损伤。

同样是2014年，云南昆明晋宁县晋城泛亚工业品商贸物流中心项目施工过程中，发生企业施工人员与富有村部分村民冲突事件。冲突导致8人死亡（其中包括6名企业施工方人员和2名村民），18人受伤，冲突发生后引起舆论强烈关注。2014年10月14日舆情快速升温，相关新闻报道量达到最高峰。随后，舆情热度基本持平，保持高位。16日下午，昆明市政府新闻办第一次公布警方调查结果后，舆情稍有回落，至21日，昆明市委书记反思党的群众路线践行不到位，舆情进一步回落。然而，22日凌晨，大批特警进驻富有村，警民冲突有进一步加剧苗头，舆情再次发酵，有升温态势。

纵观这两次事件，媒体关注点主要集中在地方政府的责任、企业的行为及如何解决征地冲突三方面。首先，地方政府在征地过程中负有不可推卸的责任，问责政府成为主流媒体的共识。舆情普遍指出地方政府管理缺位，必须严肃处理，并质疑当地政府暗中支持开发商，呼吁地方政府应秉持中立态度，发挥公平、公正的协调作用。其次，媒体针对企业的行为和责任进行了探讨，认为企业的强硬态度是发生此次冲突的诱因。最后，舆情关注的焦点是征地冲突凸显了农民、企业、地方政府间的利益矛盾，症结在于发展红利的分配规则。对于如何从根本上解决暴力征地问题，媒体普遍认为法治才是化解冲突的正途。

通过对两次城市建设领域网络舆情的分析可以看出，对于城市建设而言，网络舆情只不过是一个表现，舆情背后暗含的利益冲突才是关键所在。其中包含三个主要矛盾。第一个是地方政府与各种企事业单位的矛盾，城镇化要发展必然要大量的资金，只有引进大型企业才能完成这一目标，然而，一些地方政府在吸引企业入驻时，盲目地答应了企业各类条件，待企业入驻后，又以各种各样的理由和借口不兑现条件,形成了矛盾。第二个是地方政府与农民的矛盾,这方面的矛盾主要是由地方政府对于城镇化的土地的需求引起的,为了获得城市发展空间,往往以低廉的价格获取土地,然后再将土地高价卖给开发商,在这个过程中,农民作为原土地所有者并没有享受到土地溢价带来的利益,反而要承受城镇化带来的生活成本的增加,从而形成不满。第三个是大的企业、公司和市民的矛盾,主要表现为两种形式:一方面是大的企业或者公司的内部建设会影响到周边群众的切身利益,进而造成冲突;另一方面是地方政府将拆迁难题一并打包给开发商,将政府与农民的矛盾转为企业与农民的矛盾。

三、城市管理舆情

随着城市集聚人口越来越多,城市管理难度越来越大,城市管理者与市民尤其是一些进城务工的市民的冲突越来越多。城市管理就像坐在火药桶上,随时可能出问题,而人性中与生俱来的对弱者的同情,使得城市管理一旦出现负面事件,就会在网络上形成巨大的风暴,引来全民围观。

2015年6月11日9时许,河南省周口市川汇区交通路,城管队员在执法时与店员发生冲突,并对商户进行围殴,随后进入店铺内打砸。周口城管打人视频很快在互联网上传播开来,引发众多热议。6月15日,川汇区城管局机动中队队长宋高磊接受媒体采访时称,城管队员"不可能动手打人,俺的人是完全没有动手打人的,我在现场没有看见,但是肯定有推搡的动作"。6月15日下午,河南省周口川汇区城市建设管理局对此表示,6月11日荷花路办事处、荷花交巡警大队和区城管局联合对交通路市容环境进行专项整治时,城管中队队长宋高磊,队员马仁欢、王富军、李科4名同志言语过激、情绪急躁、行为鲁莽、不文明执法,严重损坏了城管执法人员形象。经党组研究决定,免去宋高磊中队长职务,其余三名城管队员停止工作。对于给商户造成的损失,由宋高磊个人进行相应赔偿。

周口城管打人砸店事件发生后,在多个平台上都有报道,其中微博平台上的信息量相对丰富,网络报道次之。从传播路径来看,河南周口城管打人砸店事件最先在优酷上被爆料,这则视频在6月12日的点击量达到数十万次,与此同时,该事件由视频网站扩展到自媒体平台上,事件的热度开始不断上升。当日,河南电视台《都市报道》栏目对事件进行跟踪报道,"记者登门求证 城管否认打人"成为次日网络媒体传播的重点。6月13日,新浪河南频道推出文章《周口十几个城管围殴店员 打砸店铺场面堪比古惑仔》,新浪这则稿件以相对吸引眼球的标题，配以城管打砸店铺的视频，引发网友大量参与跟帖评论。6月15日，中国网河南频道、京华网等媒体介入事件的转发，报道的重点多放在"周口十几名城管砸店铺""围殴店员""店内满地鲜血""满地鲜血"等上面，"围殴""鲜血"等词汇强烈刺激着网友的情绪，让事件热度快速上升。6月16日媒体报道量继续攀升，中国政协网、新华网等主流政府网站的介入让事件的传播面更广。《法制晚报》梳理事件脉络，积极传播官方对此事的处理结果——城管中队队长被免职，在一定程度上中和了"围殴""鲜血"等负面情绪。

　　城管，一个原本客观中性的部门代名词，经过一次又一次的媒体曝光，已然有被贴上"恶霸"标签的趋势。熟悉网络的人都知道，这些年来有关"城管打人"的网络舆情层出不穷，频频见诸报纸网络，城管站在舆论的"风口浪尖"已有一段时间。除了城管工作自身的特性外，更重要的是城管部门在处理网络舆情时普遍经验不足，容易激化矛盾。实际上，在舆情发生后，负责人往往会成为媒体和舆论关注的焦点，"说错话""说不合时宜的话"的概率也大了许多，主管部门应该做到谨言慎行。以周口城管打人事件为例，主管部门正是由于没有做到这一点，导致了舆情激化。此次周口城管打人连带砸店事件，有清晰视频佐证，舆论压力非同一般。然而，事件经媒体曝光后，城管局机动中队队长接受媒体采访时称"俺的人是完全没有动手打人的"，视频证据确凿，还能如此表态，以致许多网友纷纷跟帖留言表态"也是醉了"。正是这位负责人如此信誓旦旦的否认，成为媒体炒作的话题，这位中队长特定语境下的这番言语，被放到互联网语境下审视，自然会遭遇"口诛笔伐"，让事态加剧恶化。

　　可以看出，执法本身的不合法性是危机爆发的最大根源，而主管部门负责人欠缺基本的舆情素养更是让舆情加剧。移动互联网时代，政府执法人员的一举一动都会被监督，极有可能在下一秒成为网络议论的热点话题。面对类似事件，官方可以委婉表明自己的苦衷，讲述小贩如何不配合工作、影响当地民众生活等，但前提是一定要认识到自己执法方式的不当，以较为谦卑的姿态承认错误，态度先行，然后再陈述缘由，这样更容易为民众所接受。同时，城管部门要及时把相关信息主动发送给媒体，一方面显示出官方对媒体的重视态度，另一方面满足了媒体对事件的信息需求，无形之中会让媒体对官方形成一种模糊的好感，从而在对事件的报道中有意识地对官方表态予以着重彰显，这就相当于放大了官方的回应，为舆论引导提供有效帮助。

四、城市精神文化舆情

现代城市是一个异质性强的陌生人社会,传统熟人社会的关系网络在城市社会中消失殆尽,导致城市社会中人与人之间相对缺乏足够的信任,更容易产生各种各样的矛盾。近些年来,类似"扶不扶"的问题引起了社会的广泛关注,每当有事件发生,都会引起舆情的汹涌,成为公共热点。

2015年9月8日,女大学生小袁骑车遇一老人倒地,老人受伤后她拨打了120,随后老人指认小袁撞了自己。警方曾调取周边唯一能看到老人与小袁共同出现的监控画面,但没能呈现老人倒地瞬间。双方各自寻找目击者为自己作证,让该事件变成一场各说各话的罗生门。

事发当晚,小袁发微博:"今早扶了一个摔倒的老太,看到情况严重就给她拨了120,结果老太家属赖上我了,要我全权负责。"她呼吁寻找目击者为自己作证。这条微博先后得到"淮南市政府""人民日报"等官微转发,随后该事件开始发酵。

这条微博引起了网友"任梵僮"回应:"早上我在,我看见了,我帮你作证。"其后,网友"任梵僮"前往派出所作证。舆论多为"老太太碰瓷女大学生"的议论,对老太太的行为舆论进行谴责,对于"扶还是不扶"的老话题再一次热炒。

然而,9月13日,网友"磊磊0324"在微博发布了3段视频,目击者指证女生撞人。剧情逆转,舆论哗然,9月15日到17日之间,达到舆论的高峰,女大学生又成为舆论谴责的对象。

然而,其中不乏质疑者。尤其是当老太太家属说"如果不是小袁撞的,那当时为何陪老人来医院,又为何垫付2000元医疗费"时,此话受到舆论的狂喷。舆论发酵的几天,此微博被争议"包围"。网友的质疑集中在该微博博主以及两位证人与老人到底是什么关系上。博主对《北京青年报》记者承认,自己确实和老人同姓,并且自己和视频中作证的证人与老人同村。舆论进一步质疑老人的证人作伪证。对此,官方并没有结论。

自2015年9月14日起至2015年9月18日,本话题共捕获到话题信息7259条,发现事件相关信息3937条,其中负面信息1804条。9月17日的新闻关注度达到高峰。围绕此新闻设置的舆情,正面信息占4.32%,负面信息占58.84%,中性信息占36.84%。其中,信息来源方面,微博在新闻的信息来源方面以55.81%排于第一位。

经历此前的"外国小伙撞大妈""彭宇案"以及"委屈奖"等事件后,"扶不扶"的话题一出现便成为热点话题。"撞了"还是"没撞",仍然无法得出结论。然而,在自媒体环境下,新闻报道的时效性得到加强,即便不借助媒体,事件的主角也可以在微博上发声,在舆论之战中,拉自己的选票,舆论反转越来越容易。比如起初大家不容分说,先把事件性质打入"讹诈"阵营,而且,碎片化信息的传播,使网友们没有耐心慢慢地做出理性的判断。随着新证人和证词出现,舆论不断地左右摇摆,一会儿同情女生,一会儿同情老太太。而新闻的主角也不断地在网上辩解和反击,寻找新的证据,以赢得舆论的支持。原本只是一起纠纷,而放大到舆论的舞台,赢得舆论的立场往往容易倒逼事件的进展。舆论自有舆论的道德审判,就算是官方最后的调查结果也改变不了这一点。

    这个事件是市民之间因为道德观念、价值判断不同产生的舆情,实际上很大程度上是网络媒体在推波助澜。对于媒体尤其是网络媒体而言,点击率就是生命,最大限度地吸引关注才会成功,所以不惜撕裂社会。以此事为例,记者只是写了当事者一面之词,对于让同学专程带钱过来语焉不详。对老太太一方的原话应该是做了明显的剪裁,只留下诸如"你没有撞我为什么会扶我,为什么会垫付医药费"等个别非常刺激人的话。显然媒体在此事的报道中作恶了,即一开始就是为了追求某种特定目的,为了引发一个扶老太太的大学生再次被讹了的争议甚至轰动效应,对于报道大幅选择性剪裁了。

    对于此类事件,要想平息网络舆情,重新树立社会信心,关键是要树立法律的权威,尽管法律裁决无法还原客观事实,但是在法治的框架下,依据法律规则确定法律事实并做出裁决,应是一个成熟的文明社会所该有的准则。

第二节　城镇化网络舆情的主要特征

    通过以上分析,我们可以看出城镇化网络舆情是网络舆情的一种特殊类型,既有一般网络舆情的普遍特点,也有着自身的特殊性,这种自身的特殊性使得城镇化网络舆情成为当下我们必须高度重视的一种舆情状态。如果对城镇化网络舆情的特征不能正确、充分地认识,将无助于化解舆情,更加不利于全面小康社会的建设。

一、线上线下的交互性

    近年来,全国频繁发生因人民内部矛盾引发的上访、集会、请愿、游行、示威、罢工等群体性事件,数量多、人数多、规模大,因此而导致的网络舆情也呈现膨胀趋势。在此之前,网络舆情主要生发于网络之上,扩散在网络之间,最后消弭于网络。比较典型的事件如2009年的"贾君鹏你妈妈喊你回家吃饭"事件,该事件源于一篇名为《贾君鹏你妈妈喊你回家吃饭》的帖子出现在魔兽世界贴吧,虽然没有具体内容,短短几天内却吸引了超过1000万次的点击,回复也突破30万条,成为中文网络的一大奇迹,令人匪夷所思、目瞪口呆。这个事件虽然引起了大量的网络恶搞,但是影响力主要集中在网络上,对现实缺乏足够的影响。但是,随着网络的进一步普及,尤其是移动互联网的兴起,网络舆情开始和现实社会的群体性事件相结合,形成了群体性事件引发网络舆情、网络舆情助推群体性事件的线上线下交互,比较典型的是陕西"表哥"事件。

二、涉及的部门行业多,主体成分多元化

城镇化进程中出现的网络舆情参与的人员复杂,有各种职业、不同社会身份的人参加。由于城市人口众多,网络普及度高,越来越多的人能参与到网络舆情中来。粗略地可以分为以下几类,一是以城市中产阶级为主体的网络舆情,这一类网络舆情主要以邻避类冲突、教育类冲突等为主,由于政府的一些规划或者建设行为影响了城市中产阶级的利益,引发城市中产阶级到网络上发帖,引发围观,形成舆情。比如说,2011年上海金山居民抵制PX事件,就是起源于上海要在金山建设2000万吨/年炼油、100万吨/年乙烯及其下游配套加工装置、公用和储运配套工程,引发了市民不满,进而产生了网络舆情。二是以弱势群体为主体的网络舆情,舆情主体主要是一些进城务工的农民、城市下岗工人、房屋被拆迁居民等,这类网络舆情内含的强弱对比,更加容易引起全民共鸣。比如说重庆"最牛钉子户"事件,重庆九龙坡区法院要求"最牛钉子户"拆除房屋,户主明确表示拒绝,他把一面写有"公民的合法的私有财产不受侵犯"的横幅挂在屋顶,向外界展示"保卫自己的财产"的决心,吸引了全国媒体的关注,网络上呈现支持"最牛钉子户"、反对拆迁的一边倒的舆论,给当地政府造成了很大的压力。

三、表现方式激烈,内部矛盾逐渐对抗化

一般的网络舆情大多采取较为平和的表现方式,从本质上看是人民在根本利益一致基础上的矛盾,比如说2008年南京市江宁区房产局局长周久耕开会时的照片被网友上传至各大论坛,网友从照片中发现周久耕抽的烟是每条售价

1500元至1800元的天价烟,事件引发的网络舆情促使纪委启动调查,最终周久耕受到了法律的制裁。但是,在城镇化网络舆情中,具有暴力性、破坏性的群体性事件逐渐增长,出现激化现象,对抗程度加剧,主要体现为移动互联网私下组织,网上和网下共同把问题闹大的趋势。实际上,这就是传统的"大闹大解决,小闹小解决"的心理借助网络舆情的扩展和发展。2012年发生在启东市的王子纸业事件就是这种思维的具体体现,当地市民首先通过网络引起了全国范围的关注,接着通过网络实现了对市民的动员和整合,最后形成了占领市政府大楼的恶性事件。民众在此过程中"暴力性"加剧,使得该事件从事发伊始即出现失控,所以,从这点上看,以微博为主流应用的互联网媒体应该意识到传播偏向带来的舆论压力。

四、反复性

矛盾的复杂性决定了矛盾的反复性。在我国快速城镇化进程中,各类矛盾频发,从而使得各类网络舆情在不同地区、不同时间以相似的形式反复出现。比如说有关拆迁导致的网络舆情,城市管理过程中引发的网络舆情,社会道德滑坡引发的网络舆情等,都在反复出现。当群众通过网络舆情施加压力来达到某种目的时,事实上确实促使一些问题得到了解决与落实,但难免会在一定程度上强化部分群众"不闹不解决,小闹小解决,大闹大解决"的心理,从而造成群众长期缠诉闹事,处置难度加大的局面。

第三节 城镇化网络舆情频发的原因

城镇化网络舆情的频繁发生,是我国经济和社会变革过程中各种矛盾和问题的综合反映,形成的原因是多方面的。

一、社会贫富差距拉大

贫富差距不仅表现为收入差距,还表现在财富占有、教育不平等等方面。对分配不公,对不正当致富,社会心理及社会舆论表现出强烈不满情绪。贫富差距过大损坏了社会公正原则,引起社会摩擦,导致矛盾增多。当弱势群体的利益受到损害或忽视时,他们产生相对剥夺感,不满和对抗情绪需要得到缓解,而网络的匿名性使得人们敢于将在现实中不敢暴露的负面情绪和评价暴露出来,由此导致了网络舆情的发生。

二、官僚主义作风和腐败现象造成干群关系紧张

有些地方和部门的领导干部不倾听群众呼声,不关心群众疾苦,群众遇到的问题和困难长期得不到有效解决,使小矛盾酿成大矛盾,最后酿成网络舆情。一些地区和一些干部为了所谓的政绩,违背科学发展观,脱离实际,不顾民意,硬性推行劳民伤财的"政绩工程""形象项目";一部分干部蜕化变质,贪污腐化,违法乱纪,严重损害了共产党的公正形象,引起人民群众的不满。

三、人们的思想意识和价值观念日趋多元化、复杂化

改革开放以来,人们的工作方式、生活方式、思维方式、社会利益和价值观念由单一趋于多元。市场经济给社会带来生机和活力,也产生了负面影响。一些人政治观念经济化、宗旨观念利己化、纪律观念自由化,对党和政府不信任。一些人法制观念淡薄,在遇到矛盾纠纷时,不善于通过法律手段维护自身合法权益,往往采取一些极端手段。还有一些人,缺乏社会主义荣辱观,只要权利不愿尽义务,采取闹事的方式来实现过分要求。

四、社会管理方式与社会主义市场经济和群众日益增长的民主意识不相适应

我国的经济体制、经济运行方式、社会组织形式、群众生产生活方式等都发生了深刻的变化,"单位人"向"社会人""社区人"转变,群众的民主意识和参政意识也日益增长,而我们不少党政部门和干部却仍在沿用计划经济体制下那一套管理方式和工作方法进行社会控制与管理,比较习惯用行政命令的手段去推动工作,有时甚至强迫命令、违法施政,导致矛盾激化。一些地方的基层组织软弱涣散,对出现的矛盾倾向于采取简单生硬的办法进行拖延或压制,群众开始时采取的行动是上访、投诉,但长期上访无果、投诉无决最后引发了网络舆情。

第八章 新型城镇化进程中的网络舆情疏导

第一节 新型城镇化进程中加强网络舆情疏导的必要性及意义

一、新型城镇化进程中加强网络舆情疏导的必要性

所谓"网络舆情疏导",是指以不特定的公众所组成的群体的网络舆情状况为研究对象,有针对性地给予区分处理和启发引导,从而使人们形成良好的社会心理,向积极健康的社会政治态度转变的过程。实质上,它是以促进公民和执政者之间相互关系的改善与和谐为目的的。具体来说,"网络舆情疏导"是一种由政府主导的,社会力量推动的,通过采取积极有效的方式和手段,营造良好的社会关系和舆论环境,并使这种社会关系和舆论环境保持和谐与稳定的最优化的运转状态。

中国已经成为世界上少有的一个舆论超强磁场:中国互联网络信息中心(CNNIC)第37次《中国互联网络发展状况统计报告》显示,截至2015年12月,我国网民规模达6.88亿人,互联网普及率为50.3%,较2014年年底提升1.1%,手机网民规模达6.20亿人,较2015年6月增加2600万人。这意味着,如果某个突发事件在网上曝光,就很可能迅速引爆全国的舆论,从而把地区性、局部性和带有某种偶然性的事件变成全民热议的公共话题,甚至有可能变成需要中央政府出手干预的公共事件,出现所谓的"舆情危机"。所以,在新型城镇化进程中,为了保证新型城镇化战略的顺利推行,我们必须高度重视在这一进程中出现的网络舆情状况,并采取相应的措施和手段加以疏导,从而确保中国在正确的轨道上快速发展。具体来说,通过分析网络舆情疏导的相关主体,我们认为在新型城镇化进程中加强网络舆情疏导的必要性主要体现在以下5个方面:

1. 就政府来说，较低的掌控能力和沟通能力不利于新型城镇化战略顺利实施

政府作为网络舆情疏导的主导力量，其掌控能力和沟通能力直接影响着网络舆情疏导的效果和各项政策的执行效率。一个能够掌控全局、善于引导基层群众并积极与之沟通的政府，往往能够更加顺利地执行中央下达的各项政策，也往往能够得到广大人民群众的支持和拥戴，这种和谐状态下的官民关系，保证了国家或地区在稳定的社会环境和良好的社会舆论中稳步发展。但是，从现实来看，中国政府尤其是地方政府的沟通、管控能力不高，在面对突发事件和贯彻中央政策的过程中，不能很好地起到掌控全局的作用，也不能及时有效地与人民群众进行沟通，更不能掌握舆论的主动权以引导舆论的正确走向，这都不利于突发事件的解决和中央政策的顺利实施。所以，在新型城镇化战略的执行过程中，中央政府尤其是地方各级政府要切实提高自己的舆论管控能力和把握能力，坚持群众路线，积极与基层群众进行沟通，大力推行电子政务，及时了解和把握新型城镇化进程中的舆情状况，提升舆情监测能力和判断能力，以保障新型城镇化战略的顺利施行。

2. 就网络媒体来说，较低的权威性和责任感可能会曲解新型城镇化战略的真正内涵

改革开放以来，随着中国社会的飞速发展，信息业和传媒业也获得了广阔的发展空间。新浪微博、腾讯微博、百度贴吧、天涯论坛、微信等网络媒体如雨后春笋般涌现出来，这不仅为公众的舆情表达开辟了各种新的渠道，还为社会舆论的监督搭建了新的平台，更为公民参政议政提供了新的模式，数量众多的网络媒体很好地承担了作为社会的减压阀的作用。但是，网络媒体较低的权威性和责任感也会对新型城镇化进程中的网络舆情疏导造成一定的困难。一方面，相比于传统媒体而言，网络媒体的权威性相对较弱，在舆论表达上缺乏严谨性和深刻性，在把握导向、描述事实和语言运用上更是谬误连连，这势必会影响到民众对新型城镇化战略的正确解读，从而阻碍了新型城镇化战略的顺利开展；另一方面，由于中国对网络媒体的监管还不完善，缺乏有效的监控技术和相关法律的约束，再加上网络媒体本身缺乏社会责任感和自我管控能力以及网络非实名制所带来的弊端，随着新的网络媒体形式的不断涌现，势必会增加舆情疏导的难度，也会影响到新型城镇化战略的施行。所以，在新型城镇化战略的执行过程中，网络媒体一定要努力提高自身的权威性和社会责任感，配合政府做好舆情监管工作，尽到自己的责任和义务，推动中国新型城镇化的发展。

3. 就传统媒体来说，传统的舆情引导方式与新兴媒体时代的冲突也会波及

新型城镇化战略的接受度

在旧媒体时代,基于"政治家办报、办台"的原则,传统媒体就成了民众获取信息、领会精神和学习政策的基本渠道,它具有很高的权威性,是政府进行舆情疏导的主要媒介。传统媒体基本上能够承担统一口径、传达政府方针的重要使命,广大民众也习惯于通过传统媒体来参政议政。但是,在新兴媒体时代,传统媒体的舆情引导方式已经很难适应社会发展的需要,很难像以往那样取得积极的成效。这是因为,在web2.0时代,传统媒体的垄断地位受到具有蓬勃生命力的新兴媒体的冲击,加之缺乏危机感,信息的发布权逐步向草根阶层转移,出现了从主流声音一统天下到草根阶层众声喧哗的转变,主流媒体的议程设置权力被弱化,政府很难再通过传统媒体来掌控舆情大局。在长期自上而下的宣传报道中,传统媒体形成了特定的报道方式和话语体系,而这种报道方式和话语体系缺乏亲近性,不能很好地"接地气",所以很难使舆情疏导真正入耳入脑入心,民众更倾向于通过新兴媒体来获得信息和参政议政。2013年8月19日,习近平总书记在全国宣传思想工作会议上发表讲话,提出:"互联网已经成为舆论斗争的主战场。很多人特别是年轻人基本不看主流媒体,大部分信息都从网上获取,要把网上舆论工作作为重中之重来抓。"这段话很好地表现出在新兴媒体时代传统媒体缺乏竞争力、新兴媒体逐渐成为舆论生成和发酵的重要场域这一现实,这势必会影响新型城镇化战略的普及率和接受度。此外,一些传统媒体也犯了类似于新兴媒体那样的错误,即为了博得眼球不实报道和夸张报道,这不但有损传统媒体的形象,而且导致传统媒体公信力逐渐丧失。所以,在新兴媒体时代,传统媒体要改变以往的舆情引导方式并创造出新的引导方式以适应新时代的需要,还要有高度的危机感,不断提升自身的竞争力,修复自身形象,在新型城镇化战略的实施进程中发挥自己应有的作用。

4. 就网络意见领袖来说,其巨大的影响力对于新型城镇化战略的实施而言是一把双刃剑

网络意见领袖是一种客观的存在,根据"二级传播"理论,大众传媒往往是通过民间意见领袖的中介作用,才能影响公众,这种现象在互联网平台上更为突出。据统计,截至2013年3月底,全国103家微博客网站的用户账号总数已达12亿,其中新浪微博用户账号5.36亿个,腾讯微博用户账号5.4亿个。随着微博客用户群体的迅速扩大,产生了一批粉丝数超过10万人的"大V"账号,新浪微博、腾讯微博中,拥有10万以上粉丝(听众)的超过1.9万个,100万以上的超过3300个,1000万以上的超过200个。在一些突发事件和公共议题上,网络意

见领袖的影响力常常超过媒体和政府在微博中的传播力。统计研究显示,平时有大约300名全国性的意见领袖影响着互联网的议程设置,而这300名意见领袖中,多数人具备较高学历,其中拥有博士学历的有96人,占32%;拥有硕士学历的有68人,约占23%;大学及大专学历的有114人,占38%;没上过大学的仅22人,约占7%。另外,在300名意见领袖中,有95人有过境外学习的经历。由此可见,以高学历和高影响力为特点的网络意见领袖,在正确价值观的引导下,对网络舆情的疏导工作有着不可比拟的积极作用,在新型城镇化战略的执行过程中,他们可以作为政府和广大民众之间的纽带,调和政府与民众的矛盾,促进政府与民众的和谐,从而使得这一战略得到更好的贯彻和实施。但是,在这300名精英阶层之外,在各个领域还活跃着一批非传统意义上的意见领袖,他们是较为草根的一群人,他们经常主张鲜明但论据不足,他们的意见多是基于"冰山一角"然后加以想象得出,带有强烈的情绪化色彩。并且,随着一些商业化因素的渗入,他们立场不坚定、缺乏社会责任感的缺点逐渐暴露出来,这时他们强大的煽动性就会误导舆情的走向,扭曲事实的真相,夸大事件的影响,影响突发事件的解决和新型城镇化战略的实施,从而影响社会安定,激化官民矛盾,产生不可估量的不良后果。所以,2013年政府加大了对互联网的管理力度,这群草根领袖遭遇到了沉重的打击,这客观上为新型城镇化战略进程中的网络舆情疏导和方针政策的顺利实施铺平了道路。概括而言,意见领袖这个新的族群已经在网络虚拟空间活跃很久,同时对现实的社会进程产生了不可低估的影响。社会转型期,他们在一定程度上成为民意的代言人,对政府陈情,施加舆论压力,但又经常畸形放大某些超越现实可行性的偏激诉求。在2008年中国互联网舆情分析报告中,把关注新闻时事、在网上直抒胸臆的网民称为"新意见阶层",网络意见领袖就是这个阶层最活跃、较有影响力的部分。所以,网络意见领袖对新型城镇化战略的实施的确是一把双刃剑,客观评估他们的建设性和合作精神,去团结包容他们,减少其对体制的对抗性,是意识形态工作和社会管理创新的一个重要方面,也是网络舆情疏导的难点之一。

5. 就网民来说,其较低的信息辨别能力、受教育水平以及"仇官"心理势必会成为新型城镇化战略顺利推行的一大障碍

随着中国的高速发展和综合国力的迅速提升,中国网民的规模也达到了一个空前庞大的数量。这种情况下,占全国人口比例巨大的网民就成了一股不可忽视的力量,如果在舆情事件中没有得到正确的疏导和积极的沟通,就很容易引起社会的混乱,影响中国的健康发展。首先,中国网民的信息辨别能力和受

教育水平较为低下，这使得他们往往不能正确辨别信息的真伪以及新型城镇化战略的真正内涵，很容易被一些不法分子和野心家加以利用，从而影响事件的解决和新型城镇化战略的顺利进行。其次，中国正处于转型期，分化的利益格局和多元的利益群体导致利益冲突频发，社会矛盾凸显，民众普遍存在的被剥夺感和不平衡的社会心态使得社会矛盾一触即发，这会严重影响民众对新型城镇化战略的接受度和支持度。最后，随着改革开放进程的推进和经济社会的发展，中国权力异化的现象呈现出不断扩大的趋势，老百姓对此种现象深恶痛绝，而国家一时很难从根本上杜绝此类事件的发生，长期的不满情绪累积到一定程度就导致了心理的严重失衡，这就导致官民冲突时有发生并不断扩大化。从孙志刚事件到"躲猫猫"，从"天价烟"到重庆"不雅视频"，从郭美美炫富到"我爸是李刚"，涉官涉腐类事件一直是舆论关注的焦点，政府公信力面临"塔西佗陷阱"的巨大挑战，这让民众将自己的关注点自觉不自觉地集中到过去存在的问题上，而不是去认真思考新型城镇化战略的真正内涵，给新型城镇化进程中的网络舆情疏导增加了很大的难度。我们认为，绝大多数中国网民是通情达理的，他们其实是在找寻自己的存在感，而他们真正在乎的是政府的尊重和态度，21世纪的中国仍然无法摆脱两千多年封建思想的影响，"官尊民卑"的思想依然藏匿在每个民众的心中，基于其"草根"的特性，只要得到政府部门的尊重和重视，他们就有了满足感，从而使一些消极的舆情状况不攻而破。而对于那些活跃于各大网络平台，心理严重失衡的"喷子"，则必须制定相应的法律，大力推进网络实名制，通过法律的手段和强硬的方式给予其深刻的教训，以促进社会主义核心价值观的构建和社会主义和谐社会的建设。所以，我们必须大力发展教育，提高民众的受教育水平和信息辨别能力，引导其树立社会主义核心价值观，在以人为本理念的基础上解决各种社会矛盾，加大反腐力度，提升政府公信力，从而为新型城镇化战略的顺利施行打下坚实的基础。

二、新型城镇化进程中加强网络舆情疏导的意义

新型城镇化战略是党中央和国家领导人经过深思熟虑做出的具有划时代意义的一项基本战略，是适时地响应中国经济社会飞速发展状况的必然选择，也是中国社会未来发展的基本方向。在推进新型城镇化战略大力实施的过程中，加强网络舆情疏导是必要的，这一举措是一项利国利民的重要举措，具有十分重要的意义，具体来说，主要包括以下几个方面：

1. 有利于新型城镇化战略的顺利施行

一方面,任何一项战略的施行都会遇到阻力。无论是战略还是方针政策,都是在民主的基础上由国家的统治精英制定并颁布实施的,在现实状态下,这项战略或者方针政策在通过自上而下的方式传播给普通大众的过程中,由于受到复杂的社会利益格局的影响,会被各级官员站在自己的立场上按照自己的利益要求"去粗取精",加之各级官员的业务素质不高所导致的错误理解,最终传到民众那里的文本难免会出现偏差,经过"抽丝剥茧"的方针政策必然在施行的过程中不会被民众所接受。此外,由于民众的受教育水平和政治素质不高,再加上"仇官"心理长期存在,政策的推行初期难免会遇到阻碍。另一方面,任何一项战略的顺利施行都离不开政府和社会的共同努力。一项政策的顺利实施需要政府在政策制定时充分考虑到民众的实际要求,与民众进行积极沟通并加以正确引导,不断提高科学执政的水平、政府公信力和官员的素质,还需要广大人民群众的支持和拥戴,只有在政府和社会的共同努力下,才能使一项政策发挥其积极的作用。所以,在新型城镇化战略进程中加强网络舆情疏导,有利于让社会和民众真正理解这一重大战略的基本内涵,也有利于对政策执行的有效监督,同时有利于政府根据社会的政策反馈来及时做出调整,从而有利于新型城镇化战略的顺利施行和中国经济社会的快速发展。

2. 有利于推进社会主义官民关系的和谐

新中国成立以来,尽管中国政府经历了从统治政府到管理政府再到服务政府的转变,但官民关系的不和谐状况依然时有发生,主要存在以下两个方面的问题。一方面,官民之间缺乏沟通。在现实生活中,政府往往不积极回应民众的呼声,相应地,民众也不去认真理解和支持政府的政策,这就陷入了一个死循环,这使得官民矛盾逐渐激化。另一方面,民众对官员腐败痛心疾首。由于中国正处于转型时期,社会矛盾凸显,民众心中长期的不满情绪不断积累,官员腐败无疑会引爆民众心中的"引线",这就更加激化了官民矛盾。所以,在新型城镇化进程中加强网络舆情疏导,可以促进官民之间的沟通,从而使官员更加积极地去回应民众的需求,也使民众能够更加拥护政府的各项方针政策。同时,各种网络平台作为民众社会压力的减压阀,不但可以减轻转型期所导致的各种不满情绪,而且可以作为监督政府的新渠道,有效抑制官员腐败,从而最终能够促进社会主义官民关系的和谐,维护社会的稳定,推进社会主义和谐社会的发展。

3. 有利于促进社会主义民主政治的建设

宪法和法律赋予中国公民知情权和参政议政的权利。随着中国民主政治的不断建设和发展，公民的权利意识和社会责任感显著提高，越来越多的公民通过直接或间接的方式参与到国家各项大政方针的制定中来，表达着自己的观点和看法，希望为国家和社会的发展尽上自己的绵薄之力。但由于中国民众的平均受教育水平较低，信息辨别能力较差，因此往往不能通过正确的方式和渠道表达自己的意见，更有可能被一些野心家和不法分子利用，做一些事与愿违的事情。流言止于公开，各级地方政府在面对各种突发事件和传达上级的方针政策时，也表现得过于低调，不能让民众及时了解事件的真相和政策的内涵，从而间接导致了民众的起哄和情绪化的猜测。所以，在新型城镇化战略进程中加强网络舆情疏导，有利于保障公民的知情权，引导民众在正确的方向上参政议政，也有利于推进政府的政务公开，从而最终促进社会主义民主政治的发展。

第二节 近些年来中国网络舆情疏导工作中的成就、问题和不足

一、近些年来中国网络舆情疏导工作中的成就

随着中国网民数量和互联网普及率不断创造新高，舆情危机时有发生，这给政府和社会带来了巨大的压力，网络舆情疏导工作已经引起了中央和地方各级政府的高度重视，并开始被提升到国家战略的高度广泛学习，专家学者和各级相关部门对这一工作开始进行深入研究。近些年来，在各级政府部门和专家学者的共同努力下，中国的网络舆情疏导工作取得了一定的成就，这主要表现在以下几个方面：

1. 网络谣言的治理初见成效

2013年8月19日，习近平总书记在全国宣传思想工作会议上发表了重要讲话，他指出：“互联网已经成为舆论斗争的主战场。很多人特别是年轻人基本不看主流媒体，大部分信息都从网上获取。要把网上舆论工作作为宣传思想工作的重中之重来抓。"8月以来，政府骤然加大互联网管理的力度，就是在这样的背景下展开的。随着网络传播日趋碎片化和网络生态复杂化，在保障公众表达和社会监督的积极功能之外，网络舆论潜在的负面效应也越来越明显地表现

出来。网民的媒介素养不够,经常见风就是雨。某些网络"大V"粉丝数量众多,不经核实转发一些谣言,扩大了谣言的负面影响。此外,某些网络公关公司为了商业利益,编织和传播谣言。网络诽谤、敲诈勒索、非法经营、网络虚假信息扰乱资本市场,让不少公民、官员和上市公司深受其害。公安部部署专项行动,集中打击网络有组织制造、传播谣言等违法犯罪行为,2013年8月20日开始见诸媒体报道。在互联网蓄意制造传播谣言、恶意侵害他人名誉、非法攫取经济利益的秦志晖(网名"秦火火")、杨秀宇(网名"立二拆四")等人被抓获。此后,陆续有多名"大V"被拘,包括拥有超过1200万微博粉丝的超级"大V"薛必群(网名"薛蛮子",嫖娼),活跃于云南的地方意见领袖董如彬(网名"边民",恶意编造谣言牟利)。9月9日,最高人民法院、最高人民检察院《关于办理利用信息网络实施诽谤等刑事案件适用法律若干问题的司法解释》出台。经过几个月的清理,网上爆料社会负面现象特别是批评政府的声音明显减少,帖文情感词力度下降,积极正面的声音日渐增多。

2. 政府微博从信息发布走向与网民互动

美国社会心理学家奥尔波特和波斯特曼总结出一个谣言传播的公式:$R = I \times A$。R(rumour)指"谣传";I(important)是"重要性";A(ambiguous)是"含糊性"。一件事之所以引起谣言,是因为它有一定的重要性和含糊性,事件本身的重要性加上初期信息的不确定性,极易让谣言流窜。克服谣言的最佳途径就在于建立起权威的即时的信息公布渠道,即让"A"值为"0",则$R = 0$。政务微博就是针对具有"重要性"的事务,消除"含糊性"的便捷工具。各级党政机构和公务人员开通的政务微博在2012年继续保持了高速增长的势头。根据公开资料,新浪微博上截至2012年9月底共有认证的党政机构和公职人员微博50947家,腾讯微博截至2012年7月20日认证的各领域党政机构及公务人员微博也已经超过48050家。政务微博已成为党政机构舆情应对能力提升的集中表现之一。"国务院公报"微博于2012年11月10日正式上线,及时发布国家的重大方针政策,当天即收获了23万粉丝,成为迄今最高级别的政务微博。在深圳5·26交通事故发生后,"深圳交警"发出数条微博,还举行微访谈,就网友关注的事故的诸多疑点,一一在线解答,还会同有关部门召开4场新闻发布会,通报调查进展,较好地化解了民众的疑惑,抢回了主动权。在北京7·21暴雨中,市民遇险除了拨打110、120和122急救电话,就是纷纷@"北京发布"(北京政府新闻办,粉丝196万个)、"平安北京"(北京市公安局,粉丝400万个)、"北京消防"(北京市公安局消防局,粉丝187万个)等政务微博。在危难中,民众已经认可了政府微博的存在,借助微博展开了良性的官民互动。暴雨第二天,一些车主发现前一天夜晚滞留在街头的私家车被贴上罚款条,纷纷@"北京王惠"(北京市政府新闻办主任,粉丝162万个),王惠把情况汇报给市政府,常务副市长吉林当天表示,罚款条全部作废。面对网络质疑,北京市政府在新中国历史上第一次发布77名遇难者名单和身份信息。2012年7月,人民网舆情监测室发布《2012年上半年新浪政务微博报告》,从地域和行业分布看,机构微博的覆盖范围也越来越大。从地域上看,内地31个省、自治区、直辖市都开通了数量不等的政务微博;从行业上看,除公安微博保持了强势增长外,各级新闻办、旅游局、共青团组织等系统也出现了越来越多的"名博",特别是以"北京发布""上海发布""南京发布""成都发布"等为代表的一批政府新闻办微博迅速崛起,不但拥有了百万级的众多"粉丝",也探索出了一套政府通过自媒体实现信息发布、有序互动的新途径。政务微博除了宣讲政策和便民服务内容、营销政府亲民形象外,在突发事件中也发挥了越来越重要的作用,使用官方微博积极发声已经成了很多党政机构的"规定动作"。2012年6月11日,武汉市出现大面积雾霾天气,爆炸、污染等传闻甚嚣尘上,当地党政机构和相关企业经过核实后,迅速通过"湖北消防总队""武汉市环保局""武汉气象""魅力青山""幸福武钢"等机构微博发布最新消息,形成辟谣团队,迅速消除了社会恐慌。在国庆"黄金周"中,车主出行除了听交通台外,还可以刷微博看路况直播,各地公安微博和政府新闻办微博在节日里加班加点,异常忙碌。

3. 官员微博展示公仆本色

政务微博的另一大类,是党政干部和公职人员加V认证身份的个人微博。根据新浪提供的数据,截至2012年9月底,新浪认证的公职人员微博达到17815个,上至省级高官,下至基层民警,越来越多的党政干部和公务人员把使用微博作为办公习惯,显示人民公仆贴近群众的本色,有利于改善官场颐指气使留下的负面"刻板印象"。2012年2月上海市民秦岭在网上发表公开信,反映癌症晚期的父亲住院无门,俞正声通过市政府新闻办微博"上海发布",公开答复,促成秦父住进医院,度过了生命最后几个小时,传为政坛一段亲民佳话。浙江省委常委、组织部部长蔡奇的腾讯已经突破了800万听众。除了官阶高之外,他的6000多条微博平易随和的风格也是引发网民追捧的重要原因。2012年3月,作为人大代表的他赴北京参加两会之前,专门通过自己的微博向社会征集建议或意见,网民响应者众。2012年国庆期间,面对陕西华山突发舆情,陕西省公安厅副厅长陈里彻夜不眠,通过自己的新浪微博直播游客疏散,并公布自己的手机号码,为前方的游客疏散和后方的媒体报道搭起了信息沟通的桥梁。2012年10月30日,湖南汉寿县政法委副书记张天成"应网友之邀",在个人微博公布了家庭财产,包括7间老屋、县城一套价值40万元的房产、女儿出嫁给出的22万元,引起热烈反响,再次激起公众对官员财产公示的期盼。

4. 构建"网上统一战线",开始与社会"自组织"力量合作

在互联网"大众麦克风时代",政府逐渐开始习惯与一个对公共治理"指手画脚""说三道四"的"新意见阶层"共处,构建"网上统一战线"。2011年,依托于互联网,知名学者、记者等发起两场声势浩大的"微公益"活动,均得到政府的积极回应。一是"随手拍解救乞讨儿童"活动。该活动的微博1月开通,到11月已累计发布各类信息近6000条。公安部对此做出了积极回应,各级公安机关对网友发布的信息进行核实和处理,随后公安部启动全国范围内的打拐专项行动,实现了网友微博与警务微博、网络线索与线下出警的互动。二是为小学生提供"免费午餐"的网络公益项目,该项目现已为百所小学两万名孩子提供了午餐。10月26日,国务院常务会议决定,从2011年秋季学期起,启动实施农村义务教育学生营养改善计划。中央财政为680个县(市)约2600万在校生,按照每天3元的标准,提供营养膳食补助。网络意见领袖和社会自组织力量在传统体制的缝隙中成长,得到了政府的包容和回应。虽然有些时候,他们的声音与政府不尽一致,但总体上看,他们是政府的重要合作伙伴。无论是眼前的"维稳",还是长远的"公民社会"建设,政府需要与他们联手,一起来解决中国复杂的社会问题。

5. 制度化办理网民留言成为"时尚"

网民留言板这一形态在2010年继续快速发展。曾在2009年获得中国新闻奖的人民网"地方领导留言板"保持良好的发展势头,得到各地党政机关的积极回应。据统计,截至2014年1月已经有44位省委书记、省长和超过170位地市级一把手对"留言板"中的网友留言做出公开回复,涉及全国28个省区市,促成各地大量实际问题的及时解决,有力化解了社会矛盾。在这一经验的鼓舞下,人民网"部委领导留言板""知名企业留言板""代表委员留言板""公安局长留言板"等板块相继开通。2010年9月"直通中南海——中央领导人和中央机构留言板"也正式推出,在海内外媒体和网友中引发强烈反响。截至9月19日下午4点,给中共中央总书记、国家主席、中央军委主席胡锦涛同志的留言超过39760条,给国务院总理温家宝同志的留言超过41802条。此外,地方"网络问

政"平台也发展迅猛。广东的奥一网"网络问政"平台在2009年7月升级改版,建成了地方第一个系统化的"网络问政平台","捎话汪书记""有话问黄省长"等常设板块吸引了大批网民留言,网民给汪洋书记的留言超过了7万条。天津政务网和北方网共同创办的网络互动平台"政民零距离"栏目,推行"件件有回复、件件能落实",让网民倍感亲切。被誉为"最务实也最有个性的官方网站"的成都市新都区"香城新都网"问政平台,以个性化回复,一改政府"刻板形象",受到追捧。宁夏石嘴山市开设了"石嘴山人民议政网",政府在网站上公开评议信访问题,公布信访事件的处理过程、处理结果,市长的批件也清晰可见。为了规范留言办理程序,避免随意性,制度化办理网民留言也已经成为各地推进"网络问政"的一种"时尚"。截至2014年1月,全国已有山西、安徽、河南、广东、天津等15省区市以"文件"的形式,建立起回复办理包括人民网"地方领导留言板"在内的网民留言的固定工作机制,明确了办理机构和流程。此外,吉林省委办公厅组建了网友留言督办处,云南、天津等信访部门组建了网络信访处,山西、河北等地还专门成立了社情民意办公室。广东珠海香洲区启动网络政民互动平台后,要求对网民发帖4小时内初步回应,5个工作日内正式回复,体现了政府运转的高效率。

6. 网络舆论应对提速,官员问责力度加大

应对网络舆论影响与日俱增的形势,2009年,从中央部委到地方政府,普遍建立起快速应急机制,网络舆情应对提速。如成都"6·5"公交车燃烧事件发生仅两个小时,成都市政府就召开了首场新闻发布会,当天连开三场,不断公布伤亡、救治和现场情况,让真相赶在传言前边。6月6日第四场发布会主动回应市民有关疑问,使质疑声音减弱。7日第五场发布会认定"有人带油上车",网民转而追查纵火者,民众的思路和情绪与政府逐渐合拍。最终这一突发恶性事件平稳落幕。10月7日新疆建设兵团"最牛团长夫人"敦煌打人事件被天涯社区曝光,10日兵团领导批示进行调查,兵团新闻办立即向天涯社区发去回应,12日相关人员被免职。贵州省思南县一起"引水工程"引发的官民对峙,就是因为网上一篇帖子悄然改变了发展轨迹:乡政府表示放弃该工程,重新寻找水源。发帖人说:"多种力量汇合,最终促成杨家坳乡政府顺应民意,悬崖勒马,避免了流血冲突事件。这件事能够出现转机,应主要归功于网络。"一个偏远地区乡政府能够如此重视网络舆论,与两年前"黑砖窑"事件中山西洪洞县政府对网络舆论沸腾一无所知形成鲜明对照,提示网上官民良性互动的局面正在中国形成。2009年中央进一步加大了对严重违背民意、招惹民怨的官员问责力度。6月30

日中共中央办公厅、国务院办公厅印发《关于实行党政领导干部问责的暂行规定》,在问责的6种情形中,包括"对群体性、突发性事件处置失当,导致事态恶化,造成恶劣影响的"情形。2009年在网上网下造成恶劣影响的王帅案、邓玉娇案、石首骚乱、开胸验肺案、"替党说话,还是替老百姓说话"事件、重庆高考加分作弊案等事件发生后,当事官员先后被问责。另外,近年来大量贪腐问题经网络举报后得到查处,2009年政府拓宽了网络举报的通道,鼓励实名,允许匿名。中央纪委、监察部于10月28日统一开通全国纪检监察举报网站,受理群众对党员、党组织和行政监察对象违反党纪政纪行为的检举控告,开通之初一度因访问过多而导致服务器无法承受。中组部"12380"举报网站、最高人民法院法官违法违纪举报中心网站、最高人民检察院举报网站("12309")等也相继开通。

7. 从"维稳"到"促和",网络舆情应对的新理念

以"瓮安事件"和重庆出租车罢运事件为代表,政府应对突发性事件的心态和处置手法发生了重要变化,从表面"维稳"转变为深层次"维和"。"瓮安事件"影响深远。最初,地方政府延续传统政治思维,将其定性为"黑恶势力"挑衅政府,警方通缉,媒体讨伐,既没有公开事件的详情,政府自身也没有反思。此后的几天里,网上言论对此提出尖锐质疑和批评:34%的人以讥讽的口吻谈论贵州省公安部门发布的死者的同学竟然半夜在桥上"做俯卧撑"的消息;31%的人要求"别把群众认定成黑社会";22%的人质疑"当事人为什么没有出来说话"。7月初,贵州省委正式提出,"瓮安事件"的深层次因素是"长期积累的社会矛盾没有得到妥善解决,干群关系紧张",撤掉了负有责任的当地领导干部。此后云南省委处理"孟连事件"也借鉴了瓮安经验,明确提出不能随意给群众扣上"刁民""恶势力"等帽子,处置群体性突发事件时严禁动辄把公安机关推到第一线,绝不允许用专政的手段对付人民群众。11月初重庆发生出租车司机集体罢运,地方政府也没有像过去那样把事件说成"少数别有用心的人煽动不明真相的群众",而是实事求是地分析"的哥"的怨气从何而来,诚恳回应当事人的合理要求。重庆的做法,在随后的三亚出租车罢运事件中被复制。两地交通管理部门均被问责。

二、近些年来中国网络舆情疏导工作中的问题和不足

尽管近些年来,随着党中央和地方各级政府的高度重视,中国的网络舆情疏导工作取得了不俗的成就,但是由于中国正处于转型期,社会矛盾较多,再加上网络舆情疏导工作起步晚且无章可循,文化素质不高的网民数量庞大,在已

经开展的网络舆情疏导工作中还是存在着很多问题和不足,主要表现在以下几个方面:

1. 政府公信力面临"塔西佗陷阱"的挑战

2012 年 6 月,河南省委书记卢展工在洛阳山区考察,见到路边一片长势喜人的麦田,兴之所至,下车割麦。网站新闻跟帖中,几乎一边倒地讥讽卢书记"作秀",怀疑卢书记割麦的姿势不正确。重庆悍匪周克华被击毙后,网友"陈子河"发帖,怀疑死者可能是湖南便衣警察。没想到,网上以讹传讹,竟然传为湖南警察陈子河在重庆被误杀。虽然重庆警方严正声明,周克华 DNA 和指纹都已经比对过,准确无误,但网上还是质疑声占了上风。2011 年 11 月初,网友曝料,美国驻华大使馆的监测站显示北京空气污染已达"危险"水平,但北京市环保局同期数据显示,北京的空气污染水平为"三级轻微污染",双方数据的巨大反差引发各方争议。孰是孰非是个很专业的问题,姑且不论,但从网上舆论的倾向性看,美国使馆的数据得到了更多网民的认同。在温州钱云会非正常死亡案中,尽管目前完整的证据链支持这是一场集中了太多巧合的交通事故,但多数网民就是不相信。在目前官民关系紧张的大背景下,"钱云会案"被网民"合理想象"和无限放大,成为草根民众维权无望和基层政权"黑恶化"的标本。这样的妖魔化印象不消除,对基层官民关系将起到恶劣的示范效应。此案也有一个亮点,就是温州地方政府包容一些知名网友组成"公民调查团"进村实地勘察。虽然网友对此案还留有诸多疑点,但无一人公开支持网上的基层干部涉黑谋杀假说。在突发事件中,网民渴求真相,"全民侦探",与一些政府部门试图掩盖真相的拉锯战远没有结束。在一些地方,政府信息不公开依然是常态,公开是例外。近年来年轻干部晋升,即使被证明符合组织程序,也一再受到网民质疑。浙江省委组织部部长在微博上感慨,政府部门陷入"塔西佗陷阱"的尴尬,即"一旦失去公信力,无论说真话还是假话,做好事还是坏事,都会被认为是说假话、做坏事"。修复和提振政府的公信力,是舆情应对的关键。

2. 媒体人微博言论新闻化带来了伦理新问题

2012 年 8 月,北京大学邹恒甫在个人微博称,北大院长、教授和系主任玩弄餐厅服务员,被转发了近 3 万次。这条新闻"5 个 W"严重残缺的爆料,被多家媒体作为新闻报道,却未能证实,邹恒甫事后也承认夸大"是我一贯风格"。毒胶囊事件中,中央电视台主持人赵普在加 V 认证的实名微博上率先爆料,转发调查记者短信,称:"不要吃老酸奶(固体形态)和果冻,尤其是孩子,内幕很可怕,不细说。"这条微博被转发近 13 万次,受到央视处罚。不少网友同情和支持赵普,但记者如何在网络"自媒体"发言,在新闻界引发严肃思考。在央视播出正式报道前,赵普无权以个人身份发布同事采访的新闻。对于食品安全、药品安全这样涉及百姓健康的大事,32字的微博压根说不清楚,容易引发社会恐慌,确应审慎。路透社的《网络报道守则》告诫记者:工作账号和私人账号需分开。"转发/共享一个链接轻而易举,但如果你转发/共享的内容最后被证明是不真实的,或者让人联想你偏向争议中的某一方,就会损害你个人和路透的声誉。"看来,微博的言论自律和他律是一个全新的挑战。人民日报社和中央电视台都已制定记者网络发言的守则。

3. 社会矛盾对抗性在网上网下都有所增强

2011年,在一些地方,社会矛盾的对抗性加剧,从县域到省城,一个小小的摩擦,如车辆剐蹭,甚至一则谣言,都可能导致街头瞬间的民众聚集。整个社会的容忍度和包容度下降。大连PX项目引发群体聚集和临沂"陈光诚事件"引发探访热潮,表明公民对公共事务的关注开始溢出互联网,成为现实社会的某种行为艺术,以"集体散步""集体游行"等方式,向政府表达民众诉求。5月26日发生的抚州爆炸案,则标志着近年来的民众维权到了某个"拐点",从被强拆的业主龚福珍自焚到农民工职业病患者"开胸验肺",民众选择了玉石俱焚的暴力表达。这种对抗性的加剧,在网络虚拟社会中也有体现。热点事件中,网络舆论的"标签化"情况越来越严重。比如在药家鑫杀人案审理过程中,由于其父曾是部队派驻军工企业的军代表,因而他被贴上"官二代""军二代"的标签,网民唯恐药父干预司法,因而不分青红皂白对其进行咒骂,甚至扬言:"药家鑫与法律,药家鑫与中国,只能活一个!"在现阶段,总体来看,社会矛盾的激化还不具备社会全面对抗性质。对于网下的过激行动乃至暴力表达,必须依法管理;另外,政府不能罔顾网络上的汹汹民意,或麻木不仁或一味打压而不正面回应,基层政府需要表现出政治家的气度胸怀和远见卓识。

4. 商业利益渗透互联网

一些网民抱怨网上一些地方政府和行业部门的"网评员"频繁发帖,"稀释"了网络民意。其实,网上高倍"稀释"甚至伪造民意的,主要是商业公关公司,他们的舆论运作技巧和推动力比"网评员"强大得多。在网络时代,负面效应的炒作极易流行,也就是"以丑为美",大爆隐私,迎合民众猎奇心理,从而达到出名的目的。2006年前,以芙蓉姐姐为代表的网络红人的幕后推手采用的都是一种个人作坊式的经验模式,大多数商家并没有从中看到市场前景。最近几年,网络营销和网络公关从个体作坊式向公司化跃进。这个新近出现的"行业"

既没有自律,也缺乏公共监管,表现出严重的"唯利益主义"现象,甚至为了营利不惜制造大量低俗、恶俗的事件或话题,打法律和道德的擦边球。网络营销和网络公关具备一定的隐秘性。它们在论坛中渗透自身的力量,通过收买热门论坛版主、管理员,让网络推手的帖子在众多帖文中脱颖而出,然后吸引传统媒体的报道。有些传统媒体在开设《网眼》一类栏目报道网络热点事件时,经常为网络推手甚至网络打手"背书"。传统媒体报道之后,网友进一步"确认"事件的真实性,于是扩大了事件的传播范围。需要指出的是,除了网络营销和网络公关公司,有一批网络打手只是在无意识中自发形成一股力量,因为网上失实、煽动性的描述正好迎合了网民一触即发的极端情绪。例如农夫果园砒霜门事件、霸王洗发水致癌事件、章光101事件等,都被指出疑似竞争对手在幕后操控网络打手实施恶性攻击,对各企业造成了极大的负面影响,同时也给消费者和公众造成了恐惧感和心理混乱。网络打手这一群体影响了正常的经济秩序,也让企业道德底线下降,为了自身的利益而不择手段。商家如果忽视了网络打手这个群体,缺少必要的预警机制,很可能陷入飞来横祸似的商业危机之中。此外,为了消除在网络上的不良影响和负面形象,很多企业和官员面对负面信息的第一反应便是"删除"。因此,一些以网络删帖为营生的网络危机公关公司应运而生且大行其道。在广西韩峰"日记门"事件中,据检察机关调查,韩峰为了删除网上流传的香艳日记,曾向某商人索取现金15万元,交给相关人员作为"删帖费用"。删帖竟能提供商业机会,揭示出网络论坛管理规范和相关的法律法规尚不健全。

5. 政府在突发事件中网络管理不足

遭遇突发事件特别是群体性事件,控制信息流动、统一宣传口径,成为一些干部的思维定式。就像陕西绥德县某官员所言:"以前没有网络的时候多好啊,想让他们怎么说就怎么说!"在2009年,出现了一些人为制造"没有网络"的情形。在邓玉娇案中,其家乡湖北巴东县野三关镇的电视和网络信号一度因为"防雷击"而中断。无独有偶,湖北石首事件发生后,石首市区网吧断网,事发地一带还一度断电,但这都并未能阻止网上的舆论浪潮。更荒唐的事情是河南杞县重现"杞人忧天"。6月7日杞县一辐照厂发生放射物卡源事故,情况在网上流传、发酵,政府却一直失语,7月17日,随着"放射源将爆炸"谣言的出现,大批群众纷纷奔向周边县市"避难",杞县县城一度几成空城。在这起事件中,看似谣言是引发大规模社会恐慌的诱因,但其背后隐含的,却是公共事务透明度低下和政府公信力缺失。事后,杞县政府未能反躬自省,反而迁怒于网民,抓了

5名在网上夸大事故危险性的"造谣者"和转帖者。近年来,一些党政部门经常使用"网络群体性事件"这个概念。群体性事件有严格定义,指聚众实施未经法律允许或批准的行为,如集体上访、游行示威、罢工、罢市、罢课、绝食静坐、围堵交通、围攻党政机关等。而"网络群体性事件",从字面上看,容易被理解成通过网上组织串联,导致网下聚众行动、制造事端。但考察近几年的情况可知,因为互联网而产生网下聚众行为的事件并不多。像2007年厦门部分市民反对PX化工项目而上街"散步",互联网(BBS和QQ群)和无线网(手机短信)的确起到了信息沟通和鼓动作用。但在更多的群体性事件中,一些基层政府采取了断网、屏蔽手机信号甚至中断电视转播的做法,事态的恶化跟互联网没有直接关系。而适度开放网络舆论,让公众的焦虑、不满得到宣泄,恰恰可能减少群体性事件的发生。

6. 网民对社会道德滑坡痛心疾首

中国社会经过"文化大革命"颠倒黑白的政治动乱,以及市场经济初级阶段唯利是图的双重冲击,一些传统观念失去约束力和感召力,社会道德滑坡。2007年7月,南京的一位老太太将青年彭宇告上法庭,称对方撞倒自己,要求其赔偿十几万元的损失。彭宇则称自己好心帮助老太太,送她去医院,并垫付医药费,却反被诬。彭宇称,2006年11月20日,他在公共汽车站扶起一名跌倒在地的老人,并送其去医院检查。西祠胡同、天涯社区、凯迪网络等BBS每日有超过百个帖子讨论此案。网友几乎一边倒相信并支持彭宇,并感慨现在好人不好做。2007年9月6日,南京市鼓楼区法院对彭宇案做出一审判决,称"彭宇自认,其是第一个下车的人,从常理分析,他与老太太相撞的可能性比较大"。判决书推测说:如果不是彭宇撞的徐老太,他完全不用送她去医院,而可以"自行离去","但彭宇未做此等选择,他的行为显然与情理相悖";"彭宇和老太太素不相识,一般不会贸然借款。即便如彭宇所说是借款,在有承担事故责任之虞时,也应当请公交站台上无利害关系的其他人证明,或者向老太太家属说明情况后索取借条或说明。但彭宇在本案中未存在上述情况,而且在老太太家人陪同前往医院的情况下,由他借钱给老太太的可能性不大"。法院裁定彭宇补偿原告40%的损失,即45876元。判决一出,舆论大哗。互联网上更是掀起了一场以后遇到老人摔倒是否该上前救助的激烈辩论,时至今日,硝烟未散。最让网民情绪激动的,并不在于彭宇和徐老太孰是孰非,而是在于法官"从常理分析"的伦理判断。"博客中国"上时寒冰撰文,尖锐批评"史上最弱智判决将把人性引向恶","它告诫人们,见人危难千万不要相救,否则将引火烧身"。凯迪社区网友谢洪军也对一审法官提出质疑:见死不救才是人之常情?他希望法官"在判断一个具体的案件时,不能只有小人之心,更要有君子之腹,不能一味迎合世道崩坏人心险恶,还应该保护恶浊中出现的真善美"。谢洪军同时认为:"网上一边倒地支持彭宇,就是对世风日下、人心不古的抗议和不满,这种集体情绪的发泄,表明人的良心并不必然和环境一同坏下去。"

第三节　城镇化网络舆情的生命周期

网络舆情根据发展阶段不同可分为初始形成阶段、迅速扩散阶段、消退阶段,不同阶段的网络舆情各有特点。

一、初始形成阶段

网络舆情的形成过程同时也是中介性事件逐渐被编码和抽象为网络舆情信息的过程,只是在初始传播阶段网络舆情的编码程度、抽象程度和扩散程度都还比较低,具有分散性、非理性等特点。初始传播的网络舆情只是网民个人对社会矛盾的情绪化意见,研究者把这种舆情形态称为"低水平的民意"。造成网络舆情的原因是多方面的,在网络中,网民个体处于弱势状态,发表的意见网络扩散不明显,事实上,多数网民的个体意见并没有形成真正的网络舆情,仅以个体意识短期呈现。在初始传播阶段,事件的网络原发信息在没有组织和策划的情况下,散在分布于网络空间中,浏览量有限,尚未形成网民广泛关注和强大舆论。但是一旦矛盾事件和意见触及多数公众利益,网民的意见内容逐步趋同并取得绝对数量的优势时,事件就可能被广泛关注,关于事件的信息被广泛传播,进而进入网络舆情的扩散阶段。虽然在形成和扩散阶段的网络舆情是分散的、非理性的,但有着预警作用。在已发生的网络舆情中,我们经常能看到"蝴蝶效应"的作用。网络舆情在网络上得以形成、即时传播、实时互动,从宏观角度上看,表现为从舆情中心呈放射状地向周围递次扩散,波及面逐渐增大,随机性很强。

二、迅速扩散阶段

网络舆情扩散阶段是网络舆情从隐性转为显性并且快速扩散的阶段。这一时期的网络舆情在意见倾向上相对清晰,信息内容丰富,真实与谣言并存,传播迅速,舆情的表达形式呈多元化,并向群体极化意见的形态转变。桑斯坦认为,在网络中存在着群体极化,"团体成员一开始即有某些偏向,在商议后,人们朝偏向的方向继续移动,最后形成极端的观点"。斯托纳提出,在群体中进行决策讨论时,群体中持保守或激进意见的倾向性会得到加强,"如果一开始组内成员的意见比较保守的话,经过群体讨论决策只能变得更加保守。反之,如果个人意见趋向于激进的话,群体讨论后得到的决策就会更加激进。也就是说,群体讨论会得到更加极端的决策"。群体极化的发生往往与沉默的螺旋效应相伴左右,伊丽莎白·诺埃尔·诺依曼认为:"个人意见的表达是一个社会心理过程,为了防止因孤立而受到社会惩罚,个人在表明自己的观点之际首先要对周围的意见环境进行观察,当发现自己属于'多数'或'优势'意见时,他们便倾向于积极大胆地表明自己的观点;当发觉自己属于'少数'或'劣势'意见时,一般人就会屈于环境压力而转向沉默或附和。"我国网民数量巨大,结构复杂,他们的身份虽然在现实中各有不同,分属于异质化群体,但在网络群体极化作用下,诸多异质群体会逐渐融入同质群体中。在网络舆情发生时,尤其当事件涉及公共部门、公权机构、公职人员时,网民觉得公共利益受到触动,被压迫感强烈,因此纷纷关注事件,并热衷于讨论和传播信息。但网络的匿名性、去个性化、去责任化使得网民理性批判的生成与理智思考的扩张极为艰难,一些理性的声音往往会被极化群体内的"主流话语"湮灭,非理性的声音逐渐占据主导地位,导致更多的理性声音转向"沉默",表现出沉默的螺旋式单向演进过程。而该群体内的成员被这些极化言论深深影响,进而表现为行动上的盲从,一旦把虚拟世界中的盲从与极化带到现实中来,便导致网络舆情的升级。

　　由于网络舆情往往涉及公共利益,原本散在分布的网络原发信息受某些传播因素的影响,为多数网民关注,公众急需了解事件的真实情况,希望通过更多渠道获得更多相关信息,因此,信息在论坛、贴吧、MSN 及 QQ、博客、播客中的传播频率、速度、数量等就表现为急速升高,相关网页的访问量和信息点击量呈爆炸式增长,形成网络关注的聚集,其影响也随之扩散。群体性事件爆发时期的舆情信息内容真假难辨,多数网民对事件的真相不了解,容易导致谣言的滋生和播散。波斯特曼和奥尔波特指出,谣言是"与当时事件相关联的命题,是为了使人相信,一般以口传媒介的方式在人们之间流传,但是却缺乏具体的资料以证实其确切性"。人际交往与人际传播线路错综复杂,无论双方是何种关系,只要有接触条件,就会有议论过程发生,而且信息交互后,线路分岔,即以几何级数增长,事实的真实性随着人际传播网络的扩大递减,事实真相往往在传递中就失去了原有的形象。这样，舆情的次生品即谣言生成了，而谣言作为一种非理性、非真实的伪民意，在网络上的影响力和感染力不亚于事实真相，很容易扩大化和恶性化。公安部门总结谣言传播过程，发现了一个公式："道听途说+短信+网络=面目全非"。网络即时性的特点也加快了谣言的传播速度，使其呈几何级数扩散，因此危害极大。一些别有用心者会利用这一特点造谣蛊惑，激化矛盾，使群体性事件更加复杂化。如2011年网络上一度流传的所谓"新疆籍艾滋病人通过滴血食物传播病毒"等信息，经有关部门查明是谣言，真相是河南省洛阳市一李姓男子故意编造并通过手机短信散布传播，郑州市某公司女职员戚某将收到的手机短信谣言转发到QQ群后在互联网上扩散，其后这一谣言通过微博、QQ群等迅速传播。这样的谣言容易挑拨民族矛盾，煽动公众情绪，社会危害严重。

三、消退阶段

在网络舆情消退阶段，网络舆情信息量逐渐减少。消退阶段网络舆情表现为网民随着事件的解决而开始转为关注其他事件，少数网民还在关注事件的进展。如果事件得到了较圆满的处理，其评论开始减少，直至最终消失，如果事件解决过程中未达到他们预期的标准，网民会掀起新的讨论，这些观点可能引发新的舆情危机。当事件获得解决，危机得以消除，群体性事件即进入消退阶段，此时，网民心理和行为逐渐恢复到理性状态，被群体性事件扰乱的社会公共秩序恢复正常，网络舆情逐渐衰减，舆情内容由激烈的讨论转为对群体性事件处置工作和善后工作的讨论，并逐渐回归到非舆论性议论状态。

四、案例

以"药家鑫案"为例，我们分阶段对影响网络舆情的因素进行分析，进一步来说明网络舆情各个阶段的演化过程。

1. 第一阶段：初始形成阶段

这一阶段通常是网络舆情初始形成阶段，网络舆情的演化特征量比较多，网络舆情构成因素都参与进来，网络舆情的演化特征表现为：引发网络舆情的事件敏感程度越高越容易导致规模较大的网络舆情发生。公众对网络舆情事件的敏感度反映了公众对现实社会矛盾的"刺激—反应"程度和关注程度。网络舆情事件与现实中的社会问题直接相关，如有关贫富差距过大、腐败、医疗、住房等事件均与公众的切身利益息息相关，当这些敏感事件的信息被发布于网络上时容易引起其他网民的共鸣,他们往往通过在论坛、QQ、博客上发帖、跟帖和转帖来表达自己的态度、意见和不满情绪。在药家鑫事件中,从事件第一次被披露开始,网民们在同情被害者的同时,开始了对关于药家鑫及事件相关信息的讨论,进而演变为舆论的争辩。网民对群体性事件的态度倾向一般分为支持、反对和中立三种情况。网络舆情监测通常将网民的态度通过观点挖掘和内容分析法加以统计和分析,从而得出网民对本次群体性事件的整体态度倾向。网民对网络舆情事件的敏感程度可以通过权重评分法或分类评分法获得。此时网民的参与量小,部分网民还处于犹疑、观望、等待状态;帖子数量逐渐上升,但并未表现出较大的增量;网络舆情的传播渠道还相对单一,经历着由初始的发布原帖的论坛逐渐向其他渠道渗透的过程,但关注的媒体并不多。公权机构对此时的网络舆情态度对舆情演化有着直接影响,其态度有以下几种:沉默、关注、支持或反对。如果政府或官方媒体持沉默态度或与网民的态度倾向性不一致,就可能引起事态进一步扩大,网络舆情将从第一阶段向第二阶段迅速扩散。如果政府或官方媒体尊重网民整体态度倾向性,尊重公众知情权,态度积极主动,及时表达对事件的关注,勇于承担起应负的责任,采取合理措施解决问题、缓解矛盾,那么网络舆情将缓慢消退直接进入第三阶段。因此,事件向网络舆情第二个阶段扩大还是直接消退由事件发展过程中议题的敏感度、公众群体性事件的网络舆情的态度倾向性及公权机关或官方媒体对这一网络舆情表现出的态度三个因素决定。

2. 第二阶段:迅速扩散阶段

迅速扩散阶段也被称为网络舆情危机阶段,这一阶段网络舆情的演化特征表现为:网民的参与量显著增加;帖子量短时期内急剧增加;网民的焦点帖子比较多;帖子数量变化图呈现出多起伏点。影响范围的扩大,也引起了各大网络媒体的广泛关注,网络舆情的传播渠道由初始时的单一渠道发展为多个渠道,甚至影响到传统媒体。药家鑫事件中,主张判处药家鑫死刑的北京大学中文系教授孔庆东,和提出"钢琴强迫杀人法"的中国人民公安大学犯罪心理学教授李玫谨是掀起舆情爆发的舆论领袖,他们对药案的意见和观点——"第一,是否有这样的理由就可以为自己所犯的罪行开脱? 第二,是否是在建议法院从轻处罚呢?""他(药家鑫)长的是典型的杀人犯的那种面孔……你不懂,(药家鑫)一看就知道是罪该万死的人",使相关的事实性信息和意见性信息在这个舆情发展中被极大地放大,网民们在意见互动过程中,使网络舆情迅速扩散。这一阶段网络舆情演化的主导力量是网民群体,政府的积极态度和及早采取的合理措施对缓和网民的情绪有积极的意义。本阶段网民情绪比较高涨,网民的参与积极性大大提高,第一个阶段持犹豫、等待、观望态度的网民也加入进来。他们纷纷通过QQ、MSN等网络即时通信工具讨论和发表看法、意见,在论坛、博客里频频发帖、跟帖、转帖、留言,以发泄情绪,表达意见。多数网民具有从众心理和法不责众心理,容易被谣言和不实信息误导,在群体极化的作用下,易失去理性。可见,此阶段的网络舆情已经演化到了网络舆情危机预警阶段,可能引发现实社会公共秩序混乱,如果政府态度不积极、不及时采取措施解决矛盾,则会导致网络舆情向更加严重的方向演化。合理的措施能使网络舆情良性演化到第三个阶段,即网络舆情消退阶段,否则网络舆情就可能演变成更严重的网络舆情危机,甚至导致现实中出现聚众行为,严重影响社会公共秩序的平稳运行。

3. 第三阶段:消退阶段

消退阶段的演化特征表现为:如果事件得到圆满解决,帖子量在到达一个最高值之后即迅速回落,网民参与量也将在达到最大之后逐渐递减;如果事件未获得圆满解决,帖子量的起伏点将会比较多,形成这些起伏点的焦点帖子将预示着网络舆情演化的新方向,如果再向新方向演化则需要一定的时间,新的演化方向形成以后将继续循环这三个阶段。群体性事件的网络舆情持续时间反映着网络舆情影响力和作用力的大小,时间延续越长、空间扩展的范围越大,舆情的影响力和作用力也就越大;反之则越小。新闻媒体的关注度也通常随着网民的参与量和帖子量的变化而变化。在消退阶段,如果事件得到圆满解决,并且未出现新的关注点,帖子量在达到一个最高值以后,将会迅速回落,网民关注度也开始消减或转移。在药家鑫事件中,随着审批结束,药家鑫被执行死刑,网民对这一事件的讨论逐渐减少,网络舆情呈消退状态。但是,两个月后柴静对药家鑫父母进行了专访,又掀起了一场网络讨论。可见,如果事件未获得圆满解决,将有可能引发更多的焦点帖子,这些新的帖子将隐含着网络舆情新的变化方向,也使网络舆情更加复杂。网络舆情的消退与三个因素有很大关系:其一是网络舆情的时间性,它决定着网络舆情的生命周期,网络舆情的生命周期接近尾声必然会进入消退阶段;其二是政府对网络舆情的应对态度和措施,在第一或第二阶段中政府及时响应,处理措施得当,网民的情绪就会得到缓解,反之就会导致网络舆情事件更为复杂;其三是新的关注点的出现,新的更吸引网民注意力的事件将导致网民注意力转移。例如,2008年"5·12"汶川地震发生时,网民的关注点从西藏拉萨发生的"3·14"打砸抢烧暴力犯罪事件转向了汶川地震;北京8月8日举办奥运会,将中国网民的注意力从地震事件中吸引过去。

可以看出，网民通过关注网络舆情的整个过程，通过阅读判断各方的观点，融入自己的认识，一些信念体系就会建立起来，就会慢慢成长起来。类似事件发生得越多，事件持续的时间越长，所接受的外界刺激越多，这些观念就会越深刻，逐渐积淀下来就会形成对整个社会的认识。如果负面的网络舆情信息刺激太多，就会对社会产生不信任感，甚至形成对政府的信任危机。

第四节　国外网络舆情疏导的经验及对中国的启示

一、国外网络舆情疏导的经验

在网络舆情疏导方面，中国与美国等西方国家相比还存在着明显的差距，甚至还比不上日韩等周边国家。国外许多国家对网络舆情疏导工作都十分重视，都采取了行之有效的措施对网络舆情进行引导和规范，已经形成了一套比较成熟的经验模式。

1. 美国的"政府与社会协调监管"模式

作为互联网的发源地，美国是当今世界上网络设施最发达、用户群体最大的国家，其网络舆情治理较为规范和成熟。美国对网络舆情管理以"9·11"事件为分水岭，大致可分为自由、自律阶段和加强管制阶段两个阶段。其对网络舆情的管理主要包括内容把关、秩序协调和安全维护三个维度。从战略层面和策略层面，从技术层面和管理层面，都对网络实施有效监管。美国的"政府与社会协调监管"的网络舆情治理模式主要有以下几个特点：

第一，网络治理法制化和技术化。在美国，在互联网的管理上规章制度较为健全。联邦政府和各州地方政府通过听证、辩论、表决等手段，制定包括互联网在内的电信立法法案和符合地方实际情况的网络管理体制，美国主管互联网的职能部门是"联邦通讯委员会"，负责对电信管理机构进行监督，并规范和引导互联网传播工作。在网络立法方面，美国对网络的相关法律有一定的传承性，以判例法的方式，根据已有法律的相关条款，结合当前网络发展的实际情况，加以完善、引申和发展，从而确立新的关于互联网的法案和条文，这样既保持其网络法律政策的连续性和渐进性，又有利于促进其法规的稳中求进，因此，其网络管理体系较为成熟，保证了互联网络正常、持续成长。美国利用其自身网络管理技术先进的特点，通过设立网络分级制度标准，完整定义网络分级所采用的检索方式,运用网络安全技术、内容信息分级过滤技术、信息屏蔽技术等先进的网络技术制定封堵用户访问的互联网网址清单,对内容进行分级与过滤,从而实现对网络舆情的治理。

第二,政府与社会协调监管。美国政府与社会协调监管主要体现在政府与网络行业组织、政府与普通民众两方面。首先,对于网络行业组织,美国政府利用行业协会搭建管理平台,对网络行业组织的自律行为给予鼓励,对于违规者,行业协会代表整个行业向其施加压力,迫使其纠正行为,甚至采取严厉措施使其失去发展机会。其次,对于普通民众,美国网络舆情治理更注重政府与普通民众协调监管。通过大力宣传互联网保健基金会的网站规定的八条准则及美国电脑伦理协会制定的"十诫"等社会道德规范等引导手段,营造良好的网络道德氛围,还借助于以社会团体、组织和国家的力量来保证网络舆情管理中道德的自律作用。

第三,美国对网络舆情管理实行两种标准。美国联邦最高法院为避免政府对新闻自由的不当管理,在长期的司法实践中,形成了一些原则,作为准许政府对舆情进行管理的标准和尺度,如明显且即刻危险原则、逐案权衡原则、恶劣倾向原则、优先地位原则等,其中最重要的是明显且即刻危险原则和逐案权衡原则。逐案权衡原则意义在于给予最大化、最多数个人利益以首要考虑地位,允许个人自由在与其他利益相冲突时被保障。明显且即刻危险原则主要用来解决公共利益与言论自由之间的冲突,该原则适用于以下言论:①煽动他人从事暴力内乱行为的言论;②攻击性言论;③批评审理中的案件或者意在阻碍法院审判正当程序的言论;④煽动他人从事违法行为的言论。

2. 加拿大的"完备的互联网监管机构和体系"模式

加拿大是一个信息化程度很高的国家,也是世界上少数几个具有完备的互联网监管机构和体系的国家之一。加拿大政府强调网络运营中的安全保障原则,已形成了全面而有效的国家关键基础设施网络事件预防制度。加拿大网络舆情治理模式显著特点表现为:

第一,具有完备的互联网监管立法体系。加拿大早在1985年就通过了刑法修正案,将非法使用计算机和损害政府信息资料的行为认定为犯罪行为,并严格定义了政府信息立法中的一些专门术语,以避免罪犯利用技术术语逍遥法外。其后又相继出台了《信息获取法》《统一电子证据法》《隐私权法》《安全的数字签名条例》及《个人信息保护和电子文档法》等一系列保障互联网安全的法律法规。2004年提出的《保卫开放式的社会:加拿大国家安全政策》中就发展国家网络安全战略进行了详细阐述。2010年,为了适应国家及个人生活已经全面信息化和数字化的新形势,加拿大又颁布了新版的国家网络安全战略,以保障和促进国家网络空间的繁荣与安全。加拿大政府授权对网络舆情信息采取"自我规制",将网络不良舆情信息分为攻击性信息和非法信息两类。加强网络安全知识培训和网络行为道德培养,以行业自律和网民自律解决攻击性信息问题;以法律法规处罚非法信息。到目前为止,这一策略的管理效果良好。

第二,具有世界领先的电子政务体系与网络事件应急系统。加拿大政府于1994年发布了《运用信息通信科技改革政府服务蓝图》,这是世界上首份国家发布的从信息通信技术角度全面改革政府的框架性文件。政府各部门之间形成了包括信息安全、安全检测、运行安全以及人员管理、网络管理等在内的安全管理体系。加拿大还建立了政府行动中心,协调包括加拿大皇家骑警、卫生部、安全情报局、外交部和国防部在内的多个联邦部门和机构,作为加拿大的战略级网络中心,它还与国内、国际合作伙伴保持联系。政府行动中心每时每刻都不间断地从世界各地收集保密的或者公开的资料,确保其国内的互联网安全。每年全球咨询公司埃森哲调查的全球电子政务发展情况都表明,自2001年以来加拿大的网络服务和电子政务成熟度一直领先于全世界。政府网络治理过程中,加拿大运行着"政府在线"项目,"政府在线"的最高管理者是加拿大政府服务与公共事务部长,加拿大政府预期将"政府在线"建设成全球与公众沟通最佳的政府。为有效应对网络突发情况,加拿大政府专门成立了网络事件反应中心,全天候监测网络舆情,协调国家针对网络安全事件的行动。加拿大鼓励公众通过政府网站参与社会公共事务的管理。加拿大中央政府的CIO(首席信息官)从2001年年末开始,选择各阶层的加拿大公众参与"政府在线"项目,旨在解决各个部门启动"政府在线"项目遇到的常见问题,以便在群体性事件发生时,能迅速做出反应并发布相关信息。

3. 法国的"政府、行业和用户三方共同调控"模式

法国是最早发布新闻自由原则文献的国家,1789年大革命时期发表的《人权宣言》中提到:"思想和观点的自由交流是人类最宝贵的权利。因此,所有的人,只要他们承担违反法律规定而应负担的责任,都有言论、创作和出版的自由。"可见法国的民主、自由思想根深蒂固,强调传媒的自由权利,将媒体视为公众表达思想观点和参与公共事务的平台也是法国舆情治理的基本原则。在欧美国家中,法国属于媒体系统深受政治影响的国家,政府在调控大众媒体的诸因素中发挥着最核心的作用。这种作用不仅体现在传媒政策的制定中,还体现

在政府通过资本投入来影响媒体的运作上。法国的媒体政策原则是强调尊重法律秩序与新闻出版自由的平衡,强调保障媒体发展与限制滥用新闻权力的制衡。

法国的媒体法律体系较为健全和完善,涉及新闻出版自由、编辑自由、版权保护、报纸登记与发行等,还制定了一系列法规明确了政府对媒体的规制权利。其中明文规定对媒体进行管制的行为包括伪造消息,煽动犯法、犯罪,对本国和外国首脑进行诽谤、辱骂和侮辱,伤害风化,破坏国家安全,等等。法国互联网发展晚于英美国家,为改变这一现状,法国政府和议会提出了一系列旨在发展和完善网络信息技术及相关法律法规的措施。与英美国家从市场自我规制、自律规制发展到由政府和法律介入规制的过程相比,法国的网络规制发展过程是恰恰相反的,法国网络规制的发展经历了"政府调控"—"自动调控"—"共同调控"三个时期。在法国互联网发展的初期,互联网的规制权掌握在政府手中,在这个时期,法国制定了一系列的法律法规来规范互联网和信息技术的发展,政府的调控促进了互联网的发展,同时有效遏制了其负面效应。但是单纯的政府调控无法完全解决网络发展中出现的越来越多的舆情问题。因此,法国政府要求网络服务供应商和内容服务商共同加入到对互联网的监管中来,互联网用户协会、互联网监护会、互联网域名注册协会以及宣传信息和法律的网站等调控机构相继建立,这标志着法国互联网"自动调控"时期的到来。从20世纪90年代末期开始,互联网的开放性和公共性以及随之而来的诸多社会问题的出现,使法国政府意识到日益增加的用户群体所产生的网络舆情影响越来越大,因此开始实行由政府、行业和用户三方共同协商对话的互联网规制,标志着法国互联网"共同调控"时期的开始。

4. 德国的"合作化管理"模式

德国是欧洲信息技术水平最高的国家,其通信服务和电子信息服务已普及至德国社会所有领域。当前世界上网络使用率最高的国家就是德国,网络调查公司Nielsen//NetRatings的调查显示,德国人均上网时间近8小时。法制化的管理、社会各界的通力合作、预防为主的治理模式使德国网络舆情治理取得了较好的效果。

第一,德国网络舆情的法制化管理措施。德国政府注重对网络舆情的法制化管理,注重在保护民主的前提下管理网络行为。德国刑法就网络行为管理规定了共同的最低标准:政府有权运用警力搜查和没收网络信息,以便利用这些信息证明违法犯罪;阻止互联网被用于破坏电信系统和计算机安全运行。为建立一个适应信息和通信技术快速发展的健全的法律环境,20世纪90年代,德国联邦议院制定并通过了世界上首部网络法律——《多媒体法》,目的是全面管理信息时代新型通信媒体互联网上的行为,以确保网民的公共权益和电子信息与通信技术的自由发展。德国政府非常重视对网络舆情的监督和管理,政府部门根据《刑法》《青少年保护法》《多媒体法》《商业法》等相关法律,对互联网上的内容进行监管和调查。

第二,网络舆情管理的合作化。德国政府在网络舆情管理过程中重视与社会各界的通力合作。联邦内政部每年都邀请社会各界专业人士和经营管理者等代表参加围绕"信息和通信犯罪"讨论的研讨会,倡导提高网络行为的自律性,从而有效减少网络非法行为。对于违反"信息和通信犯罪"的网络组织和网民加大处罚力度,最高可判传播非法信息者15年监禁。

第三,网络舆情管理"先发制人",预防为主。在加强网络舆情监督管理、打击网络犯罪方面,德国政府注重"先发制人",侧重预防,联邦刑警局24小时系统地跟踪、分析互联网上的可疑情况。德国内政部投入技术力量,请专业人士建立和维护的"信息和通信技术服务中心",运用网络对各种违法行为给予严厉的打击,加强治理网络上的非法行为,尤其是暴力、恐怖主义、种族主义、纳粹主义等信息。"信息和通信技术服务中心"为警方提供技术支持,保障调查的顺利进行。

5. 韩国的"实名制管理"模式

韩国是世界上最早实施网络内容审查的国家,也是网络舆情管理较为严格的国家。韩国"实名制管理"网络舆情治理的特点主要有:

第一,通过明确网络舆情治理主体职责,有效地解决了互联网治理主体缺位的问题。2006年开始,韩国政府设立了韩国因特网安全委员会,作为独立的网络管理机构,委员会负责制定韩国主要网站内容分级标准,建议和制定净化网络内容、信息传播伦理准则。韩国政府还赋予信息通信部部长网络管制权,依照《促进信息化基本法施行令》第11条第2款和第12条第2款的规定,信息通信部长有权任意利用网民共同使用的信息通信网,对具有各类信息发送、接收、检索和储存能力的网络组织和网民,提出以屏蔽软件阻隔不良信息的建议,从而有效发挥了政府部门在网络舆情治理和监管中的职能。

第二,通过制定网站内容分级标准和完善法律法规体系,建立了政府与各部门之间的网络舆情协同治理机制。通过制定网站内容分级标准和完善法律法规体系,设立违法有害信息举报中心,并进行日常网络巡逻监控,建立了政府与各部门之间的网络舆情协同治理机制,阻止有害网络信息的传播。网站内容分级和审查的重点是网吧等的信息,而不是整个网络空间的信息。审查的目的在于减少"可能影响和伤害年轻人价值观念和感情等的不良信息""损害公众利益的信息""可能危及国家安全的信息"。同时,政府很重视网络法律法规的实效性,规范网络行为的管理,积极倡导网上行为的自我监督的自律性,在法律上对网络舆情治理给予切实的保障。

第三,通过网络技术实施实名制政策,为保护网民的合法权益,采取屏蔽技术手段防止不良信息传播。2007年7月韩国颁布《促进使用信息通信网络及信息保护关联法》,国内网站均要求用户在提供详细身份资料后才能申请聊天账号、网站邮箱,网站在核实其详细身份信息准确的基础上才提供账号和邮箱。通过实名制管理,网站运营商掌握了用户的真实资料,在很大程度上提高了网民网上行为的自律性,降低了网络谣言、网络犯罪发生率。

6. 新加坡的"将国家安全和公共利益置于首位"模式

新加坡是主张政府必须强制介入互联网内容管理的国家之一,因社会历史、政治背景、公共利益等原因,其对于媒体内容进行严格管制的传统由来已久,且获得了新加坡民众的支持。在严格管理的同时,新加坡非常注重信息产业和互联网的发展,目前已发展成为亚太地区信息化强国,因此,新加坡的网络舆情治理模式有显著的个性化特点。

第一,国家安全和公共利益重于一切。新加坡政府在网络舆情管理中,将国家安全和公共利益置于首位。新加坡政府规定《维护宗教融合法案》《诽谤法》和《煽动法》等相关法律均可用于网络行为管理。此外,根据《广播法》颁布了《互联网行为准则》,要求"禁止违背公共安全、公共秩序、公共道德、公众利益和国家稳定的信息传播"。通过这一系列法律禁止任何危害国家安全或防卫的内容在互联网上传播。新加坡等"严格限制媒体"的国家也公开列出一些网站和需要过滤的关键词,强行要求ISP(互联网服务提供商)进行封堵。对一些不负责任甚至危险的言论,尤其是网络谣言,采用立法管理、行业规范、舆论引导、公民自律、打击封堵等多种方式进行综合管理。

第二,新加坡网络舆情管理的原则。主要包括三个内容,一是严格立法,防止互联网成为谣言滋生和传播的渠道。新加坡政府将互联网作为一种传媒服务进行管理,主管互联网事物的机构是传媒发展局。为加强对互联网信息的监管,新加坡政府颁布了《广播法》,规定互联网服务提供者和内容提供者实施分类登记管理,内容供应商、政党组织、宗教团体和其他拥有政治、宗教内容的网站,都必须向传媒发展局申请许可证,保证遵从政府规定的相关规则。对网络行业应尽的义务进行了详细规定,同时具体界定了网络业内成员禁止传播的信息内容。同时,政府在渠道管理方面也制定了专门的法规,要求互联网服务供应商和互联网内容供应商负有屏蔽、封堵某些特定网站、信息和舆论的义务。二是严格审查,预防网络谣言的兴起与传播。在新加坡,政府非常重视网络管理技术的运用,把技术本身作为监控手段,对于涉及种族、宗教和政治等多领域的负面信息加以监控,借助代理服务器对非法网络舆情信息来源和内容进行分类分级过滤,确保网络信息和网络舆论的正面影响。此外,新加坡政府加大资金投入,通过培训等方式加强网络安全公共教育,培养公众的网络道德,引导网民合法使用网络资源,惩处利用网络进行犯罪的行为。三是构建互联网业自律体系。新加坡政府对网络用户进行了意见汇集,经过政府相关部门与网络行业的协商,于2001年2月制定了《行业内容操作守则》,它由一系列自愿性质的行业自律规范组成。规定互联网业内成员具有如下义务:不得使用误导性或错误的描述符号表明和区分站点;运用合适的内容分级系统,标明其所属的网站,对不同的信息进行区分;不得故意在网络中传播法律明确禁止的或令人反感、不当的信息。从而运用自律系统加强和巩固了网络行为的自我监管。

二、国外网络舆情疏导的经验对中国的启示

目前中国针对网络舆情疏导的研究还处在初级阶段,研究进度缓慢且研究水平较低,不能很好地适应新时期对网络舆情疏导的需要。因此,借鉴国外网络发达国家舆情疏导的经验来促进中国网络舆情研究的发展是十分必要的。以美国为代表的网络强国在网络舆情疏导方面的经验对中国有着十分重要的启示,这主要表现在:

1. 完善网络舆情立法,明确网络法律规范

法律手段是社会管理中最为行之有效的方法,因为法律具有其他手段不可比拟的强制性和权威性。所以,借助于法律手段来加强网络舆情疏导是十分必要的,尤其是对于那些极有可能扰乱社会治安、破坏社会稳定、危及国家利益和影响民族团结的网络谣言,必须要通过法律给予严厉的制裁和惩处。就中国目前的网络舆情立法状况来看,网络舆情方面的立法还很不完善,相关的法律法规少之又少,即便是已经颁布出台的相关法律,不但对网络言论的内容限制表述得几乎大同小异,而且存在着执法难、操作性差的问题。由此可见,中国在完善网络舆情立法、明确网络法律规范方面还有很多工作要做,也还有很长的路

要走。为此,我们必须建立起完善的网络舆情方面的法律体系,制定出一系列符合实际需要和易于操作的法律法规,在充分保障中国公民言论自由的同时,约束和引导公民的言论走向,从而为中国的网络舆情疏导工作提供坚强的法律保障,促进中国舆情疏导事业的发展。

2. 提高网民和网络媒体的媒介素养,培养其自律精神

纵观国内外舆情疏导的经典案例可发现,较高的媒介素养和良好的自律精神是网络舆情疏导顺利开展的催化剂。网民具备了较高的媒介素养和良好的自律精神,就会有很强的信息辨别能力,不会轻易被虚假信息所蛊惑,也会更有社会责任感,更加谨言慎行,始终能用思维理性战胜情绪感性;网络媒体具备了较高的媒介素养和良好的自律精神,就会始终保持较高的企业责任感,不会为自己的经济利益而牺牲社会的公共利益,也会自觉加强网络监督和言论审核、过滤。但是,就目前来看,中国网民缺乏这种媒介素养和自律精神,其平均受教育水平较低,"说风就是雨",在非实名制下往往盲目跟风;有些网络媒体为了自身的经济利益,被一些商业因素所左右,没能履行自己的行业责任和义务,放松了网络审核和过滤,让一些网络谣言在网络平台上肆意妄为。这些问题使中国的网络舆情疏导工作很难顺利开展。所以,不管是网民还是网络媒体,作为这个社会和国家的一分子,必须自觉提高自身的媒介素养,养成网络自律精神,以配合政府网络舆情疏导工作的顺利施行。

3. 创新舆情监控技术,提高管理效率

中国已经成为网络大国,网民数量跃居世界第一,再加上近些年来中国网络事业蓬勃发展,出现了新浪微博、腾讯微博、微信、陌陌、百度贴吧、天涯论坛等林林总总的网络平台,导致网络舆情的信息量急剧膨胀,达到了一个人工无法管控的规模。在这种棘手的情况下,就必须借助于一定的技术工具来进行舆情信息的监控,这样才能在较高的效率下保证较好的效果。为此,中国必须不断加强网络舆情监控技术的研究,创新出一系列符合中国实际的、具有较强操作性的监控技术和工具,来协助政府部门更好地开展舆情疏导工作。当然,在现阶段,最简单而又行之有效的办法就是引进国外先进的舆情监控技术,并加以优化,使之适合中国的国情和社会发展的需要。目前主要采用的监控和分析技术是内容分析法和 Web 数据挖掘法。内容分析法具有客观、系统和定量的特征,它在网络舆情信息分析中的作用主要体现在描述舆情信息、推论传播主体的意图以及倾向、推论网络舆情的变化趋势等方面。Web 数据挖掘是指从大量文本集合中发现隐含的模式,主要的技术包括特征提取、文本分类、文本聚

类、关联分析、文本总结、趋势预测等。它在网络舆情信息分析中的应用体现在描述网络舆情、分析信息关联性、推论信息的真实性和传播主体的意图及态度倾向、分析网络舆情产生原因、预测网络舆情变化趋势等方面。我们要将二者结合使用,以此来发挥更大的效果,为中国的网络舆情疏导扫清障碍。

第五节 新型城镇化进程中做好网络舆情疏导的方略

为了保证新型城镇化战略的顺利实施,我们必须在这一进程中做好网络舆情的疏导工作,以促进中国城市尤其是中小型城市健康快速地发展,推进中国城市化的发展进程,实现中国城市在"五位一体"总布局下的系统转型,并由此带动科学城镇化体系的最终形成。一般来说,网络舆情疏导的基本方略就是:站在新兴媒体时代的高度,深刻认识民意表达方式的新变化,顺应人民群众的新期待,走进网络虚拟世界体察民情,问政于民、问需于民、问计于民,发挥传统主流媒体的舆论领袖作用,促进网络舆情正面功能的实现和负面功能的消除,最终促进社会的健康发展。

一、网络舆情引导的"4P"模型

网络舆情的爆发意味着政府网络形象受到了损害,故而政府应对网络舆情的过程就是政府网络形象修复的过程。从前面的分析可以看出,网络舆情的发生是地方政府网络应对全面落后导致的,因此,应对突发的网络舆情,需要全面提升地方政府的网络舆情引导力。为此,我们开发出了地方政府网络舆情引导力"4P"模型,从制度(precept)、平台(platform)、预案(plan)、伙伴关系(partner)4个方面着手,全面提升地方政府的应对能力。

1. 制度上强化规则覆盖

政府应根据网络的发展趋势,建立并完善网络管理的法律法规。仿效美国等,对网络违法行为进行打击,为网络运行规定了边界和底线。一是推进法律法规在网络领域的覆盖,建立完善的网络规则体系,主要内容应该包括对政府信息公开的规定、对网络紧急情况下政府管制网络的权力规定、对各类网站合法经营的管理规定、对网民权利与义务的规定等。二是强化网络监管力量的覆盖,组建网络警察,对各大网站进行监管,对违法犯罪的要及时制止与纠正。三是推进文明上网习惯的养成,引导网民形成良好的网络生活习惯,拒绝网络暴力。

２．网络平台要高效运行

为减少民众利用网络空间与政府"表达对抗"，各级政府应该畅通信息传播渠道，着力构建网络问政平台。一是完善政府门户网站，建立政府与民众互动的网络论坛。让政府部门在网络上解答群众的疑难问题，让民意首先聚集在政府主办的网络平台上，形成在政府自有网络平台上与公众、媒体对话机制，重建网络时代公众的理解与认同。二是在门户网站举办的微博、论坛上实名互动，增强政府网络问政平台的回应性，有效扩展群众的参与渠道，防止群众言论堵塞，把网络舆情消弭在萌芽阶段。

３．制定分类型的网络舆情应急预案

制定预案是加强应对网络舆情的重要一环，能使网络舆情的应对工作有的放矢。一是分门别类制定应对预案。充分认识网络舆情的变动规律，按照敏感程度、影响力大小，针对各种类型的危机事件，制定比较详尽的判断标准和预警方案。二是强化预案的可操作性。预案的制定要实，要严密、规范、可操作，内容应包括应对媒体的策略、明确的工作流程和责任分工，并对网络舆情的指挥机构、责任分工、权限和范围等进行详细、周密的规定。三是加强实战演练。不仅要制定危机发生后应对各种可能出现情况的多套行动预案，更要进行组织演练。可以用已经发生的同类事件对制定好的预案进行检验，在演练中发现问题，及时修改，以做到有所准备。使政府在应对网络舆情时，有章可循、对症下药。

４．建立政府传播伙伴网络

各级政府在应对网络舆情时要注意对各种传播资源的把握，将多种传播方式、传播手段整合起来，以统一的目标和统一的传播形象，通过一致、有效的信息传播，及时将政府应对措施表达出来，让更多的受众了解，影响目标受众的认知、态度和行为。一方面要通过政府自有网络平台和网络意见领袖积极在网络上发声，避免网络舆论的极化；另一方面要整合报纸、电视、广播等传统媒介资源，对外公布一致的、可靠的信息，建立网络内外互动的、统一的、权威的信息平台，对网络舆论进行有效阻动，对公众进行有效引导。

二、网络舆情的制度治理

网络舆情根源不在于网络本身而在于当前中国社会转型风险和改革困境的叠加。治理网络舆情需要制度设计和机制转换，从源头上避免网络舆情发生。美国行政学家戴维·奥斯本和特德·盖布勒在《改革政府》中提出"有预见性的政府应该遵循预防而不是治疗的原则",这就要求构建在日常行政过程中应对、消解网络舆情的制度。

1. 建设网络问政平台,构建透明政府

由于现实中利益表达机制不健全,民意无法得到正常疏解,群众便求助于网络手段。商业网站出于营利的目标,会起到推波助澜的作用,成为引发事件、聚集意见、形成网络压力的平台,从而使网络舆情的解决偏离了制度化渠道,凸显了政府主导的网络问政平台缺失的困境。因此,为减少民众利用网络空间与政府"表达对抗",各级政府应该畅通信息传播渠道,着力构建网络问政平台,完善政府门户网站,建立政府与民众互动的网络论坛;同时,在商业网站举办的微博、论坛上实名互动,增强政府网络问政平台的回应性,使政府网络问政平台成为政府信息公开渠道、群众意见表达渠道和群众诉求回应渠道。

2. 完善法律法规体系,维护网络规范

政府应根据网络的发展趋势,建立并完善网络管理的法律法规。美国先后颁布了《电子通信隐私法》《通信内容端正法》,对网络违法行为进行打击,为网络运行规定了边界和底线。而我国在网络立法领域远远滞后,导致网络推手可以在网上兴风作浪,形成网络暴力,个体网络参与者在从众心理下易于形成群体极化。网络立法的内容应该包括几个方面:一是对政府信息公开的规定;二是对网络紧急情况下政府管制网络的权力规定;三是对各类网站合法经营的管理规定;四是对网民权利与义务的规定。通过网络立法,可以在保护公民言论自由的基础上明确公民在网络表达上的责任,让每个网络参与者在行使自由表达权的同时牢记自身所承担的责任,让违法行为和不符合社会公序良俗的行为在网络上销声匿迹。

3. 主动参与网络讨论,培育意见领袖

网络舆情的传播过程中,独立于政府的网络意见领袖发挥着重要作用。在既往的网络舆情中,网络意见领袖的参与改变了网民关注的焦点,动员了网民的关注。因此各级政府要积极培育自己的网络意见领袖,通过网络意见领袖将政府的意见在微博、论坛等网络空间传播。培育网络意见领袖的方式可以有以下几种:一是主流新闻媒体参与网络互动,如人民日报、文汇报等权威媒体先后在新浪微博注册,用网络表达方式讲述严肃化的新闻,能够在第一时间传递权威消息,能在潜移默化中加强舆论引导;二是培育自有网络精英,鼓励公务员以普通网民身份积极参与网络讨论,发布正面信息,传播正能量,处置不良信息,不断增强网络舆论支持度,避免"沉默的螺旋"效应和群体极化;三是坚持与独立的网络意见领袖互动,正确对待网络意见领袖的批评,积极采纳网络意见领袖的建议,形成良好合作关系。

三、网络舆情引导手法

网络舆情的爆发意味着政府网络形象受到了损害,故而政府应对网络舆情的过程就是政府网络形象修复的过程。面对突发的网络舆情,各级政府需要增强应对能力,做好舆情引导。

1. 第一时间反应

据中国传媒大学网络舆情研究所/艾利艾咨询(IRI)对2009年1月至2010年8月的网络舆论统计,75%的重大新闻事件在报道后的第2~4天网络关注度最大。一般认为,网络舆情的公关的最优时间一般是事件发生后12个小时内。网络舆情发生后,各级政府必须及时启动预案,第一时间向网络空间发布信息,在舆论发酵期抢占话语权,安抚网络民意,让负面社会影响降到最低,使网络舆情避免恶化。这里要区分两种不同的策略:对于政府部门确有过失而引起的事件,需要立即进行形式上的致意,表达政府部门的关注和重视,以及解决问题的决心,承诺给广大网民合理的解释;对于恶意传播的网络谣言,要坚决予以拆穿,防止谣言扩大化,对于性质恶劣、触犯法律的要运用法律手段维护政府形象。

2. 降低损害程度

网络舆情一般都有着一定的社会基础,事件的发酵会影响到现实政务,因此要采取有效措施降低网络舆情的损害程度。一是切实关注网络民意的关注点,对网络舆情指向的现实事件进行认真、仔细、清楚的调查,做到分析准确、严谨、科学、合法、合理,给网民一个明确的交代,为惩治相关责任人做好法律上的准备。二是严守中立立场,要采取低调而简洁的处理手法,对网络舆情所指向的对象进行处理,对违法犯罪的个体和事实与各级政府的主体和形象进行切割,不为违法犯罪的个体和事实辩白修饰,将"烂苹果"先从篮子里挑出来,获取网络民意的支持。三是利用危机提升形象,网络舆情为各级政府改善政府形象提供了难得的契机,如果能将对个案的处理上升为制度规范层面,杜绝事件再次发生的可能性,将有助于政府获得良好的形象。

3. 推进整合传播

整合传播是指通过对各种传播资源和要素实行优化配置和系列整合,将多种传播方式、传播手段整合起来,以统一的目标和统一的传播形象,通过一致、有效的信息传播,及时将政府应对措施表达出来,让更多的受众了解,影响目标受众的认知、态度和行为。这就要求各级政府在应对网络舆情时要注意对各种传播资源的把握。一方面要通过政府自有网络平台和网络意见领袖积极在网络上发声,避免网络舆论的极化;另一方面要整合报纸、电视、广播等传统媒介资源,对外公布一致的、可靠的信息,建立网络内外互动的、统一的、权威的信息平台,对网络舆论进行有效阻动,对公众进行有效引导。

总之,在新型城镇化战略进程中做好网络舆情疏导工作是十分必要的,这一举措具有十分重要的意义。现阶段,中国的网络舆情疏导工作有得有失,我们要深刻总结经验教训,还要善于从国外的舆情疏导工作中得到启发,在新型城镇化战略进程中采取科学的手段和方略,促进中国新型城镇化战略的顺利实施和网络舆情疏导的有序开展。

第四部分

适应城镇化发展评估的网络舆情监督

第九章　网络舆情监督基本概念

在现代社会,舆论监督的主客体都具有广泛性。凡是国家公民,无论何种身份、宗教信仰、年龄、性别,都具有舆论监督的权利。舆论监督的内容涉及党政机关、社会团体、公职人员以及社会上一切有悖于法律和社会公德的行为。作为个体的公民力量是弱小的,但作为整体的公民具有巨大的影响力。公民整体力量的形成必须借助于大众传媒的桥梁纽带作用,否则无法形成舆论压力,难以产生监督效果。当今,随着传媒技术的迅速发展,中国网络媒体已经成为继报纸、广播、电视之后新兴的"第四媒体"。在中国,网络舆论监督事实上已经成为重要的监督形式,而且有着不同于传统媒体监督的特有优势。首先,网络信息传播具有即时性,从而使网络舆情可以迅速便捷地传递,"众意"和"民声"的迅速集聚会使被监督者在瞬间感受到舆论的压力,其时效性是传统媒体无法比拟的。其次,网络具有交互性和强大的信息整合能力,从而赢得了更为广泛的群众基础。传统媒体是一种单向传播,受众往往只能被动接受,信息反馈渠道不畅。而开放的网络平台则使得任何人都可以发表自己的看法和建议,实现跨越时空的"面对面"在线交流。执政者借助网络平台可以迅速直观地掌握社情民意,并以此作为决策参考。再次,网络的开放性决定了公共权力行使者必须增强其行为透明度,有利于实现"权力在阳光下运行"。因为网络舆论监督是公民行使言论自由权的重要途径,获取信息资料是行使这一权利的基础条件。不仅如此,网络信息传播形式使舆论监督更加具有多样化和渲染力,融合文字、声音、图片、动画和视频等多媒体的复合运用,集中了报刊、广播和电视新闻的优势,从而使网络媒体具有其他单一媒体不具备的丰富性和感染力。正是上述优势凸显了网络舆论监督的强大功能。

第一节 网络舆情监督的基本内涵

一、网络舆情监督的概念

按照人民主权理论,政府的权力来自人民的授予,并接受人民的监督。人民和政府之间是委托代理关系,人民是主人、委托人,国家机关及其工作人员是受托者,委托人监督受托人是否依法合规地行使权力是天赋权利。人民对政府的监督形式多种多样,利用舆论进行监督是其中的一个基本形式。舆情监督就是指社会公众使用舆论手段对国家机关及其工作人员的行为进行评价,使之符合整个社会公正合理的要求,是一种群众自发性的监督。

传统上舆情监督是依托电视、报纸、广播以及众口相传来实现的,随着网络的出现,舆情监督发生了很大的改变。网络的出现和发展,连通了世界上的每一个角落,并以其高效的信息传输工具、畅所欲言的交流空间影响着人们的生活。伴随着网络的兴起,传统的信息传播方式发生了前所未有的变化,极大地影响着舆论的形成和发展,网络开始成为新的舆论阵地,网络舆情监督应运而生。那么,什么是网络舆情监督呢?网络舆情监督就是网民依靠互联网,通过网络论坛、网络社群、博客、微博等载体,对国家机关及其工作人员进行监督,广泛、充分地交流和发表自己的看法、观点和意见,从而引起社会公众和社会管理层面重视的一种舆论监督方式。网络舆情监督是舆情监督在网上的反映形式,是现代文明的体现,它将现代的科技文明与政治的开放需求相结合,为人民权益的实现提供了一个广泛的平台。

二、网络舆情监督的特点

近年来,网络舆情监督迅速发展,与传统舆情监督相比,有着自身的优势和特点,主要表现在以下几个方面:

1. 及时性

网络体现的是信息技术带来的高效率,网站中信息发布和信息接收几乎是没有时差的,信息一旦发布,几秒钟就能在全网络展现,从而使得网民能在第一时间掌握信息。与之相比,传统媒体则显得十分滞后,报纸常规的更新周期是天,就算遇到突发事件加印号外也要数小时,电视的更新周期比报纸短,但是加上编辑、播放,基本上是以小时为单位更新,远远比不上网络及时。纵观近年来的社会热点事件可以看出,网络都是第一个对其进行报道的,而后其他媒体才会报道。通过网络,网民可以第一时间获得焦点信息,并迅速做出反应,发表自己的言论,表明自己的观点和立场,与其他网民产生互动。这样在网上就会迅速形成强大的舆论压力,从而对国家的相关部门起到及时的监督作用。

2. 互动性

交流是网络最为鲜明的特色,传统媒体,不管是电视还是报纸,传播渠道都是单向的,媒体作为信息源只负责传不负责听。但是,在网络媒体中,信息发布者和信息接受者进行的是双向甚至是多向的互动,网民在接受信息后,不再是被动的接受者,而是变成了再加工、再理解和再传播者。正如著名学者陈力丹所说的,"在网络上,所有用户都可以自由地选择接收的信息和表达观点,所有用户既是传播者也是接受者,逻辑上地位是平等的",这就是由网络的互动性造成的。网络开放的平台使得任何一个人都可以在同一时间里就同一个话题大胆发表自己的观点。网民可以通过BBS、留言板、微博、微信朋友圈等形式,参与到各种事务的讨论中,事情的真相在不停的挖掘更新和观点的碰撞中逐渐明了,最终促成事件回归理性,朝着有利于解决的方向发展。同时,网络舆情监督形成后,又会进一步影响传统媒体跟进,形成了网民之间、媒体之间互动的局面。

3. 自发性

网络舆情监督基本上是自发形成的,而不是一种政府或组织行为。它没有经过精心的组织,绝大部分是通过BBS、留言板、微博、微信朋友圈等在网民之间传播而形成的。与传统舆情监督相比,由于缺乏权威的信息发布者和舆情引导者,网络舆情监督更像是无数个体意见的汇集。这种汇集虽无章却有序,因为网络舆情毕竟是社会心态的普遍投射,网民在面对贪腐、环境污染等公共议题时,不管身处何处,往往都能在短时间内形成相对一致的观念,从而形成巨大的舆论压力。更为可贵的是,这些网络舆情相对而言是最真实、最符合民众心声的。也正因为如此,包括中纪委在内的很多权威部门和机关纷纷在网络上开辟了网站、博客、公众号等,及时快速地接受网民意见,使每个网民只要发现腐败情况或有问题的官员就可以举报,而无须事先经过任何组织和机构的同意,从而增强了群众监督的力度。

4. 公开性

网络舆论监督具有公开性,网民们可以在高度开放的网络空间里,通过

BBS、留言板、微博、微信朋友圈等形式进行互相交流、沟通。由于网络具有开放性，任何人只要有一台电脑或者手机，就能在网络上表达观点和意见，从而把各方意见、事实真相呈现在社会公众面前，使得网络舆情监督具有更强的公开性和关注度，网络成为网民表达思想言论的相对自由的平台，使人们的思想言论丰富、活跃起来。虽然网络舆论也有政府控制的因素，但是，几乎任何人都可以通过网络发表自己的观点，只要不违法，任何言论都可以通过互联网表达出来。这对网络舆情监督的处置产生了巨大的效果，比如说2012年在网络上爆出的雷政富不雅视频事件，重庆市在接到举报后迅速做出反应，将其免职，此时距离事件爆出仅仅过了63小时。

三、网络舆情监督的要素

任何事物的存在和发展都需要一定的条件或要素，网络舆情监督也不例外，它需要建立在一定的要素基础之上。网络舆情监督的要素主要是指决定着网络舆情监督能否成为现实或制约着网络舆情监督发挥作用的程度的条件。主要包括两个方面，一是引发网络舆情监督的因素，二是网民意见。

1. 引发网络舆情监督的因素

随着互联网技术的广泛运用和普及，无处不在的公共"摄像头"，无孔不入的网民"随手拍"，无时无刻的微博"即时上"，将政府和官员的日常言行、决策全方位地暴露在公众面前。随着网络让官员言行日益公共化、透明化，各级党政干部如何提高宗旨意识、加强执政能力、转变工作作风、规范自身言行，成为当前多形态的开放媒体时代紧迫而重要的课题。从让抽天价烟、戴天价表的"最牛房管局局长"周久耕最终身陷囹圄到"至于你信不信，我反正信了"的极端表述，网络舆论监督深刻地影响着中国的政治生活。通过分析，引发网络舆情监督的因素有几个方面：

（1）官员的不当言行。一是贪腐行为。从对天涯社区和新浪微博的抽样统计来看，从论坛到微博，在涉官的帖文中，举报腐败的占了近一半。同时，一旦有类似的网上信息，网民点击和跟帖的数量最多，引发的民愤也最大。正是在众多网民的参与下，个别官员的贪腐行为被"顺藤摸瓜"地揪了出来。二是官僚作风。草根性、平等性是互联网与生俱来的特性，所以网络对特权思想、官僚作风和官本位习气天然地水火不容。一句"我爸是李刚""我是局长"引发网上众怒，"打伞门"让官本位浮出水面。可以说，互联网已成为检验官员言行和作风的一面镜子。在这面镜子前，一些官员的民本思想和质朴情怀才会被重新激活。三是不当言论。官员"雷"语已经成为网民监督爆料的重点和讽刺调侃的热点。诸如"你是替党和政府说话,还是替群众说话"的缺乏常识、缺乏素养、缺乏关怀的"信口之语",严重背离党的宗旨,缺乏公仆意识,有违做人原则,一经曝光,自然成为众矢之的。

(2)政府的不当决策。所谓"三个臭皮匠,顶个诸葛亮",连接着数亿网民的互联网具有吸取多方智慧、凝聚社会共识的功能和优势,每有重大政策出台,总会在网上引起热议。个别官员热衷于"政绩工程""形象工程",无异于拔苗助长、寅吃卯粮,必然存在短视行为和错误决策,当然经不起智慧无穷的网民的拷问和追责。上海磁悬浮工程、南通的王子造纸厂等都暴露了不当决策的危害。可以说,"网民听政"已成为科学决策、民主决策的必经程序。

(3)引起共鸣的事件。这一点在近些年来的一些网络舆情事件中表现得尤为突出,一些事件单独看来不是很严重,甚至是虚构的,但是由于戳中了群众的敏感面,引起了网友的感同身受,进而触发网络舆情监督。比如说2010年的"缝肛门"事件,刚开始的时候网民在记者的误导下,认为医生没有收到红包故意缝了孕妇的肛门,随着事情真相被一点点披露,网民发现错怪了医院和医生,从而舆情很快平息。

因此,网络舆情监督总是针对某种行为展开议论的,没有这种行为就没有网络舆情监督。一种行为,能够目睹它的人总是有限的,多数情况下是由个别或少数网民将网络事件的相关信息传到受众眼中或耳中。特定的行为一经网络媒体传播,就会引起公众的关注,引发议论,进而形成网络舆情监督。

2. 网民意见

只有网民和行为而没有意见或看法是不能形成网络舆情监督的。因为只有意见才能对行为的主体——政府及其官员产生舆论压力,正所谓人言可畏,言可杀人。也正因为如此,网络舆论才能发挥监督的作用。从一定意义上讲,网络舆论就是众多网民的意见。舆论总会带有倾向性,或赞同、或反对、或支持、或抵制,没有倾向性就谈不上舆论,也正是意见的倾向性才形成舆论的导向性,才有了舆论监督的效果。

四、网络舆情监督的环境

根据网络舆论形成所需要的主客观条件和内外部基础,可以把网络舆情监督环境因素分为政治环境、社会环境和技术环境。

1. 政治环境

互联网的出现促进了政府信息公开、政务公开,从而有利于网络舆情监督的实施。目前,我国的信息网络已经覆盖了医疗卫生、教育科研、劳动保障、金融机构、环境保护、天气预报等领域。我国政府还将继续加大互联网的基础设施建设,增加网络覆盖的领域,全面推进电子政务的发展。我国政府非常关注网络民意,充分肯定网络舆情监督的作用,积极引导网络舆情监督向前发展。我国政府的各级领导人都非常重视网络舆论所体现出的民情和民意。胡锦涛曾经指出:"互联网已成为思想文化信息的集散地和社会舆论的放大器,我们要充分认识以互联网为代表的新兴媒体的社会影响力,高度重视互联网的建设、运用、管理。通过互联网来了解民情、汇聚民智,也是一个重要的渠道。"可以看出,我国当前网络舆情监督受到了国家和政府的鼓励与支持,也受到了决策层的重视与肯定,其所处的政治环境正向良好的方向发展。互联网为人们享有知情权、参与权、表达权和监督权提供了前所未有的便利条件和直接渠道,为政府了解人民意愿、满足人民需要、维护人民利益发挥着日益重要的作用。当前良好的政治环境为网络舆论的形成、传播与监督提供了强有力的政策支持。

2. 社会环境

在这里,网络舆情监督的社会环境也可以说是网络社会的环境,包括网络社会的文化环境、道德规范和网民的民主意识。网络社会的环境在一定程度上会影响网络舆论的形成,良好的网络社会环境会促进网络舆论的形成;而不健康的网络社会环境会阻碍网络舆论的形成,甚至会导致形成歪曲民意的网络舆论。反过来,强大的网络舆论也会反作用于网络社会环境,对网络社会环境进行重塑和改造。从具体的网络社会的文化因素看,由于网络具有匿名性,网络舆情监督的主体不用再担心在现实社会中存在的监督对象的报复行为,网民可以自由地对监督对象进行监督,发表自己的观点和言论。因此,在网络环境中,网络舆论容易碰撞形成并发展壮大。但是,也正是由于网络具有匿名性,因此网络环境中存在一些不能代表真实民意的网络舆论。有些网民喜欢跟风从众,不管别人的观点正确与否,他们不加思考就参与进来;有些网民滥用"人肉搜索"而形成网络暴力,从而对事件当事人造成重大伤害。最近几年,在网络社会又出现了"网络推手""网络打手""网络水军"等不规范的新职业,其在一定程度上操纵了网络舆论,瓜分了网络民意,严重影响了网络环境。从网络社会的道德规范来看,现实社会的道德规范也应适用于对网民的行为、心理以及观念进行约束。而且,如果把有违正常伦理道德的现实事件放入互联网中进行讨论,就容易很快引起传播风暴和谴责风暴,对事件当事人造成巨大的舆论压力,从而使网络舆情监督的作用得到充分发挥。但是,目前我国网民的素质还参差不齐,有些网民的道德素质还有待提高。由于网络具有虚拟性,有些网民经常发表不负责任的言论,有时还进行人身攻击,从而导致网络暴力事件时常发生。

从网民的民主意识来看,目前我国网民对于个人权利的维护与对人民民主的认识和过去相比,在一定程度上有了很大提高。这说明我国在社会主义人民民主进程中取得了很大的成果,而且网民对人民民主的正确认识也为网络舆论的形成奠定了坚实的社会基础。只有在大部分网民形成民主意识并且对网络舆情监督形成社会共识后,才能与互联网结合起来,共同推动网络舆情监督健康发展。

3. 技术环境

由于互联网出现与发展,网络舆情监督才得以兴起;由于信息技术与网络技术迅速发展,网络舆情监督才得以发展与完善。过去通过传统媒介不能表达的民意,现今可以通过互联网充分自由地发表出来。目前,我国的网络硬件设备与软件设备都得到了巨大的发展,互联网应用也由Web1.0的纯静态页面,改进为具有一定交互性的动态页面,现今所用的是支持个体信息创作、多人参与和注重交互性的Web2.0。另外,原来的移动电话网络也推出了许多移动网络应用,目前基本实现了与有线网络之间的信息传递。互联网的出现与发展以及信息技术与网络技术的研究与应用,使得网络舆情监督的作用能得到充分发挥,从而使其成为我国监督体系中的重要组成部分。

五、网络舆论监督的载体

通过网络开展舆论监督的载体主要有3种,一是网站监督,二是博客与微博,三是公共论坛。

1. 网站监督

所谓网站监督是指开办网站的目的和宗旨就是为公民行使网络舆论监督提供一个有效的平台,以方便公民对政府及其公职人员的监督。从目前的发展状况来看,这种网站监督主体主要包括传统媒体开办的网站以及国家权力监督机关自身创办的监督网站。这些网站开展监督的方式各有其优缺点,因此在开展监督方面可以相互促进,相互补充,共同推动网络舆论监督的发展。

(1) 传统媒体开办的网站。传统媒体在这里主要是指报刊,尤其是一些有实力、有影响力和具有官方背景的报刊。其开办网站的目的是拓展和延伸舆论报道的影响范围,具有较强的权威性和公信力。当前,传统媒体主要以在网上设立评论栏目的形式来开展舆论监督。以人民网为例,人民网主要通过以下三种方式开展舆论监督。

一是通过批评性报道揭露丑恶行为,批评不良现象。这类报道主要是人民日报社记者及人民日报所属报刊记者采写。如人民网曾经报道过被隐瞒的南丹矿井特大事故,在十几天中发布了记者自己采写、拍摄的近百篇(幅)报道、述评、图片,为揭露这一重大事故和促进问题的查清、解决立了首功。这些报道都是《人民日报》记者采写的,其中约90%的稿件只在人民网发布。

二是反映网民呼声、要求,鼓励网民行使舆论监督。为进一步加强网上舆论监督,特别是让网民直接参与网上的舆论监督,经过长时间的酝酿,人民网的"人民热线"专栏,设有记者调查、网友声音、来信照登、来函答复、官方回应和人民调查6个部分,同时开设"人民热线信箱",24小时接受网友的"电子信访",重点来信都在主页突出位置刊发。"人民热线"通过刊登有较大社会影响的批评报道,反映网民揭露的问题,并通过舆论监督的力量,在短时间内为部分网友解决了现实的困难或问题,得到了业界的关注和网民的称赞。如人民网2008年6月27日刊登的《非法合同能兑现 "老板"赚钱农民亏——对贵州册亨县岩架镇库区农民补偿款被骗取的调查》,反映了黔西南州册亨县岩架镇在龙滩电站水库淹没移民补偿中存在的问题,此事披露后,引起州委、州政府的高度重视。州委书记、州长分别做出批示,要求迅速查清此事,并要求州纪委立即组成调查组调查处理,并举一反三,对全州移民工作类似的情况进行督查,将调查情况报州委、州政府,适时报人民日报社。

三是通过评论来批评不良现象,针砭时弊。除批评报道和刊发网友来信外,人民网还创办了"人民时评"等评论性专栏。与一般报纸的评论有所不同的是,"人民时评"大量文章针砭时弊,有具体所指,不少评论就具体事件甚至具体单位、具体人进行分析评说,如《正副局长接连两次办公室斗殴,给我们什么警示?》《"强奸犯"摇身成粮食局长,谁强奸了民意?》《南耒阳烈士陵园成娱乐场所,岂止是羞辱?》等。

(2)官方开通的举报网站。官方开通的举报网站主要是指行使权力监督的机关,如纪检监察、组织人事以及检察院等职能机关在网上建立的举报渠道。其目的,一方面是应对民间网站、传统媒体网站的挑战需要,把网络舆论监督纳入正规化和法制化的轨道,以加强对网络舆论监督的监管;另一方面是想运用互联网的快速、便捷、经济的优势和网络舆论高涨的态势来加强对权力的监督和制约,预防和遏制越来越多的公职人员的腐败。其优点是权威性、隐蔽性强,缺点是公开性、时效性不足。官方开通的举报网站的运行机制是通过设立举报信箱、反腐谏言等栏目为公民的举报提供一个平台。到2008年1月为止,官方开通的网络举报渠道在中央层面有中纪委信访室联合监察部举报中心设立的举报网站,地方有18个省级纪检监察机关相继开通了举报网站。其中,山西、贵州等地的许多地(市)级、县级纪检监察机关也建立和开通了举报网站。浙江省11个地(市)和85个县(市、区)纪检监察机关建立和开通了举报网站。

一些地方政府甚至专门发布了网络反腐的法律法规,如湖南省株洲市纪委、市监察局正式出台《关于建立网络反腐倡廉工作机制的暂行办法》。根据该办法,株洲市纪委、市监察局将利用网络平台,听取网民对该市党风廉政建设和反腐败工作的意见、建议,接受、处理和反馈网民的信访举报,报道反腐倡廉工作动态和工作成效。该市纪委将在网上设立"株洲廉政"网页和"反腐倡廉网络信息中心"专栏。"株洲廉政"设立举报信箱,专人负责收集整理网络信访举报案件。"反腐倡廉网络信息中心"专栏中,设立"信访举报""优化效能投诉""反腐谏言""结果反馈"4个子项目,网民可自主选择本人帖子所要投向的板块。办法规定,工作人员每周工作日负责收集网络信访举报件,在3日内向信访人员做出受理反馈。举报问题属实且经党纪政纪立案查处的,可通报调查认定的事实、处理意见和法规依据。最典型的展现网络舆论监督成效的案件是"何智案"。正如纪委书记杨平说,"何智案"完全是网络举报。株洲市纪委根据网民提供的线索,查处出何智的贪污腐败问题。

2. 博客与微博

"博客"通常以简短且经常更新的帖文为主要内容,有时还附加一些图片、音频、视频资料,以超链接为主要表达方式,按照年份和日期的倒叙方式组织在网上进行表达。博客之后,各大网站又开辟了微博的形式,每条微博只能发140个字,字数少,但是更具时效性,迅速取代博客成为网络舆情监督的主战场。

博客与微博和BBS论坛相比,其优点是更具有个性化、私人化和自由化色彩。当前,博客与微博已开始成为公众用来表达政治见解、参与政治生活的强大武器。博客与微博是公民在线政治意愿表达的一种方式,是一种网络民主的形式——参与式民主。博客与微博是在个人对事件的发现、调查、分析论证的基础上,以个人日志的形式发表,通过广大网民的广泛转载进行宣传,来实现网络舆论监督的目的的。博客与微博监督政府的行政行为莫过于孙春龙的"博客上书"一事。2008年《瞭望东方周刊》记者孙春龙在其博客上发表举报信——

《致山西省代省长王君一封信》,指出娄烦事故中真实的死亡人数,结果引起国家领导人重视,总理温家宝批示要求对事故进行核查。10月6日,国务院组成了山西娄烦尖山铁矿"8·1"特别重大排土场垮塌事故调查组,对这起当初被披露为仅"造成11人死亡的山体滑坡事故"进行调查。

3. 公共论坛

公告板系统 BBS 是英文(bulletin board system)的缩写,这是因特网提供的一种信息服务,为用户提供一个公用环境,以使寄存函件,读取通告,参与讨论和交流信息。但其最重要的功能仍然是作为用户发表观点的论坛,即用户可以自由地访问 BBS,上传写好的文章,也可以阅读其他用户的文章并发表评论。目前国内的 BBS 站,按其性质划分,可以分为3种:一种是政治性的 BBS 站点,如人民网等;一种是商业性的 BBS 站点,如新浪等;一种是业余 BBS 站点,如天涯等。BBS 言论的特点可以用一句话加以概述,这就是自由人的自由演说。其优点是言论具有广泛性、自由性和影响力。BBS 言论的广泛性是由言论者人数众多、成分广泛等决定的。而言论的自由性是由网络社会的平等性所决定的。言论具有影响力是由于 BBS 是一个公共领域。哈贝马斯认为,公共领域是由各种非官方的组织或机构构成的私人有机体,它包括团体、俱乐部、党派、沙龙、报纸、杂志、书籍等。公共领域实际上是社会文化生活领域,它为人们提供了讨论和争论有关公众利益事务的场所。

当某种有影响的事件出现在 BBS 论坛上后,会快速地以"多对多"的交流形式在电子空间里一石激起千层浪。而这些网民的自发性声音,如果不能得到有效的平息,那么很可能迅速地演变成有组织的大规模集体行动。而这是政府最不希望看到的,也是不容易处理的。其缺点是言论具有不负责性。言论的不负责性是由 BBS 的言论传播对象的不确定性和传播的责任控制所决定的。从言论发布者的身份明确性来看,在 BBS 上,很难知晓作者到底在什么地方,是什么职业、什么阶层。从对言论的责任控制来说,BBS 上的言论与传统媒体相比,较少受到审查,即使受到审查,也是有限的。

第二节 网络舆情监督中的网民心理分析

当今,各种各样的社会信息在网上大范围传播,网民可以在这个虚拟世界中对这些信息自由表达意见,进行各种形式的社会互动。在网络舆情监督的过程中,网络主体也就是网民的内在心理发挥着重要影响,这其中既有网民个人的心理作用,也有由个体构成又对个体产生巨大影响的群体心理作用。

一、实现自我的心理

美国心理学家马斯洛的需求层次理论提出了"自我实现"的核心概念。他认为,人类基本需求由低到高划分为不同层次,包括生理需求、安全需求、归属与爱的需要、尊重需求和自我实现需求。可见,自我实现的需求是人类最高层次的需求,是人生追求的最高境界,是个体追求最大限度地发挥自己的潜能并不断地超越自我以实现个性的充分发展。我们每个人都希望实现自己的愿望,希望自己的价值和能力得到充分体现。由于现实社会相对复杂且充满变数,竞争也日趋激烈,容易受到各种困难的挑战和打击,所以在其中实现自我价值并不容易。然而,在虚拟的网络空间中,网民在沟通交流时能够避开现实社会中的各种困难,以满足网民追求自我实现的心理需求。他们把现实世界中很难实现的需求带到网络中。在这里,他们可以感受到自身所具有的潜在能力,体会到网络交流的快乐,品尝到获得网友认同的成就感。也正是对最高心理需求的满足,激发了网民更加投入地参与到各种社会事件中,提出自己的观点、意见和建议。

二、追求社会公平与正义的心理

在现实社会中,许多人具有追求社会公平与正义的心理。同样,在网络社会中,许多网民参与网络舆情监督也是为了追求社会公平与正义。网民为了保障社会的公平正义,在网上聚集更多的力量进行曝光和批判各级政府的贪污腐败行为、社会公众人物甚至普通大众的不道德行为;为了社会公平正义,网民还可以通过人肉搜索等方式揭露驾车撞人后逃逸的肇事司机和肇事车辆的具体情况。有关网络舆情监督的事件往往都与社会公平正义相背离。我国网络舆情监督的相关法律法规还不健全,有些事件虽然违背了社会道德,但是并未触犯法律法规,得不到现实法律法规的处罚。拥有正义感的网民希望通过网络舆情监督的方式,在网上形成强大的舆论压力,对事件当事人进行道德审判,以惩罚其违反道德的、不公平的行为。社会是需要正义和公道的,某些网络事件表现出来的是正义和公道的摧毁,所以让许多富有正义感的网民义愤填膺,这从社会道德与价值取向来说是积极向上的。有它存在,可以使社会的黑暗面无处遁形,可以使社会的阳光面发扬光大。

三、平等参与的心理

每个人都具有平等参与的心理,希望自己能与别人拥有相同的参与权。但在现实社会中,由于每个人的身份、地位和背景等均不相同,不是每个人的思想与观点都能被广大人群所接受。即使自己具有才华,自己的言论符合客观事实,有一定的价值,但作为普通人,也很难获得社会的认同以及他人的尊重。然而,由于互联网具有虚拟性,网民可以隐去自己的身份、地位、金钱和背景等,而且收集、处理、传递网络信息并不需要专业技术,只要具有基本的计算机和网络知识即可,因此,网民可以平等地参与各种网络事件的讨论。在网络中,只要遵守网络的法律法规,每个网民都可以参与网络事件的讨论,发表自己的言论,表达自己的观点和见解。而且,普通网民与知名人士在网络中具有平等的参与权,他们只要具有才能,想成为知名人物不再是难事。现今,一些网络歌手、网络作家、网络博主等纷纷脱颖而出,为公众所知。在网络舆论形成的过程中,网民个体在执行舆论监督的权利时都具有平等的参与权,都可以平等地发表言论和传递信息。

四、猎奇探究的心理

好奇心理是人类与生俱来的一种内驱力,它是指对未知事物怀有强烈的了解欲望,以达到寻求刺激之目的的心态。人们对新鲜的事物或现象有了解和探索的本能,它是行为的一种内在心理动力。好奇心是由外在的刺激而引起的,因而其强弱程度也与外界刺激的新奇性和复杂性相关。刺激越新奇越复杂,个体的好奇心理越强。19世纪70年代《纽约太阳报》的编辑主任约翰·博加特的名言"狗咬人不是新闻,人咬狗才是新闻",充分显示出人们对于自己未知信息的猎奇心理。几乎每个人都具有对新鲜事物或现象充满好奇的心理特征。与现实世界相比,网络世界是一个全新的世界,同时又是一个虚拟的世界,正是这种虚拟性最大限度地激发了人们的好奇心。在猎奇、窥私心理的作用下,网民在网络舆论形成的过程中通过种种信息找到与事件当事人确切相关的真实资料。

五、从众心理

在心理学领域中,从众是指个人的观念与行为由于群体的引导或压力,而往与多数人相一致的方向变化的现象。网民的"从众心理",则是指网民在参与各种活动时,表现出来的"随大流"状况。对于一段时间内网络舆论讨论的热点事件,有些网民开始并不了解此事件的情况,但当他发现其他网友都在讨论此事件时,他也会去咨询、了解和讨论;有些网民已经了解此事件,但当他发现自己的观点与其他网友不符时,他会由于从众心理而改变自己对此事件的言行。在内蒙古贫困县女检察长豪车事件中,负面的舆论一直占据主流,一旦有网民发表与群体相左的意见,立即招来众多网民的攻击。在这种群体压力下,群体成员中原有的倾向性得到进一步加强。

六、宣泄情绪的心理

根据西格蒙德·弗洛伊德的观点,人积累了心理能量总要找宣泄的出口,进而带来情绪上的解放感。市场竞争日趋激烈的今天,人们的生活压力越来越大,人们迫切地需要释放心理压力和心中对未来的希望与渴求等情感。可是,现实社会并没有给他们提供足够的方式和机会。网络论坛、博客等网络舆论阵地恰好为他们提供了一个可发泄情绪的空间。除了未成年人和少数人以外,大多数网民在现实社会中都有很强的自我控制能力,但是,在互联网中,可能发生自我失控的问题。这主要是由于受到网络虚拟性的影响,他们的情绪调整到兴奋状态,而他们的理智处于被抑制状态。在道德问题上,网民的心态也会发生一些变化,他们的自律性心理可能下降,而放任性心理容易膨胀。可见,网络是非常合适的发泄空间。在这里,网民不用在乎任何人、任何事,可以把现实世界中的自己悄悄地隐藏起来,尽情发泄。

第十章 网络舆情监督对新型城镇化建设的影响

在新型城镇化如火如荼开展的背景下,随着网络技术的发展和网络舆情监督的普及,网络舆情监督不可避免地对新型城镇化产生影响,网络的作用在新型城镇化中逐步显现。

第一节 网络舆情监督对新型城镇化的积极影响

一、网络舆情监督规范新型城镇化中的政府行为

新型城镇化离不开政府的作用,很大程度上,政府是决定新型城镇化成败的关键所在。网络舆情监督加强了政府与公众之间的对话和交流,提高了公众的参政水平和参政意识,提升了政府良好的公信形象。

1. 网络舆情监督可以有效地扼制行政权力的滥用

网络舆情监督可以有效地制约行政权力,更好地维护社会正义。网络舆论监督作为一种广泛而又有效的监督手段,可以将公共权力置于更为透明公开的监督下运行,也就是我们常说的"让权力在阳光下运行",因为参与监督的人可以是网络中的每一个个体,这是任何监督方式所无法比拟的。众所周知,城镇化的过程必然伴随着农村变成城市、农民身份变为市民身份,其中存在着众多的寻租空间,导致政府权力滥用,其背后恰恰就是行政权力的隐蔽性、不公开性。网络舆情监督则依托网络的开放性和群众的力量,让公众参与到监督过程中,形成了对行政权最有效、最直接、最便捷的制约手段。2014年10月10日,一段题为"鄱阳城管暴力执法 围攻殴打妇女"的视频在网上流传,引发网友热议。爆料者将视频上传后,还附上了一段文字说明,将爆料人的花店老板身份

交代清楚,并对城管在执法过程中对其夫妇二人拳脚相加的行为进行文字描述,引发网民大量关注。江西城管殴打花店夫妇事件在视频网站爆料后,引起网络媒体关注。10月11日,人民网率先介入事件报道,发布新闻报道《网曝江西鄱阳县城管暴力执法 围殴花店夫妇》,就网友爆料"殴打"一事向鄱阳县城管部门进行求证,并对事件目击者进行采访,使得事件更加真实。同时在新闻报道中对官方表态进行较为显著的呈现,在一定程度上为官方舆论引导提供了帮助。人民网的这则新闻稿短时间内被新浪、网易等门户网站转发,并吸引了相当一部分网友的关注。主流政府网站跟进报道、网络媒体大量转发使得事件扩散为全国性舆情事件,在此背景下,当地城管部门理应做出更为有效的危机处置,以此来化解危机。10月12日,新华网对城管围殴花店夫妇进行报道,网易新闻对其进行转发,冠以标题"网曝十余城管围殴花店夫妇 官方回应:基本属实",并对这则新闻进行重点推荐,从而吸引大量网友进行新闻跟帖。截至10月15日20时,这则新闻共有14万网友参与讨论,相关新闻跟帖近2万条,彰显出城管暴力执法话题的高舆情热度。面对汹涌的网络舆情,政府部门没有选择护短和逃避。10月11日,鄱阳县城管副大队长兼办公室主任李姓负责人表示,网上视频反映的内容属实。该负责人承认"在执法过程中出现了不文明行为",并表示,已经准备对打人的城管队员进行处分,但至于怎样处分,还不方便透露,要报局里领导批准才能公布。10月13日,鄱阳县官方公布处理结果:停止邓某、方某等4人的职务,对其进行调查,并要求城管局加强作风建设,真正做到严格执法、文明执法、人性化执法。通过这个案例,我们可以看出,通过网络舆情监督,地方政府的行政权力滥用得到了一定程度的遏制,其在滥用权力的时候会思考是不是会被网络曝光。

2. 网络舆情监督提高政府公信力

政府公信力是政府依赖于社会成员对普遍性的行为规范和网络的认可而赋予的信任,并由此形成的社会秩序。在新型城镇化过程中,政府的公信力须臾不可离开,由于新型城镇化涉及面广、利益纠葛复杂,如果政府公信力不足,就极有可能陷入"塔西佗陷阱",使得新型城镇化的各项政策举措在萌芽时就被扼杀,最终导致新型城镇化战略功亏一篑。所以,提高政府的公信力在新型城镇化建设中意义重大。政府作为一个为社会成员提供普遍服务的组织,其公信力程度通过政府履行其职责的一切行为反映出来,因此,政府公信力程度实际上是公众对政府履行其职责情况的评价。网络舆情监督的存在,使得政府主动或被动地实行政务公开,公开政府的行为,可以有效地制止腐败的发生,减少政府暗箱操作的空间,把政府的行为置于公众的监督之下,真正做到权力在阳光下运行。通过公众的监督和提议,政府工作人员可以及时地修正相关的行为和政策,这样就能更好地满足公众的需求,进而提升了政府的公信形象。自2012年以来,广西壮族自治区先后选派千名机关干部到贫困村担任驻村"第一书记",帮助其寻找脱贫致富的办法。他们通过上电视做宣传等"抛头露面"的方式获得社会各界帮助。据悉,通过"电视推销"的方式,70多名第一书记拉来2000多万元的投资,帮助地方搞建设、谋发展,当地民众称这在以前是想也不敢想的事儿。当地网友表示:"给钱给物,不如有个好支部!"并寄希望于书记们"既要能上电视求帮助解决'燃眉之急',更要把村党支部建设成推动持续发展的坚强堡垒"。网络上广西"第一书记"受到热捧,以"广西第一书记"为关键词的百度相关新闻多达19.9万篇,传统媒体、自媒体对此新闻一直保持着持续的关注和热度。针对干部下派到村任"第一书记"扶贫帮困的举措,大众媒体和民众推崇与赞赏有加,说明只有实实在在为民做了实事,想民众之疾苦,急群众之所急,才是领导干部最需要的担当,才是人民群众最需要的"公仆"。而依靠网络舆情平台,"第一书记"的事迹得以在更大范围内广播,形成了全民支持、理解的风潮,增加了网友对于党和政府的信心,也让地方政府工作人员们意识到,面对群众的无限期许,推动基层工作建设,带领农民脱贫致富,打通联系服务群众"最后一千米"成果,正是落实责任担当的根本所在。只有在"实"上着力,在行动上稳打稳扎,全面改进作风,才能见到实效,才会提升政府公信力。

3. 网络舆情监督提高公众参与新型城镇化的意识

网络时代的今天,网络将世界联系成一个整体,网络信息四通八达,网络也成为我们获取信息的最重要渠道。更重要的是,利用网络,群众参与重大事件决策的成本极其低下,群众可以随时随地对各种新型城镇化政策和措施进行评议,提出质疑。在这样的情况下,利用网络舆情监督可以激发人们的主体意识,使人们积极地参与到新型城镇化的监督中来。网络舆情监督可以充分体现我国民主权利的广泛性和民主权利的真实性,通过对政府,特别是对公共权力的监督,提高公众参政的水平、参政的热情,尤其是使公民的民主法治意识增强,同时也促使政府在新型城镇化过程中依法行政,提高行政效率,切实贯彻依法治国的方略,维护人民群众的利益。现在不少地方政府都开通了微博、微信账号,及时与网友交流,同时,有些地方还搭建了自己的网络参政平台,如苏州市政府就开辟了"寒山闻钟"论坛,吸纳市民的参与,打造"24小时不下班的服务型政府"。

4. 网络舆情监督有利于塑造良好的政府形象

网络舆情监督塑造良好的政府形象有利于执政为民形象的塑造,树立政府在人民心目中的地位,提高政府的权威和威信。权威是政府执行公共政策的重要资源。政府的权威意味着政府有能力使被管理者服从其意志,但是政府权威存在的基础是人们对政府合法性的认可和对法律的服从。良好的政府形象可以凝聚、团结民众,提高行政执行力。行政执行力就是指以政府为主的公共部门以强制力为后盾,贯彻执行国家大政方针政策、法律法令以及上级指示、决定、决议和命令,从而实现战略目标和任务的能力。因此,政府要想树立并维持其权威,必须提高自身的执政能力,在民众中塑造良好的形象,取得人民的认可,这样才能确保其权力的行使,营造一个良好的施政环境。2015年4月,尼泊尔发生地震,中国启动撤侨。在4月25日震灾当天,我国政务微博可以说是反应敏捷。"中国地震台网速报""中国国际救援队"、民政部官微"民政微语"、商务部官微"商务微新闻"、公安部官微"公安部打四黑除四害"等认证微博相继迅速发布最新信息和应对举措。"西藏发布""四川发布""拉萨发布"等震灾邻近地区的政务微博,则密集地更新着受灾情况,有效填补了灾后瞬间膨胀的网络信息真空,避免了更多谣言滋生。但震后48小时内,一条未知作者、出处的微信,被许多人称为"持中国护照可免费乘坐航班"的微信,数日内在全国各地网友的微信朋友圈上"刷屏"。在网传"持中国护照可免费乘坐航班"说法开始"滚雪球"式传播的同时,在加德满都的网友数次发微博亲身验证需要有当天的机票才能登机。在"免费乘坐"的网络谣言预设下,部分网民开始指责航空公司不应收费,但在官方回应之前,许多网民就已自发地反驳起上述观点。网络舆论场开始展现强劲的自净能力。网民呼吁同胞理性看待震后信息,不要轻易信谣、传谣,在传播没有出处、有煽动性的信息之前,应查询权威信息发布方。后经事实证明,我国在此次撤侨行动中表现是出色的,也得到了绝大多数网友的支持。某网站调查显示,63.5%网民直接为我国撤离滞留公民行动的"大国风范"点赞。可以说,在撤侨事件中,网络自净功能发挥了重要的作用,网民在正反双方的对撞中,理解了政府的行为,并支持政府的行为,政府的形象在网络中得到了正面展现。

5. 网络舆情监督有利于建立政府与公众沟通对话的平台

新型城镇化建设需要有一个政府和市民之间信息沟通对话的平台,以更好地监督政府在新型城镇化建设中的各种行为。而网络舆情监督是最广泛、最有效的手段。网络舆情监督改变了原有的单向性的传播沟通方式,取而代之的是互动对话式的双向甚至是多向沟通方式。在此平台上,公众可以自由表达自己的观点,可以更广泛地聚集公众,对相关事件问题形成共鸣、达成共识,促使政府、公众、网络媒体形成合力,更好地服务于公众,不断提高服务型政府的行政水平,扩大网络媒体的影响力。2008年,胡锦涛到人民网考察,现场与全国网民交流。从地方官员到中央最高领导,中国官员越来越重视互联网这种新媒体,并将其作为了解民意、汇集民智的重要渠道。越来越多的官员利用互联网了解民意、汇集民智,从而更进一步推动执政能力提升、执政风格开放,加速中国建设民主政治进程。

二、网络舆情监督提高新型城镇化决策的民主性、科学性

1. 网络舆情监督是进行公共决策的重要依据之一

在新型城镇化的浪潮下,政府进行公共决策的水平和方式直接关系到城镇化的效果和质量。如何更为有效、科学、民主地进行公共决策变得尤为重要。网络舆情监督作为一种新型的监督方式,可以最广泛地聚集民意,并在此基础上实现意见的表达、信息的共享,不受时空的局限,能够快速地传播,并引起广泛的社会关注,这是其他舆论监督所无法做到的,在一定程度上可以很好地为进行公共决策提供最原始的、最能反映公众意愿的信息,在一定程度上反映了不同群体的利益诉求,为公共决策的价值博弈、利弊权衡提供了一个重要依据。"网络世界是现实生活的镜像,网络民意是现实生活的观照",公共决策评判应以人民满意度为可行性的标准。民意实际上是各种决策选择的第一道过滤器。只有代表最广大人民利益的公共决策,才是正确的、科学的、合法的、有效的决策。应充分发挥网络舆情监督在承载民意中的作用,通过民意的汇集,维护社会公平正义,确保社会的和谐稳定,做出取之于民、取信于民的公共决策。

2. 网络舆情监督给进行公共决策提供丰富的信息

信息的丰富、完善以及信息的可靠性,是做出科学决策的前提和基础。新型城镇化是一个系统的工程,复杂程度远远超过普通的行政管理工作,更加增加了公共决策的难度。传统的信息收集方式受到部门利益、成本局限、体制的制约,造成信息的可靠性、真实性大打折扣,甚至出现信息失真、不对称,很难达到城镇化要求的信息质量和数量。而网络舆情监督可以第一时间有效地提供有效、广泛、准确、完备的信息,更能与公众进行互动。通过网络舆论,了解公众的心声,了解民众最关心的问题,掌握足够的信息,能够更加切合实际地做出科学的公共决策。公众也可毫无顾忌和保留地表达自己的意见,从而形成良性

的互动。此外,网络舆情监督可以使公众敢说话,说真话,不必有所顾忌,表达自己真实的意见和看法。政府也可以在此基础上广泛发挥民众的力量,群策群力,共同做出科学、合理的决策,同时也使民众更加了解决策制定的依据和过程,让理性、民主的精神贯穿于整个公共决策的始终,充分体现决策于民、决策为民、决策利民的宗旨。

3. 网络舆情监督营造良好的决策环境

良好的决策环境有赖于良好的制度体系,良好的制度体系离不开有效、合理的监督,网络舆情监督拓宽了公共领域的范围,给公共管理的公共性添加了更为深刻而又广泛的内涵。哈贝马斯指出,所谓公共领域,"首先是指我们的社会生活的一个领域,在这个领域中,像公共意见这样的事物能够形成。向所有公民开放这一点得到了保障"。可见,在哈贝马斯看来,公共领域是具有广泛的社会性的,民意在这个领域中可以得到最充分的表达。哈贝马斯认为:"公共领域最好被描述为一个关于内容、观点,也就是意见的沟通网络;在那里,沟通被以一种特定方式加以过滤和综合,从而成为根据特定议题集束而成的公共意见或舆论。"哈贝马斯再次强调:"有些时候,公共领域说到底就是公众舆论领域,它和公共权力机关直接相抗衡。"公共领域是政府和民众之间的纽带,在政府与公众之间建立起平等互助的关系。网络舆情监督拓宽了哈贝马斯的公共领域概念,使其增添了新的活力。根据哈贝马斯的理解,理想的传媒应该可以"提供开放的公共论坛,尊重弱势社群的发言空间,呈现多元化的报道,以彰显公共领域的精义及多元社会的理念"。

三、网络舆论监督推动科学决策

网络舆论监督考验政府如何化解外部压力,转变传统思维模式,将倒逼压力转化为政府内部改革动力。政府意识到必须顺应倒逼程序,重视网络民意,建立网络舆情监测系统,在公共管理中把握舆论诉求并广泛汇集民智,从而做出正确的政策调整。猎杀候鸟事件中,国家林业局等部门的应对值得借鉴。2012年纪录片《鸟之殇! 千年鸟道上的大屠杀》引起网民高度关注,在网络舆论监督的倒逼作用下,政府认识到候鸟频遭猎杀的根本原因是政府监管缺失。根据网络民意表达的聚焦点,结合官员问责等制度,政府首先对自身权力运行的偏差行为进行了修正,给公众一个初步回应:国家林业局紧急查处湖南罗霄山脉等地的猎杀违法行为。政府将深入实质解决问题放在第一位,紧紧围绕公众的政治诉求,进行主动回应、收集舆情与调整政策,督促各地方迅速部署整顿。政府认识到短期的运动式打击行动只是强化行政执法监督、确保候鸟迁徙的安全的阶段性工作。而从长远来看,一方面需要长期保持强大的宣传力度,从思想源头上杜绝破坏野生动物资源违法犯罪活动;另一方面需要加强部门联动、地区协作,成立联合应急行动组织,遇突发事件立即行动。在倒逼机制的持续作用下,湖南省政协十一届一次会议提出要加大对候鸟的法律保护,陆续投入 100 万元建立 10 个候鸟保护站。最终倒逼政府进行创新管理,进行科学决策,将保护候鸟作为建设"美丽中国"的重要内容,主动与民间加强协作以建立多元化的环保网络,在立法、管理机制、宣传教育等方面建立保护候鸟的长效机制。而对环境的维护同样是新型城镇化的内在要求,网络舆情有效地通过舆论监督促进政府决策,保护生态环境,实现了建设新型城镇化的应有之义。

第二节　网络舆情监督对新型城镇化的消极影响

一、网络舆情监督中情绪性言论较为突出

网络舆情监督的参与者往往不是知情者和事件发生的参与者与目击者,因此在网络舆情监督过程中会出现偏颇,缺少对问题的正确解读。在监督的过程中,一旦没有对新型城镇化建设中出现的问题进行细致的调查研究,就会造成民众对政府的不信任和否定。特别是当新型城镇化建设中关系到个体或者群体的利益受到限制时,某些不良图者在网络中散布谣言,甚至是诅咒和谩骂,对我国新型城镇化的建设和发展进行全面的否定,歪曲和夸大事实,使不知情的民众在网络舆论中盲目地跟从,造成对新型城镇化的蔑视。比如说一些因为城镇化建设需要进行的拆迁工作,很多可能都是为了公共利益而进行的,但是在网络舆情的蓄意引导之下,有可能会演变成对城镇化建设的粗暴攻击。当然这种"集体无意识"主要与民众缺少深入的调查研究和深思熟虑有关,更与网络舆论的评论方式(直接性、群发性、转发性、互动性)有关。在互联网上,当人们就一个事件、一个主题进行讨论时,会同时流传着很多种与此相关的说法,这就难免会在一定程度上影响网民进行理性判断,最终将网络舆情监督引入歧途。其一,由于个体的生活、阅历、学历、身份不同,其世界观、人生观、价值观也就不同,立场也就不同。其二,意见的表达倾向于极端,目的是引起轰动和围观,加重感情,不能实事求是,更有好事者想要以此达到出名的目的。因此,网络舆情

监督中的情绪化的言论会对我国新型城镇化产生负面的影响。

二、网络舆情监督力量经常出现"越位"、侵权现象

网络舆情监督被称为"第四权力",在监督新型城镇化建设方面起着重要的作用,它是独立于"立法、行政、司法"之外的一种监督力量。但是在很多情况下,网络舆情监督跨越这个界限,形成"越位"的现象。网络媒体发挥监督作用对我国的新型城镇化建设产生重大影响,网络舆情监督比较容易汇聚民众的心声,通过自由表达的网络平台,产生网络舆论的力量。这种力量主要来源于两点:一种与网络民众的自身或者群体的切身利益相关;另一种则是网络民众对于社会普遍热点问题的关切,如社会和谐、贫富悬殊、官员腐败等。在网络舆论发挥监督作用的过程中,网络舆论是针对互联网上广受关注的某个具体事件或焦点热点问题引发强烈的舆论,因此事件或问题的公开与透明常常是网络舆论形成的前提与基础,网络舆情监督是以公开传播方式对新型城镇化进行监督,目的是促使政府合理、合法、有序行政以及更好地服务社会建设和人民的生活。但是在此过程中,网络舆情监督应是作为新型城镇化建设的补充,让政府自我修正和完善,让政府更好地服务于经济、社会和民众,形成新型城镇化与网络舆情监督的良性互动。一旦网络舆情监督超越了其监督的权力的本身,干预到政府的行政体系内部,甚至干预到"立法、司法、行政",甚至宣扬"无政府状态",将有损政府的权威和形象。

三、网络舆情监督造成政府机构依附性增强

新型城镇化建设要求政府本着服务的精神,主动贴近民众生活、调查研究、深入实际了解民众的疾苦和社会经济发展的需要,承担更多的服务性、保障性义务。网络舆情监督的出现,使得政府可以通过网络舆论的反映轻而易举地获得信息,但是这种信息的获取方式是民众的自下而上的反映,不是政府深入社会实践所得,缺乏可靠性、真实性,势必也会造成政府服务职能的弱化、退化。一味依附于些许不够真实的网络舆论,出现情绪化、简单的决策和行政方式,将造成行政决策的失误和行政措施的失败。同时也会出现政府行政效率下降,人浮于事,思想涣散,出现"干多干少一个样、干和不干一个样、干好干孬一个样",自己高高在上,毫不顾忌民众的疾苦。只有杜绝这种现象的出现,才能更好地为群众服务,得到人民的信任和拥护,更好地完善新型城镇化建设,做到网络舆情监督与新型城镇化建设形成良性的互动,促进经济社会的和谐发展和进步。

四、网络舆情监督会造成数字鸿沟和网络不平等

随着网络信息技术的发展、信息化程度的提高,网络民众的数量也是呈逐年上升的趋势。民众获取信息的方式更加多样化,网络成为民众获取信息的重要方式。获取信息成了网络监督实施的重要前提,获取政府行政改革的信息的能力,在一定程度上也成为民众参与新型城镇化建设的重要基础。受教育的程度不同,其利用网络获取信息的能力就不同,学历高的人往往关注政府改革、社会的变迁和经济的发展,而低学历者对于网络新闻的需求程度相对较低,网络新闻整体渗透率提升难度加大,关注点往往在于娱乐信息和网络购物等。这在一定程度上形成了网络的鸿沟,高学历人群与低学历人群的差别无形中剥夺了低学历人群参与政治的权利,使网络舆情监督的权利主要掌握在高学历人手中,而低学历人在失去自己应有的权利的同时,也失去了表达自己意愿的机会。而低学历人群往往是低收入群体,处于社会的底层,对于新型城镇化建设而言,缺少了来自底层群众的意见反馈,不利于国家的经济建设与发展。

第三节 网络舆情监督与我国新型城镇化的良性互动关系

随着信息化进程的加快,网络信息技术特别是网络舆情监督的蓬勃兴起,为公众与政府的沟通搭建了一个交流和沟通的平台。借助网络舆情监督,可以将政府、社会、公众结合在一起,建立起一个长效互动的集合体。特别要指出的是,我们可以通过网络舆论,促成网络舆情监督与我国新型城镇化建设的长效互动。这样,在不断地完善规范网络舆情监督的同时,也提高了政府的公共服务水平,提升了政府管理的透明度,增加了公众对政府的信任度,完成了回应性政府的建设。"回应性的核心,是使实质正义与形式正义统一在一定的公共服务生产模式之中,通过减少中间环节和扩大社会参与,在保证公共产品和服务的正常供应的同时,努力去满足人们多样性的个性需求和价值期望。"可以借助网络舆论的监督力量,更好地应对突发性的公共危机事件,并能够通过网络迅速传播,引起社会公众的普遍关注,真正实现了网络舆情监督与新型城镇化建设的双向互动沟通。

一、网络舆情监督对我国新型城镇化理念的诉求

网络舆情监督的监督主体是全体社会公众,网络舆情监督可以充分表达民意,使民众参与政治生活,实现公众话语权的解放。网络舆情监督是民众心声的汇集,通过民声的汇集,对我国新型城镇化建设也提出了要求。作为新型城镇化建设主体的政府本身要主动贴近民意,做出科学的论断,做出相应的政策调整。实现政府与公众的双向的沟通,特别要提高政府回应性,在应急事件和突发事件的处理过程中,要认真倾听社会的呼声,提高信息反应、驾驭、协调、处理能力,落实到部门,提升信息部门的应对能力。网络舆情监督所提出的问题,往往是社会、民生问题,这要求政府部门提高自己的服务意识和责任意识,树立"人民的事无小事,全心全意及时有效地为人民服务"的理念。社会和公众的需要是政府和国家产生和存在的基础和前提,政府要牢固树立服务意识、责任意识。处理好政治统治功能与公共管理服务职能的关系,其两者的区别在于政治统治职能主要是政府向社会所提供的特殊、必需的服务,而公共管理服务职能主要是政府向社会提供的一般、大量、必要的服务。公共管理更加注重服务性。政府可以通过网络舆情监督这个平台,了解公众的诉求,树立服务理念,进行政府职能的转变、机构的重组、管理方式的转型,值得注意的是要抛弃"官本位"的思想,建立"民本位"的服务理念,把民众的意愿作为政府的服务设计计划,开展为民众服务的工作,确保公众合理合法的要求可以实现。

二、网络舆情监督对扁平化行政组织构建的影响

随着网络技术的发展和运用,作为与人民生活息息相关的政府,深受网络舆论监督的影响,网络技术的发展对政府的行政提出了更高的要求。一方面,网络舆情监督可以直接通过网络表达公众的心声,由原来金字塔结构的行政结构向扁平化的行政结构转变,减少了行政组织的管理层次,相应地扩大管理的幅度,减少不必要的行政环节,使行政方式更加灵活、机动,提高了行政效率,精减人员,减少了政府的财政开支。扁平化的行政结构,可以实现资源信息的共享,增加了横向与纵向的联系与沟通,及时迅速地传达信息。另一方面,网络舆情监督对政府的行政管理提出了更高的要求,对于信息准确性的要求更高,需要在信息的采集过程中更加细致,然后加以甄别,在信息的发布过程中要公开、透明、程序化、制度化、规范化。建立相应的信息反馈机制与信息回访制度,使问题的解决落到实处,达到民众满意、防微杜渐的目的。更重要的是可以促使

政府工作人员提高自身的素质,激发忧患竞争意识,从本职工作中体现为人民服务的宗旨,寻求对人民负责的工作原则、为人民服务的工作态度、求真务实的工作作风,以及从群众中来到群众中去的工作方法。

三、网络舆情监督对我国行政职能定位与转变的促进作用

网络舆情监督活跃了公众参政的热情、积极性,加强了大众与政府之间的联系,改变了原来公众被动接受信息的模式,增强了政府与公众之间的互动,特别是网络舆情监督对我国政府职能定位和职能转变起着积极的促进作用。网络舆情监督体现了"民本位"的观点。17—18世纪法国启蒙思想家卢梭就提出了"天赋人权、主权在民、社会契约"的观点。在我国,早在春秋战国时期,孔子就提出了"仁"的主张以及"为政以德"的思想。他的继承者孟子更是提出了"民本"思想,"民贵君轻,社稷次之"。由此可见,当时的思想家要求政府的职能定位于民本思想,要建立政府与公众之间的良性互动。关于如何建立这种良好的互动关系,前人在不断地追求与探索。直至到了近代,特别是20世纪90年代以来,随着互联网时代的到来,网络舆论监督可以使公民的主张充分地表达出来。

1. 网络舆情监督对我国政府职能定位的促进作用

政府作为社会建设的主体和主要参与者,要明确自己在社会建设中的地位。政府应该是公众利益的代表者,社会问题的预防者,社会建设的倡导者和组织协调服务者。在相当长的一段时间内政府的这种定位出现了缺位、失位甚至是越位的问题。针对这个问题,网络舆情监督发挥出其他监督方式无法比拟的作用。首先,网络舆论监督的参与者是公众,参与的主体人数之众优于其他监督方式,更能提高公众的参与热情,更好地体现人民群众的利益,并最大限度充分发挥人民群众的监督作用,防止政府在行政过程中滥用职权。其次,网络舆情监督不受时间、空间的局限,可以随时随地地监督政府的行政行为,提高政府依法行政的水平,提高政府官员的道德水平和职业素质,维护公众的利益,促进社会的和谐进步。最后,网络舆情监督,可以弥补政府在行政过程中的失位或者缺位,提高政府的公信力、权威性,提升政府形象。

2. 网络舆情监督对我国行政职能转变的促进作用

网络舆情监督的主体是公众,这是一种最为广泛直接的信息反馈。政府要适应新型城镇化,首先要转变服务理念,这种理念来自于公众对政府的诉求。要充分发挥网络舆情监督在政府职能转变中的积极的监督作用,从而达到网络

舆情监督与政府行政职能转变的良性互动。首先,网络舆情监督可以促使政府树立以人为本的服务理念,把人民的利益放在首位,由原来的"官本位"思想转化为"民本位"思想,更好地服务人民群众,切实提高服务管理水平,协调社会政治、经济、文化、公共服务建设。其次,网络舆情监督使政府由"全能型政府"向"有限性政府"转变,新型城镇化应当把主要的精力放在制定法律规范和发展规划上,不是事事都要参与的执行者,而是经济、社会、文化等公共事业的维护者和组织者,充分发挥市场在资源配置中的基础性作用,让市场对资源进行合理的配置,政府做好宏观调控,规范市场秩序,完善市场行为,营造良好的市场环境,弥补市场自身无法克服的弱点。最后,网络舆情监督促使政府绩效考核标准的转变,网络舆情监督的主体是公众,公众的满意是政府绩效评估和政府考核奖惩的标准。人民群众的满意是政府工作的最终目标,通过网络可以汇集民意,激发民智,整合民力,达到最终实现民望的目的,这在一定程度上降低了政府的行政开支,缩减了行政程序,提高了行政效率,提升了政府形象。

第十一章　提高新型城镇化建设中的网络舆情监督作用

随着网络的发展,网络舆情监督作为一种监督方式,有力地促进了新型城镇化的发展。作为一种监督力量,它正发挥着不可替代的作用。由于网络舆情监督还存在着一些不足和局限,因此我们要对其进行规范和引导,尽量减少和防止当前网络舆情监督问题的发生,使其充分发挥积极的监督作用。

第一节　提高网络舆情监督参与者的素质

从根本上说,对网络的管理就是对网络使用者的管理,而最终就是网络使用者的自我管理。要想从根本上有效引导网络舆论走向正轨,只有靠网络使用者提升个人素质和加强自律。

一、提高网民的素质

网络舆情监督的主体是网民,其思想素质、文化素质和道德素质,会影响网络舆情监督的效果,网民是推动网络舆论良性发展的主要力量。因此,要提高网民各方面的素质,逐步建立健全网络道德规范体系,培养网民客观公正的监督理念,引导网民积极主动地参与网络舆情监督。

首先,加强网民的素质教育,培养高素质的监督主体。一定的知识储备和文化底蕴以及正确的是非观,是网民必备的基本素质。因为网络中充斥着大量的色情、暴力、凶杀、犯罪、反社会等负面信息,网民不仅应该掌握基本的浏览、获取、搜索、存储、传播网络信息的能力,更应该具备对网络信息的解读能力和辨别能力。网民只有充分认识到这些消极影响,排除负面信息的干扰,才能以理性的态度在网上发表言论。因此,要提高网民的整体素质,就要在认知方面,提升网民选择、评价、判别、组织以及利用信息的能力,正确认识网络信息的价值;在技能方面,提高网民操作计算机与网络的基本能力,培养网民发表言论时的语言能力,使网民能够用合理的言语表达自己理性的观点。只有这样,才能使网民逐渐从情绪化走向理性,从冲动走向成熟,成为网络舆情监督的重要驱动力。

其次,加强网民的道德教育,提高网民的责任意识和自律意识。网络是一个高度开放的媒介环境,网民可以自由地发表自己的观点和言论,这样就可能出现某些非理性的、误导性的以及煽动性的言论。因此,要发挥网络舆情监督的积极作用,就要进一步提高网民的思想道德素质,增强网民的责任意识和自律意识。我们应该积极引导和教育广大网民文明上网,要对他们加强心理教育、情感教育,从而提高网民的道德品质。除此之外,还必须对网民进行法律法规教育,提高广大网民的法律法规意识。近年来,我国在加强网络伦理道德建设、提高网民的道德修养、促进网民自律方面使用了一些方法,并取得了明显的效果。网民在网上发表言论时,一定要约束自己的行为,不发布虚假信息以及违反法律法规的不良信息,否则,可能会对社会和公众造成巨大的影响。

二、加强网络媒体的素质培养

由于我国目前网络媒体人的综合素质参差不齐,因此对网络媒体进行媒介素养教育势在必行,应提高网络媒体人的业务知识水平,提高他们在互联网上的信息采集能力。同时,还要平衡网络媒体的社会责任与商业利益,加强网络媒体的自律。

首先,要提高网络媒体人的编辑水平。网络媒体之间的竞争,关键在于编辑水平和编辑经验的竞争。所以,网络媒体人必须掌握扎实的理论和知识,这样才能具备强大的信息鉴别、信息验证和信息过滤的能力,从而能从杂乱无章的信息中选择出真实、可靠、有价值的信息。网络媒体人只有不断地提高编辑水平,正视自己在网络舆情监督中的角色,将网络中各种信息的关系处理好,才能赢得公众的信任。

其次,要强化网络媒体人的舆论导向意识。面对网络中庞杂的信息和言论,网络媒体人的任务是繁重而艰巨的。他们不仅要具备很高的业务水平,还要具备灵活的思维以及快速的反应能力,要在网民互动中有意识地强化和引导网络言论,将讨论不断地引向深入。在网络时代,单纯的新闻信息在整个网络信息中所占的比例越来越小,而网民对新闻信息的评价以及网络论坛的维护等信息服务所占的比重越来越大。由于网络是个开放自由的场所,因此网络媒体人在引导网络舆论方面就承担着更大的责任。

最后,要平衡网络媒体的社会责任与商业利益,加强网络媒体的自律。现今,我国的网络媒体肩负着双重任务,既要通过营利谋求自身发展,又要承担不可推卸的社会责任。目前,网络媒体在一定程度上存在着商业化倾向,必须依靠媒体的社会责任意识进行制约。网络媒体要充分认识到自己的社会责任,不报道虚假新闻、不搞权钱交易、尊重事实,真实、及时、准确地传播信息,以信誉树品牌,增强媒体的公信力。网络媒体要严格自律,要有强烈的社会责任感,要承担对国家和公众的责任,始终把国家和公众的利益放在首位。网络媒体还要树立正确的竞争观念,尽量减少媒体间的不正当竞争,为广大网民提供优质的高品位的服务。除此之外,网络运营商和网络经营者也要处理好经济利益与舆论效应、眼前利益与长远利益之间的关系。

第二节　加强对网络舆论的有效控制

加强对网络舆论的有效控制,就要充分发挥网络"议程设置"的功能,建立和完善网络"把关人"制度以及充分发挥意见领袖对网络舆论的引导。

一、充分发挥网络"议程设置"的功能

虽然传统的"议程设置"功能在网络传播中被弱化,但是网络媒体可以采取一些措施来充分发挥网络"议程设置"的功能。

首先,网络媒体要有意识地设置议题,通过邀请网民进行面对面的交流等方式,对网民的认识、看法、态度和行为进行引导,从而吸引更多网民的注意力,把网络舆论引导到正确的方向上来。但是,互联网中有海量的信息,网络中存在着复杂多样的议题,这样就很容易会出现一些不理智的、负面的舆论。那么,网络媒体在设置议题时就要选取那些积极健康的议题进行报道,排除那些虚假的、带有情绪化的言论,减少网民与负面舆论的接触,让网民处于一个健康和谐的网络舆论环境中。

其次,还可以综合运用音频、视频等多媒体技术,设置专题版面,对某一事件进行多次反复的循环报道,利用不间断的网络舆论攻势形成听觉和视觉上的强势,影响网民对事件的关注程度。近几年在我国的"两会"期间,各大新闻网

站都设立了"两会"专题栏目,一些主流网站还利用网络独特的优势,制作出相关视频和专属论坛等,而且大部分新闻网站在每条新闻末尾,都允许发表评论或通过网络链接转移到网络论坛参与讨论。网络媒体可以通过参考传统的"议程设置"理论,制订更有效的传播方案。这样就能更容易地调动网民的积极性,吸引网民的注意力,从而形成积极稳定的网络舆论环境。通过设置的议题将事件主动地反映给普通网民,让他们在无意中获得启发并接受引导,从而使网络舆论向正确的方向发展。

二、建立和完善网络"把关人"制度

与传统媒介相比,网络具有相对宽松的专业审核程序,信息的发布相对自由,网络舆论具有及时性、互动性等特点,使得网络媒体对网络舆论的引导难度更大。在网络这一复杂的工作环境中,网络编辑和信息审核人员必须扮演好"把关人"的角色,将这一核心工作做好,引导网络舆论向积极的方向发展。网络编辑与信息审核人员要根据网民的需要按照一定的价值标准对各种网上信息进行鉴别筛选和编排,对网络事件中侵犯个人隐私、危害公共安全的行为进行管理;通过报道新闻事实及对其设置议题,吸引网民积极参与网络信息的传播,对网络民意进行整合,引导大众舆论,促使正面的网络舆论的形成,引导"人肉搜索"等网络行为向正确的方向发展。网络媒体还应该对网络编辑和信息审核人员的素质提出更高的要求,鼓励他们参加职业资格考试并取得从业资质。只有让更多具有高素质、较强信息辨别能力和信息灵敏度的网络编辑与信息审核人员参与网络信息的传播,才会更好地发挥网络媒体在行使网络舆情监督权、促进社会和谐等方面的作用。网站运营商也应对社会和公众负责,利用网络技术对网络信息进行限制,设立专职网络信息"把关人"以及网络论坛版主等。这样可以维护网上搜索平台的秩序,推动网民言论的文明,也可以帮助网民获取更多真实有效的信息。

三、实行网络实名制

关于网络是否应该实行实名制,专家和学者们已经做了很多研究和探讨,但始终没有定论,说法不一。一方面,网络实名制可以减少谣言和虚假信息,提高网络信息的真实性。与此同时,还可以降低网络犯罪率,提高网民在互联网上的安全感,把网络舆论的一系列负面影响降至最低。实行网络实名制,网民会自觉地遵守法律法规和道德准则,从而净化了整个互联网的环境,有利于发挥网络舆情监督的积极作用。另一方面,网络实名制也会侵犯网民的隐私以及限制网民的言论自由。网民在上网时,由于实行了实名制,他们的隐私可能会被侵犯,名誉可能会被损害,实名可能会被盗用,这些可能会给网民带来意想不到的麻烦。目前,网民不受任何部门任何官方的限制,可以自由地发表言论,这种网上言论自由的环境是十分宝贵的,是我国社会主义民主社会所必需的。如果仅仅是为了限制少数人的不当行为而实行网络实名制,必然会对言论自由造成很大的影响。

由于网络具有匿名性,网络中充斥着许多不良信息和虚假信息,甚至经常出现辱骂与人身攻击的现象,这给中国网络社会带来了种种问题。所以,实行网络实名制还是具有重要的社会意义的。网络实名制可以增强网民的自律意识和社会责任意识,规范网络舆情监督行为。在这方面我们可以借鉴成功推行实名制的韩国的经验。韩国国会在2006年底通过了《促进信息通信网络使用及保护信息法》修正案,要求主要门户网站在接受网民观点、言论以及发布图片和视频之前,必须先对网民的个人真实身份进行登记和验证。实行网络实名制初期,实名制也遭到了很大的反对声,但是经过一段时间后,韩国网民对实名上网已经习以为常了,并且也认可了网络实名制。实行网络实名制后,韩国的网络暴力行为明显减少,网络犯罪率有所降低,网络环境更加安全可靠。

第三节 加快网络基础设施建设和网络技术的发展

要推动网络舆情监督的深入发展,需要提高网络的普及率,优化网民的结构。这就要求我们加快网络基础设施建设,提高网络的普及率,让更多的公众加入网络舆情监督的队伍。此外,要将那些怀有恶意、发表错误言论甚至煽动网民情绪的网民排除在网络之外,净化网络舆情监督环境。另外,还要积极推进网络技术的发展。

一、加快互联网的发展以提高网络的普及率

现今,我国网络的发展还不平衡,经济发达与不发达地区之间、东部与西部之间、城乡之间的网络使用情况还有很大差距,网民中不同年龄、性别、受教育程度、经济收入者之间使用网络情况也有很大的差别。这种差别导致网络舆情监督代表民意的广泛性受到了质疑,这也是网络舆情监督存在问题的重要原

因。所以,要加快互联网络的基础设施建设,加快互联网的发展以提高网络的普及率。建立均衡的互联网络发展战略,就必须采取一系列针对经济落后地区的信息扶贫措施,防止我国互联网差距的进一步扩大。首先,我国应该加大经济落后地区的互联网基础设施建设。经济落后地区缺乏公共信息网络建设,国家应该加大投资这些地区的互联网基础设施,改善这些地区的互联网硬件环境,最大限度地消除网络发展不平衡的现象。根据这些地区的具体情况,在进一步发展宽带网络的基础上,可以加快手机无线网络的建设,扩大手机用户的入网率,尽量缩小地区间使用互联网的差距。其次,要培养经济落后地区公众的互联网络意识,增强他们对计算机和互联网的认识。因此,政府可以组织各种社会力量到这些地区进行网络知识的宣传,也可以为这些地区培养或输送计算机与网络方面的人才。此外,各地的农民工受经济因素、知识水平及其他条件的限制,很少能够利用网络媒介行使网络舆情监督权。在城市中,农民工是其中的弱势群体,他们的权益经常受到侵害。因此,国家和政府应该通过对其资助、减免税收等多种方式为农民工利用互联网提供机会。由此可见,只有通过推动互联网的发展,完善网民的结构,增加弱势群体参与网络舆情监督的机会,才能促使网络民意与现实民意保持一致,从而提高网络舆情监督的公信力,增强网络舆情监督的权威。

二、推进网络技术的进步以规范网络舆论

为了充分发挥网络舆情监督的作用,还需要重视网络技术的研发和应用。使用网络技术对网络舆论进行规范,是对网络舆论进行管理的一个有效方法。对于复杂多样的网络舆论,必须使用网络技术手段进行防控。目前,使用网络技术来规范网络舆论的措施主要包括以下3个方面。第一,信息过滤。现今,我国很多网站及论坛、聊天室等即时通信载体都采用了信息预审查技术,即通常所说的敏感词过滤,以阻止不良信息的发布与传播。第二,主干路由器的信息检测。当用户访问各种网站时,被请求的页面同时会被发送到互联网信息审查系统,路由器中的扫描仪自动检测页面上是否含有违禁信息。如果数据流里的敏感词语符合事先给定的规则,路由器就会向网络用户发送一个重置的数据包,从而自动中断网络连接。这项技术可以进行网址过滤和网页信息过滤。第三,入口网关的IP地址阻断。在我国国家级网关直接进行IP地址阻断,使该IP地址无法访问我国的任何网站,同时我国的网民也无法访问这个IP地址。这样就可以有效防止不良信息的进入,也可以限制我国网民浏览国外的敏感

网站。

总之,网络技术作为引领网络舆论的一种手段,可以对网络信息进行严格管控和层层过滤,引导网络舆论良性发展。综合运用网络技术手段,可以在一定程度上净化网络空间、加强网络的监管,从而有利于网络舆情监督的顺利进行。

第四节 充分发挥政府在网络舆情监督中的作用

各级政府要提高对网络舆情监督的认识,畅通政府与公众的网络沟通机制,真正把网络作为体察民情、倾听民声的平台。此外,政府还应该积极建立与完善信息公开制度,使政府信息更加透明,提高公众的知情权,使公众适时监督政府的工作。

一、提高领导干部对网络舆情监督的认识

近年来,有关网络舆情监督的事件层出不穷,因为网络舆情监督符合公众的意愿,保障了人们的知情权、参与权、监督权等基本权利,其发展已经势不可挡。网络舆论已经触及政治、经济、社会、文化、法律等各个领域,一切有关社会和国家发展的网络舆论,都会经过互联网这个平台摆到我国各级政府的面前,因此,各级领导干部要正确认识网络舆情监督并给予高度重视。对于网络舆情监督,我们既不能过分夸大它的作用,听之任之,也不能由于它目前还存在着一定的问题而废之弃之,一概加以排斥。现今,网络舆情监督已经成为我国监督体系中一支不可或缺的力量,成为我国人民参与管理国家事务和监督国家权力的一种有效方式。同时,网络舆情监督对于我国发展民主政治、建设公平社会和促进社会发展起着重大的推动作用。我国各级领导干部要认识到互联网已经成为舆论监督的重要阵地,要重视网民的举报和意见,提高和强化公众的知情权、参与权、表达权和监督权。各级领导干部要摆正心态,真诚地对待网民关心的问题。要掌握网络言语,用网民看得懂的表达方式发表观点,引导舆论。同时,要重视通过网络曝光的事件,成立专门部门负责收集与整理网络舆论,主动探索事情的事实真相,尽早将虚假的、消极的网络舆论引入真实的、积极的网络舆论阵营。我国各级领导干部,要真正把网络作为自己倾听民声、体察民情、吸取民智的平台,敢于直接面对网民,从而提高自己的领导能力和执政水平,把

网络作为汇集民意、加强执政能力的一个必不可少的工具。

二、建立与完善政府信息公开制度

由于网络具有匿名性,有些网民在网络中故意发布虚假信息、散布谣言,以使网络舆论中充斥着大量的负面言论。出现这种现象,除了因为个别网民故意所为之外,还与政府信息的公开程度低有直接关系。一直以来,对于一些公共事件,特别是突发性公共事件的处理,有些领导干部一直回避公众所关注的事件发展情况。对于各种公共事件,如果政府信息不公开,公众就有可能认为此事件有内幕,从而产生负面的心理印象。如此一来,公众就会逐渐地否定政府的决策和行为,政府的权威和公信力就会逐步下降。不知真相的网民就会受到情绪化的言论和谣言的影响,从而产生负面的网络舆论,以致对事件的发展造成极其恶劣的影响。网民要真正行使网络舆情监督权,首先必须要了解有关事件的真相。所以,要充分发挥网络舆情监督的作用,首先必须要保障网民的知情权。

三、网络舆情监督法律法规的完善

近年来,网络舆情监督在我国取得了长足的发展,也表现出了许多问题,但是其法律法规在一定程度上还很不完善。一些网络舆情监督问题可以使用网络技术加以解决,但是有些问题必须使用法律手段进行防范和控制。因此,要加快网络舆情监督的立法进程,尽快明确网络舆情监督的合法性,将网络舆情监督权赋予公民并加以保护。制定法律的过程中,要明确公民的知情权与隐私权、舆论监督与造谣诽谤、政务公开与国家机密以及言论自由与人身攻击的界限,区分开良性的网络舆论与非法信息。只有相关法律法规完善了,网络舆情监督有法可依了,才能有利于网络舆情监督的正常运行,从而推动我国民主政治的建设。

首先,要制定网络隐私法,一方面用来保护个人及组织的网络隐私权,另一方面用来惩罚侵犯个人或组织隐私的非法行为。通过立法,规范网民的行为,规范网络媒体的工作责任,保障网民的权益,维护社会的稳定。通过完善司法制度,引导网民正确行使网络监督权,尽量杜绝虚假信息、违反法律和道德的信息进入网络。要用明确的法律法规约束和惩罚那些发布虚假信息、散布谣言、恶意伤害他人、进行人身攻击的非法行为和网络暴力行为。也要有明确的法律法规对网络舆论的幕后推手比如网络水军的违法行为进行控制。

其次，要制定网络舆情监督权的保护法，用来保护网民合法的网络舆情监督权。如前文所述，在传统媒体中，媒体的从业人员要想收集到有关个人或组织的负面信息非常困难，而对于负面信息的报道，有时也会导致他们受到相关人员的报复。因此，要制定一部法律，来保护媒体从业人员的知情权与采访权及其人身安全。同样，在网络环境下，也要制定这样一部法律，来保护网民的知情权和网民的人身安全，消除网民的后顾之忧。从而使网民在法律的保护下能无所顾忌地行使网络舆情监督权，使网络舆情监督得到深入发展。

总之，只有建立与完善网络舆情监督的相关法律法规，使网络舆情监督有法可依，网络舆论得以引导地适当地控制，这样才能使网络舆情监督反映出来的问题得以解决，网络舆情监督才能发挥出应有的作用。